DICTIONNAIRE
HISTORIQUE
ET ARCHÉOLOGIQUE
DU
DÉPARTEMENT DU PAS-DE-CALAIS

PUBLIÉ PAR LA

COMMISSION DÉPARTEMENTALE DES MONUMENTS HISTORIQUES

Arrondissement de Saint-Pol

TOME I

ARRAS
SUEUR-CHARRUEY, IMPRIMEUR-LIBRAIRE-ÉDITEUR
31, PETITE-PLACE, 31
1879

DICTIONNAIRE

DU

PAS-DE-CALAIS

DICTIONNAIRE
HISTORIQUE
ET ARCHÉOLOGIQUE

DU

DÉPARTEMENT DU PAS-DE-CALAIS

PUBLIÉ PAR LA

COMMISSION DÉPARTEMENTALE DES MONUMENTS HISTORIQUES

Arrondissement de Saint-Pol

TOME I

ARRAS
SUEUR-CHARRUEY, IMPRIMEUR-LIBRAIRE-ÉDITEUR
31, PETITE-PLACE, 31
1879

PRÉFACE

« Personne ne songera à se plaindre si l'abondance des matières multiplie les volumes, disions-nous en commençant cette publication il y a plusieurs années (1). L'essentiel, disions-nous encore, c'est d'avoir le plus de données possible sur l'histoire de chaque commune, et c'est à ce point de vue qu'on s'est placé pour répondre aux justes désirs des lecteurs. »

Aujourd'hui comme alors nous pouvons exprimer la même pensée, d'autant plus que, depuis lors, les notices sur les communes ont été en augmentant, au point de dépasser de beaucoup le nombre des volumes primitivement prévu. En adoptant cette modification, la commission du Dictionnaire a voulu continuer de laisser aux auteurs une liberté convenable et la faculté d'insérer dans leur œuvre tous les documents utiles. Elle a dû toutefois arrêter souvent cette expansion et réduire à des mesures normales plus d'une notice jugée par elle trop développée. Ces documents omis, ces pièces renvoyées à d'autres publications, ces développements intéressants, mais en dehors des limites d'un Dictionnaire formeront des monographie, des études spéciales, et ainsi rien ne sera perdu. Tout sera même mieux à sa place, dans un cadre convenable, qui fera plus nettement ressortir l'importance des documents.

L'arrondissement de Saint-Pol, dont nous présentons aujourd'hui le premier volume, a une histoire d'une grande richesse. Les comtes de Saint-Pol demanderaient à eux seuls plusieurs volumes, s'il s'agissait de raconter en détail leurs actions d'éclat, leur importance historique, l'organisation si curieuse de toute cette hiérarchie dont ils furent le centre. M.G. de Hauteclocque était mieux placé que tout autre pour nous rappeler ces hauts faits et nous montrer le plan de cette grande administration des anciens âges. Il va nous dire ce qu'il y a d'essentiel à connaître dans cet ordre d'idées. A lui aussi a été confié le soin de passer en revue toutes les communes des trois cantons d'Heuchin, du Parcq, de Saint-Pol. On verra quelle richesse de documents renferme l'histoire de ces communes, avec leurs fiefs nombreux, leur Parc si renommé, leur archéologie si attrayante, leurs faits de guerre si répétés. C'est en faisant l'histoire intime de chaque village que l'on arrive à avoir une idée vraie

---

(1) Préface du 1ᵉʳ volume de l'arrondissement d'Arras, 1873.

de l'histoire plus générale. A ce point de vue il serait bien à désirer qu'on pût étendre davantage ces notices des localités autres que les villes. Mais pour cela il faudrait des documents qui souvent font défaut : car l'histoire ne s'invente pas, ce n'est pas une œuvre de pure littérature, c'est le récit des faits.

M. A. de Cardevacque, chargé des cantons d'Aubigny et d'Auxi-le-Château, a été assez heureux pour découvrir un grand nombre de ces faits. Il les a recueillis avec sa patience bien connue d'investigateur émérite, et il en a composé une série de notices intéressantes, auxquelles il a joint tout ce qu'il a pu trouver, s'aidant même des pièces fournies par d'autres personnes dont il a découvert les essais ou fait connaître les travaux. Les nombreuses communes de ces cantons auront donc, dès maintenant, un commencement d'histoire, Plusieurs même ont davantage : car déjà M. A. de Cardevacque en avait parlé plus longuement dans mainte monographie, qu'il n'a eu ainsi qu'à abréger.

M. le docteur Ledru n'a eu, lui aussi, qu'à abréger sa belle monographie déjà publiée, pour nous donner l'histoire d'Avesnes-le-Comte. Il y a joint celle de chacune des communes du canton, et on lira avec grand plaisir tous les détails qu'il a donnés sur les faits nombreux qui concernent ces communes. Ces faits sont d'ailleurs de toute nature et suivent dans leurs diverses parties l'histoire des villages et celle des hameaux, l'archéologie et la guerre, les familles importantes et les simples habitants de la contrée. C'est l'histoire telle qu'elle s'est passée, et, encore une fois on ne peut la dire autrement qu'elle n'a été.

Le *Dictionnaire Historique et Archéologque du Pas-de Calais* touche à sa fin. Le premier volume de l'arrondissement de Saint-Pol va être suivi, à bref délai, de l'arrondissement de Boulogne, qui est sous presse. Il ne restera plus alors qu'à achever Saint-Omer et Saint-Pol, déjà fort avancés.

Arras, 21 Décembre 1879.

E. V.

CANTON D'AUBIGNY

AGNIÈRES

Anier 1152, (cart. d'Aubigny) 1314. (Inv. ch. d'Artois A 317).
Asnières.
Aignières, 1550, (Chartes).
Aignières-les-Aubigny, 1731.
Agnières (dict. Expilly).

Ce village de peu d'importance est situé sur la rive gauche de la rivière de Scarpe, à deux kilomètres d'Aubigny. Il faisait autrefois partie du bailliage d'Aubigny-le-comte et de la gouvernance d'Arras, conseil d'Artois, parlement de Paris, de la subdélégation, recette et gouvernement d'Arras, intendance d'Amiens.

Selon Harbaville, le nom d'Agnières, *Anier*, dériverait de sa situation sur un cours d'eau, *Agnio*. De son côté, le P. Ignace, d'après une lettre imprimée en juin 1739 sur le mot *Asnières,* pense que les lieux qui portent ce nom, renfermaient un grand nombre d'ânes destinés soit au service des moulins, soit au transport des marchandises. (Dict. tom 2, pages 27 et suiv.)

Agnières dépendait autrefois de Frévin-Capel ; il fut érigé en paroisse au xve siècle, et l'autel fut donné au prieuré d'Aubigny.

Acard de Anier est cité comme témoin dans une charte de 1152. (Cart. d'Aubigny).

La seigneurie de ce lieu appartenait au comte de Saint-Pol,

baron d'Aubigny-la-Marche, et descendant de la maison royale de France. Elle passa au xiv⁰ siècle dans la maison de Habarcq. Marie de Habarcq la porta en mariage en 1550, à Gilles de Lens, chevalier, baron d'Aubigny-le-Comte et gouverneur des ville et château de Béthune. Dans le courant du xviii⁰ siècle, elle était devenue la propriété d'une dame de Villers-Tenneville à Beuvry; elle fut ensuite achetée par un gentilhomme d'Artois, Prudhomme d'Hailly, seigneur d'Hanescamps. Ce dernier, à la suite d'un procès avec une de ses tantes, mariée à N... d'Espain de Lille et dont le frère avait légué la seigneurie du Fermont à son neveu et unique héritier, le seigneur d'Hanescamps, fut condamné par le parlement de Paris à restituer les fruits qui en dépendaient et aux dépens. Prudhomme d'Hailly ne pouvant subvenir à ces frais, dut céder à sa tante la seigneurie d'Agnières.

Gherbode d'Espain, seigneur d'Agnières en 1734, eut entr'autres enfants un fils, religieux de Saint-Bertin, qui fut nommé par Louis XIV, à l'abbaye de Saint-Jean-au-Mont, près d'Ypres. Sa nomination ne put prévaloir devant la domination espagnole; il revint donc à son monastère avec une pension de 1.000 livres sur l'abbaye de Clairmarais. Dom Gherbode fut nommé en 1742 coadjuteur de l'abbé Petitpas (P. Ignace, mém. tom 8, p. 123).

L'abbaye de Saint-Eloy possédait une dîme à Agnières.

L'église qui existe de nos jours, a été rebâtie en 1544. La nef fut voûtée par les soins du chanoine Mathon, prévôt de la collégiale de Saint-Barthélemi à Béthune, qui y établit une confrérie des Saints-Anges gardiens. Le clocher est une tour quarrée construite en pierres grises pendant le xvi⁰ siècle. L'ancienne flèche remontait à la même époque. Elle a été renversée et remplacée par une autre en bois, recouverte en ardoises. Le portail est précédé d'un porche, et l'on remarque dans le milieu de la nef une grande dalle de pierre bleue sans figure ni inscription. C'est sans doute la pierre funéraire d'un ancien seigneur de la maison de Lens.

AMBRINES

Ambrins 1111 (chart. de l'évêque Lambert).
Ambrisna, (1152).
Ecclesia Ambrisinensis 1111, (Chartes).
Ambraisnes, (Vulgo).
Ambrine 1324 (Inv. ch. d'Artois A. 429).

L'ancienneté de cette commune, située entre Avesnes-le-Comte, Frévent, Saint-Pol et Aubigny, sur le bord d'un chemin, qui conduit de Lens à Frévent, par Liévin, Souchez, Ablain, Camblin, Aubigny et Canettemont, a été démontrée par la découverte d'un cimetière mérovingien due aux recherches de MM. le docteur Ledru et Auguste Terninck. Voici le rapport que ce dernier a présenté à ce sujet à la commission des monuments historiques dans son assemblée générale du 11 juillet 1867.

« La découverte des sépultures mérovingiennes, que je crois
» appartenir au ve siècle, nous rapproche de l'époque gallo-ro-
» maine et en attendant qu'on ait retrouvé leurs aînées, nous
» allons étudier ces dernières.

» Elles étaient situées près du village actuel, du côté de Vil-
» lers-Sir-Simon, sur le chemin qui conduit à cette commune, et
» sur une pente douce qui s'incline vers le couchant. Le sol est
» un calcaire affleurant presque la surface, ce qui le rend peu
» productif, et c'est dans cette pierre spongieuse qu'ont été creu-
» sées les tombes qui, pour cette raison sans doute, n'étaient
» garnies de cercueils ni en pierres, ni même en bois.

» Le propriétaire de ce terrain, M. Savary, y fit une excava-
» tion en 1865 pour en retirer de la pierre, et ce fut alors
» qu'il trouva un cadavre accompagné d'un vase, d'une lance
» et d'une agrafe de ceinturon.

» Averti de cette découverte, notre collègue, M. Ledru, s'em-
» pressa d'aller visiter ce terrain. Il agrandit cette fosse, y cons-
» tata la présence de plusieurs autres cadavres, et après avoir
» obtenu toutes permissions du propriétaire qui fut empressé de

» nous accueillir et de nous aider, nous avons exploré douze à
» quinze ares de ce sol. Nous en avons exhumé une centaine de
» cadavres, presque tous orientés et qui étaient disposés en li-
» gnes parallèles du nord au sud. Quelques tombes curieuses
» par les objets qu'elles contenaient, étaient placées au centre
» de ce cimetière. Les autres étaient en général pauvres et ne
» contenaient que des ossements. Plusieurs même étaient de
» véritables saloirs renfermant plusieurs corps superposés; dans
» l'une étaient six squelettes placés dans tous les sens. Cette der-
» nière se trouvait à l'extrême limite du cimetière, en un mot,
» plus les tombes s'éloignaient du centre, plus elles étaient pau-
» vres.

» Comme je l'ai dit plus haut, nous n'avons trouvé aucune
» trace de cercueil en pierre ou en bois. Seulement quelques
» corps avaient près d'eux, et même sur la tête ou sur la poitrine,
» un ou plusieurs grès assez forts, dont nous ne pouvons expli-
» quer la présence. Quant aux ouvriers, ils s'en rendirent comp-
» te bien vite et prétendirent qu'ils avaient servi à assommer les
» individus dont nous retrouvions les ossements en-dessous.

» Un seul corps d'enfant s'est montré au milieu de tous ces
cadavres de personnes adultes; quant au sexe de celles-ci, nous
n'avons pu le constater d'une manière certaine que pour une
jeune femme enterrée assise, ce que prouvait la forme de fosse
et la position du corps. La tête de celle-ci avait été enlevée sans
doute par la charrue, ou plutôt à l'époque d'anciens défrichements, parce qu'elle se rapprochait trop de la surface du sol.
Tous les autres corps étaient couchés sur le dos, à plat, la tête
posant sur le sol, les bras étendus le long du cadavre : mais plusieurs membres firent défaut, soit que les morts les eussent perdus avant leur inhumation, soit que, pour une cause quelconque, maladie ou autre, leur décomposition eut été plus rapide
que celle des autres parties. Parfois aussi nous avons trouvé les
crânes brisés, aussi avions-nous d'abord pensé que ce lieu funèbre était la conséquence d'une petite bataille. Cependant, nous
n'osons soutenir cet avis, car nous n'y avons trouvé que peu d'armes : deux lances, trois sabres et une dizaine de couteaux. Et
puis, à côté de ce lieu, nous avons constaté la présence de fon-

dations peu solides, il est vrai, mai qui nous font croire à l'existence d'un petit village ou hameau qui a peuplé ce cimetière.

» Voici maintenant la note des objets trouvés près de ces corps.
» Ce sont d'abord ces trois sabres, ces deux lances et ces cou-
» teaux dont je viens de parler ; les premiers, les scramasæxes,
» sont pointus et ne coupent que d'un côté ; ils sont munis sur
» chaque surface, d'une ou de deux rainures peu profondes, des-
» tinées, suivant plusieurs auteurs, à contenir du poison, et sui-
» vant d'autres, à loger des ornements en métaux plus riches.
» La première opinion me paraît la plus probable, d'abord par-
» ceque, si ces entailles avaient contenu quelque métal incrusté,
» nous en retrouverions au moins de temps en temps quelque
» trace, puisque nous les voyons encore souvent sur d'autres
» objets du même temps, plaques ou boucles ; ensuite parce que
» les chroniques et les historiens anciens nous apprennent
» qu'en effet, ce fut dans une de ces rainures que la reine Frédé-
» gonde logea du poison, lorsqu'elle remit à ceux qu'elle en-
» voyait à Vitry pour assassiner le roi Sighebert, deux scra-
» masæxes. Tous ces sabres étaient munis de manches en
» bois dont on retrouve encore quelques parties adhérentes à
» leurs soies.

» Les lances sont variées de formes et de grandeur. Cependant
» elles sont plus longues et plus effilées que celles de Coullemont
» et de beaucoup d'autres cimetières mérovingiens du pays.

» Elles se composent d'une douille dans laquelle le bois avait
» été emboîté, d'une tige assez longue, puis d'une pointe flanquée
» d'aîlerons garnis en lames tranchantes sur les bords et se
» réunissant de pointe dans le haut. Une seule était placée à
» côté d'un corps, une autre était au-dessus, et la troisième a
» été rencontée un peu au-dessus d'une tombe, mais je ne puis
» affirmer qu'elle y ait été placée lors de l'inhumation, et qu'elle
» n'y ait pas été entraînée par des terrassements subséquents.

» Les couteaux variaient aussi de formes et de grandeurs et
» tous portent les traces des manches en bois.

» La tombe de femme avait pour instrument de fer, un ciseau
» à ressort, de la forme, en petit, de ceux qui servent aujour-
» d'hui à tondre les moutons. Il a de longueur, 0,15.

» Comme transition entre les armes et les bijoux ou objets de
» toilette, je dois parler ici des plaques de ceintures et des bou-
» cles qui ont servi à soutenir les sabres et les couteaux. Ces
» objets, inconnus dans les tombes gauloises et gallo-romaines,
» se trouvent de temps en temps dans celles des Francs et des
» cimetières que je décris, elles sont les plus curieuses dépouil-
» les.

» Les plaques de ceinturons diffèrent de grandeurs. Ambrines
» m'en a procuré plusieurs dont une complète, c'est-à-dire com-
» posée de trois plaques et de la boucle, le tout presque intact;
» les trois pièces ont ensemble 0,33 de long. J'en ai trouvé une
» aussi en bronze ciselé, les autres étaient en acier. Celles-ci
» sont très-remarquables, parce qu'elles sont plaquées ou damas-
» quinées d'argent.

» Les ornements incrustés forment sur toutes les parties de
» ces plaques et boucles, les arabesques les plus variés qui déno-
» tent dans les artistes Francs des goûts et une adresse artistique
» assez avancés. Ces arabesques sont ordinairement encadrés
» par des dessins plus ou moins historiés, et par quatre, six ou
» sept boutons en cuivre doré, espacés sur le pourtour des pla-
» ques. Nous avons recueilli douze plaques à Ambrines, la plu-
» part sont rectangulaires. Quelques-unes ont l'une des extrémi-
» tés terminée en pointe mousse.

» La plaque en bronze, dont j'ai parlé plus haut, mesure 0,10
» de long sur 0,07 de large; elle est oblongue et terminée en
» pointe à l'extrémité opposée à la boucle. Elle est toute décou-
» pée à jour, c'est-à-dire que les intervalles entre les arabesques
» ont été enlevés; ceux-ci sont ornés de ciselures et de dorures
» et le tour est encadré par sept boutons.

» Outre ces grandes boucles destinées à retenir le large et
» épais ceinturon du guerrier, nous avons encore trouvé sur
» leurs cadavres d'autres boucles avec plaques plus petites, et
» en bronze ciselé. Ici les arabesques sont tracés par de profon-
» des gravures qui les font ressortir vivement. Nous avons re-
» trouvé aussi à Ambrines cette même ornementation sur des
» fibules qui souvent se composent de deux plaques rondes, re-
» liées par une bande disposée en anse toujours demi-circulaire.

» Une autre des fibules est en acier couvert d'ornements en ar-
» gent. A côté de ces boucles et fibules étaient des chaînes en fer
» à mailles ordinaires et petites ; l'une d'elles n'a pas moins de
» 1 m. 20 de longueur.

» Le cadavre de femme assise, dont j'ai parlé, était orné d'un
» collier, composé de perles très-variées. Les unes étaient poli-
» chromes, carrées ou tubulaires, en terre émaillée ; d'autres sont
» en verre, petites et disposées en spirales, plusieurs ne sont que
» des pierres brutes, informes et percées.

» Quant aux vêtements, ils ne paraissent pas avoir été formés
» d'étoffes bien fines, car les empreintes nombreuses que nous en
» avons retrouvées, montraient un tissu assez gros, qui paraît
« être en chanvre.

» Une douzaine de vases ont été recueillis dans ce même endroit;
» tous sont en terre assez fine, semblable à peu près à celle qui
» forme les vases gallo-romains du IVe siècle. On n'y trouve pas
» cette pâte dure, presque sablonneuse, si commune dans les
» tombes franques. Ceux d'Ambrines sont généralement annelés
» noirs ou jaunâtres, quelques-uns sont décorés de ces orne-
» ments tracés au pointillé et qui rappelle les zig-zags, les billet-
» tes et les autres dessins qui peu après couvrirent les monu-
» ments. Nous avons même trouvé au milieu de ces vases une
» petite assiette faite avec le fond d'un autre vase du IIIe siècle,
» reconnaissable à sa pâte fine, d'un beau rouge brillant.

» Trois médailles des enfants de Constantin, près de la ceinture
» d'un cadavre, et une coquille de la famille des porcelaines,
» complètent la série des objets trouvés en cet endroit. Ce cime-
» tière n'avait donc ni vase en verre, ni bijoux en or, ni boutons,
» ni bagues, ni bracelets, ni haches, ni colliers en médailles per-
» cées ; en un mot, il était assez pauvre. Beaucoup de tombes
» étaient vides d'objets curieux, et ceux que les autres nous ont
» procurés, doivent surtout leur valeur à leur bonne conservation
» due sans doute à la nature spongieuse et sèche du sol dans
» lequel ils étaient placés. »

La charte de Lambert, évêque d'Arras, donnée par ce prélat en 1111, nous apprend qu'il y avait alors à Ambrines un prieur curé, de l'ordre de la Rédemption des captifs.

Voici ce curieux document :

Donation de la cure d'Ambrines faite l'an 1111 par l'évêque Lambert aux trinitaires de Rouen.

» Au nom du père et du fils et et du Saint-Esprit, un seul Dieu, vrai et souverain. Ainsi soit-il.

» Moi Lambert, par la miséricorde de Dieu, évêque d'Arras, à honorable en J.-C. l'abbé Gualter, nous vous accordons l'église appelée Ambrines, alors Ambrisn, qui est de notre diocèse, sauf en toutes choses le droit de l'évêque d'Arras, de ses revenus, des usages de son archidiacre et de ses officiers.

» Nous sommes excités à cette bonne œuvre par notre pieuse conversation et par celle de nos frères qui vivent dans le même lieu. Il y a plus : quelques-uns de nos frères sont intervenus et nous ont priés de vous donner cet autel et son église. Ainsi, nous vous en faisons don, à vous et à vos successeurs abbés qui par la grâce de Dieu seront choisis et ordonnés dans le même lieu que vous occupez présentement.

» Mais parce que vous êtes d'une métropole autre que notre province, savoir celle de Rouen, nous décidons que vous et votre monastère, conformément à ce qui a été réglé dans le concile de Chalcédoine, et renouvelé dans celui de Clermont par le vénérable pape Urbain IIe, de digne mémoire, que le moine que vous destinez pour être prieur à Ambrines, promette et rende une obéissance canonique à moi et à mes successeurs évêques d'Arras, en ce qui appartient à notre diocèse. De plus, nous ajoutons que vous et le prieur d'Ambrines présentiez à l'évêque d'Arras un prêtre capable pour être constitué au gouvernement du peuple d'Ambrines. Il produira à cet évêque un certificat de sa bonne vie et de sa chasteté ; il lui promettra l'obéissance ordonnée par les canons, et ensuite il recevra gratuitement de la main de l'évêque la charge d'âmes pour l'exercer sur le peuple de Dieu.

» Mais, comme vous souffririez beaucoup d'assister en personne à notre synode, nous ordonnons que le prieur d'Ambrines ne néglige point d'y assister, et qu'il ait soin de procurer joyeusement le paiement à l'évêque et à ses officiers comme à l'église mère les revenus catédratiques et synodaux. Et pour rendre cet écrit stable et permanent, nous l'avons fait signer, pour lui donner plus de force par nos frères, qui sont de fidèles et idoines témoins.

Clarembold, archidiacre d'Arras ;
Robert, archidiacre d'Ostrevent ;
Drogon, doyen ;
Anastase, chantre ;
Robert, maître ;
Roger et Bauduin, prêtres ;
Roger et Pierre, diacres ;
Hilvin, sous-diacre ;
Sasgualon et Lambert, acolytes ;
Tous chanoines de la cathédrale ;
Mascelin, Radulfe, Gérard,
Trois doyens qualifiés du nom *plebalium* ;
Albert, Ebrulf, Guénemare, Jean et Tebold, prêtres, c'est-à-dire curés.

» Moi, Lambert, par la miséricorde de Dieu, évêque d'Arras, j'ai relu, souscrit le présent acte, et l'ai ratifié de ma propre main, au nom du Père et du Fils et du Saint-Esprit. Donné à Arras, l'an de J.-C., l'an 1111, induction 4°, le 25 octobre, et la 17° année du pontificat de Dom Lambert, évêque d'Arras. (BALUZE, *Miscellanea*, t. v, p. 397. — MIRŒUS et FOPPENS, *Opera diplomatica*, t. III, p. 27. — MIGNE, *Sancti Ivonis, Carnotensis episcopi, opera omnia*, t. II, col. 714.)

Plus tard, les Trinitaires de Rouen se désistèrent de ce privilége en faveur des religieux du Mont-Saint-Eloy ; la date et le titre de cette permutation nous sont restés inconnus.

Ambrines eut son château-fort dès le xvi° siècle : les anciens seigneurs de cette terre en portaient le nom ; le sire Simon d'Ambrines est cité comme témoin dans une charte de 1152. Antoine d'Ambrines fut tué à la bataille d'Azincourt, en 1415. Son corps fut rapporté à Ambrines pour être inhumé dans la sépulture de ses pères, et sa femme, Claudine de Blaringhem, fit inscrire son épitaphe au bas d'un tableau représentant en bosse deux hommes et une femme à genoux, dans le costume de l'époque. La femme représentait Catherine, et la deuxième figure d'homme était celle de son second mari. Ce tableau servait, avant la Révolution, de table sur le grand autel de l'église d'Ambrines.

Une de ses filles apporta en mariage la terre et seigneurie d'Ambrines à Bauduin Gosson, grand bailli et prévôt de la cité d'Arras, 1435. Le célèbre jurisconsulte Nicolas Gosson, exécuté sur la place d'Arras, le 25 octobre 1578, était seigneur d'Ambrines, et fit percer une verrière dans l'église de cette commune.

En 1601, le château et la seigneurie d'Ambrines devinrent la propriété de Jean de Pressy, écuyer, seigneur de Steeques, Éterpigny et Ligny-Saint-Flochel; elle fut vendue par décret, en 1668, à Louis de Valicourt, originaire de Cambrai, et fils du président de Niort, dans le bas Poitou.

Louis de Valicourt s'attacha au comte de Montdejeu, gouverneur d'Arras, en qualité de secrétaire. Il travailla plus tard sous Michel Le Tellier, chancelier de France, et sous le marquis de Louvois, son fils. Il dut sans doute à la protection de ce ministre sa nomination de commissaire des guerres, à Douai, après la reddition de cette place aux Français.

Le roi Louis XIV le nomma ensuite commissaire ordonnateur à Valenciennes, Bouchain, Condé et Cambrai. Peu de temps après, Louis de Valicourt acheta la charge de grand bailli de Lens, charge qui lui donnait le droit de renouveler la loi, c'est-à-dire de nommer les échevins. Mais le roi ayant retiré cette prérogative à l'office de grand bailli pour l'annexer à la charge de gouverneur qu'il venait de créer, N... de Valicourt, fils de Louis et seigneur d'Ambrines, acheta cette charge moyennant 4,000 livres.

Louis de Valicourt mourut à Valenciennes, au mois de décembre 1696. Son gendre, Hardy, sieur de Fama, devint grand bailli de Lens; il céda cette charge à son beau-frère, seigneur d'Ambrines, qui réunit ainsi les charges de gouverneur et grand bailli de cette ville.

Une de ses sœurs, Constance de Valicourt, fut mariée à Izarn, seigneur de Villefort, natif du Languedoc, qui mourut major de la ville de Valenciennes. Sa veuve se fit remarquer de madame de Maintenon, qui, par son crédit auprès de Louis XIV, la fit nommer sous-gouvernante de l'arriére petit-fils de ce monarque, qui devint plus tard Louis XV. Elle conserva cette charge auprès des enfants de France, avec les honneurs et les priviléges qui y étaient joints, dans le règne du nouveau roi.

Le frère de Constance de Valicourt établit son domicile à Ambrines. Il augmenta considérablement la maison seigneuriale qui avait le privilége d'avoir vue dans l'église à laquelle elle était contigue. Il mourut en 1751, ne laissant qu'une fille qui, à la mort de son père, se retira au monastère de la Compassion de Jésus, en 1759, où elle demeura quelque temps. (P. IGNACE, *Supp. Recueil,* tom. 1, p. 17.)

Charles Liévin de Valicourt, écuyer, sieur d'Ambrines, grand bailli, capitaine de Lens, né à Douai, paroisse Saint-Amé, le 1er décembre 1661, récréanta sa bourgeoisie d'Arras en 1689, mourut au château d'Ambrines, le 14 janvier 1711, et fut inhumé dans le choeur de l'église du village. Il avait épousé Hélène de Marmet de Valcroissant, morte à Arras, paroisse de la Madeleine, le 1er juin 1710, fille de François, écuyer, sieur du Chaudon, gouverneur de la citadelle d'Arras, et ensuite du fort de Scarpe, près de Douai, et de Marie-Anne de Brun. Il en eut deux enfants: 1° Marie-Anne de Valicourt, née à Arras, paroisse de la Madeleine, le 13 juillet 1709, morte en célibat à Ambrines, le 26 juillet 1791, laissant par testament de 1790, la terre d'Ambrines à son cousin Alexandre-André-Marie de Valicourt; 2° Charles-Liévin de Valicourt, né à Arras, le 19 mai 1710, paroisse de la Madeleine.

Alexandre-André-Marie de Valicourt, écuyer, né à Douai, paroisse Saint-Jacques, le 1er décembre 1732, sieur d'Ambrines, par le testament de sa cousine, légua la terre d'Ambrines à son cousin Alexandre-André-Marie de Valicourt; il mourut le 19 mars 1818, au château d'Ambrines, sans laisser d'enfants de sa femme Marie-Alexandrine de Grumelier, morte à Ambrines, le 16 mars 1810, fille de Charles-Gabriel, écuyer, et de Marie-Anne de Valicourt.

Alexandre-André-Marie de Valicourt, écuyer, épousa sa cousine Marie-Françoise de Valicourt de Bécourt, et mourut au château d'Ambrines, le 3 octobre 1846. — Son fils Alexandre-Désiré, marié, en 1838, à Louisa Boussemart, mourut lui-même trois ans après, et sa veuve se remaria, le 7 juin 1857, au général comte de Clérembault. La terre d'Ambrines échue à l'un de ses fils, Ernest de Valicourt, a été vendue, en 1877, à M. Ludovic de Richouftz.

Le P. Ignace rapporte que, pendant la guerre avec l'Espagne, les Français s'emparèrent du fort d'Ambrines et de celui de Grand-Rullecourt. (Mém., t. v, p. 845.)

Avant la Révolution, le village était partagé entre trois juridictions : une partie relevait de la sénéchaussée de Saint-Pol ; une autre du baillage d'Aubigny-la-Marche, et toutes deux de la gouvernance d'Arras. Mais la plus grande partie dépendait d'Avesne-le-Comte, élection et conseil d'Artois, parlement de Paris, subdélégation, recette et gouvernance d'Arras, intendance de Picardie à Amiens.

L'ancienne église a été démolie et remplacée par une nouvelle, style roman, qui fut bâtie sur le même emplacement, et terminée en 1789. Elle renferme un caveau servant de sépulture aux membres de la famille de Valicourt.

AUBIGNY

Albiniacum (Mezerai)	*Aubigny-le-Roi.*
Albinium	*Aubigny-la-Marche.*
Abeugni	*Aubigny-le-Comte.*
Albeugnies	*Aubigny-en-Artois.*
Albeugny.	

Devons-nous faire remonter l'existence d'Aubigny à l'époque où les peuples, originaires du sol, étaient les seuls maîtres du pays, ou devons-nous voir en sa fondation une création romaine ? Avant de formuler notre opinion, nous avons cherché dans le nom même d'Aubigny une étymologie capable de nous guider dans la découverte de son origine ; mais ce nom d'Aubigny est donné à un grand nombre de localités placées toutes dans des conditions géologiques et topographiques si différentes entre elles, que nous ne saurions y trouver un argument solide, pour lever le doute que font naître les différentes versions que nous allons passer en revue.

La première qui s'offre à nos yeux, nous paraissant dénuée de fondement, nous la citerons, sans y attacher une grande importance. Elle attribue la fondation d'Aubigny à un nommé Albegnier, qui aurait été inhumé dans les fossés de la ville. Jamais on n'a pu indiquer l'endroit de cette sépulture et aucun descendant du même nom n'a figuré dans les annales de ce bourg (1).

Passons à une autre tradition citée par Mézeray qui, dans son ouvrage sur l'origine des Français, attribue la fondation d'Aubigny à Claudius Albinus. Ce général fut envoyé comme gouverneur de la Grande-Bretagne, par Commode, en l'an 193. Septime Sévère fut élu empereur par les troupes romaines, et Albin reçut le titre de César. Craignant de trouver dans ce dernier un concurrent à l'empire, Septime Sévère résolut de s'en défaire par un assassinat. Ce fut pour échapper à cette tentative qu'Albin passa dans les Gaules (2).

Débarquant sur les rives de la Morinie, il se dirigea immédiatement vers le pays des Atrébates pour s'y former un parti. Ayant rassemblé un grand nombre de chefs dévoués, il vint établir son camp vers les sources de la Scarpe. Cet emplacement aurait reçu de cet Albinus le nom d'Aubigny, *Albiniacum*, ville d'Albin. Mézeray ajoute qu'il y avait deux tombeaux romains élevés le long de la voie conduisant à la mer et passant près d'Aubigny. On y voit, à la vérité, deux élévations qui subsistent encore aujourd'hui (3). Nous verrons, dans le cours de cette notice, qu'elle était leur destination au xe siècle. Sur l'une d'elles se trouvait autrefois une tour appelée le *vieux château*, que l'on croyait avoir été bâtie par Jules César. Lors de sa démolition, en 1691, on n'a remarqué dans ses ruines aucun indice de construction romaine (4). Des fouilles plus récentes et faites avec

(1) Puits Artésien 1737, page 831.
(2) Mézeray (*Histoire de France*, tome Ier). Cet historien, dans son récit, n'accorde aucune foi à cette tradition, qu'il se contente de citer.
(3) Les mottes d'Aubigny existent encore de nos jours ; elles sont la propriété de M. Plouvier, meunier, dont l'habitation est située entre les deux élévations.
(4) Parenty, *Gazette de Flandre et d'Artois*, 1839.

plus de soin, ont fait découvrir une grande quantité de squelettes et de chaînes de fer.

Ce dernier résultat, joint à une importante trouvaille de monnaies gauloises en or, au type artésien, faite en 1846 dans le bois de Berlette attenant au territoire d'Aubigny, nous amène à penser que l'origine de ce bourg est antérieure à la domination romaine. Et d'abord, si Albinus a fortifié Aubigny, c'est qu'il existait avant lui. Les monnaies gauloises trouvées en nombre considérable, les mottes dites du *vieux château*, d'où l'on a exhumé des squelettes encore garnis de leurs anneaux en fer, des armes, etc., etc., donnent quelque force à notre opinion. Evidemment, ces sépultures sous des mottes, ces anneaux, ces armes, ont bien le caractère de l'époque gauloise; car, ni les Romains, ni les Francs n'ont employé ce genre de tumulus.

On objectera peut-être que les titres et historiens rapportent que lors du partage de l'Artois et d'Aubigny, en 918, entre les enfants de Baudoin-le-Chauve, comte de Flandre, ceux-ci firent élever deux mottes, dont l'une était surmontée d'un castel, comme siége et titre de leurs droits sur la partie du bourg qui leur était attribuée. Nous ferons remarquer ici que les sépultures trouvées dans une de ces mottes détruisent complètement cette assertion, et qu'en outre nous avons des preuves certaines que pour rendre d'un accès plus difficile un grand nombre de petits châteaux, bâtis avant le xiie siècle, on avait utilisé les anciens tumulus, qui étaient si communs dans le pays. Nous pouvons citer une foule de preuves à l'appui de ce fait. Nous nous contenterons de nommer la motte de Vimy, qui contenait tant de squelettes et sur laquelle maître Adam de Vimy avait bâti un château-fort dont les derniers débris n'ont disparu que depuis peu (1).

Comment croire d'ailleurs, qu'au haut d'une des mottes élevées tout récemment, on ait songé à bâtir un donjon en pierres? Sur quoi aurait-on pu asseoir des fondations? Elles n'auraient pas eu la moindre consistance, et en fléchissant, elles auraient entraîné la ruine du fort. Etablies au contraire sur des

---

(1) Terninck. *Statistique monumentale du Pas-de-Calais,* 2e livraison.

tumulus antiques, bien assis et affermis, elles pouvaient soutenir le poids qui les chargeait. Pour bâtir sur des mottes fraîchement élevées, on établissait des fondations en bois épais, et l'on revêtait ces solides charpentes de manière à les mettre à l'abri des attaques ennemies. Or, dans la motte d'Aubigny, on a retrouvé et l'on peut encore voir des fondations en pierres. Son origine est donc celtique et le seigneur l'a utilisée au x° siècle pour la construction de son château, comme le feraient en pareil cas ses contemporains.

Il y a quelques années, en labourant un champ derrière l'auberge de la *Maison Blanche*, située entre la route de Saint-Pol et l'ancienne voie, on a trouvé trois grosses pierres et un vase de forme romaine, renfermant des cendres (1).

Nous croyons pouvoir citer ici à l'appui de notre opinion sur l'origine gauloise d'Aubigny, celle de Clairault, avocat au parlement de Rouen, mentionnée par le Père Ignace dans le supplément à ses mémoires, p.533. Ce jurisconsulte, dans une lettre imprimée en 1736, fait remarquer que les Belges (Belgii), selon Strabon, ne pouvaient habiter pendant l'hiver que confondus dans leurs huttes avec leurs bestiaux, surtout ceux qui se trouvaient le long de la mer et sur le bord des rivières. Plusieurs de leurs villages aux affluents des cours d'eau, s'élevaient sur des terrains couverts autrefois d'épaisses forêts. Ces bois étaient consacrés au soleil sous le nom de *Alb* ou *Alf*. Les terrains défrichés conservèrent ce nom, auquel on ajouta la particule *eig* ou *ig*, qui signifie *ce qui convient, ce qui est propre à une chose,* de sorte que de *Alb-ig*, on a fait *Albigni Albignies*, Aubigni, comme de *Div-alb* on a fait *Divus Albinus*, Saint-Aubin, comme aussi du mot *mar* ou *mor*, qui signifie mer-reignies, morinie, morins.

Nous résumerons donc ainsi les caractères de l'origine gauloise d'Aubigny, et de son occupation romaine ; Tumulus géminés, tombes et fondations des ii° iii° et iv° siècles, grand nombre de monnaies gauloises.

Ce n'est que vers le commencement du vii°·siècle que nous trouvons une date certaine de l'existence d'Aubigny. Avant

---

(1) Renseignements fournis par M. Painblanc, ancien maire d'Aubigny.

cette époque, des missionnaires avaient pénétré dans cette contrée et y avaient apporté le flambeau de la foi ; car il existait un oratoire dédié à Saint-Sulpice et à Saint-Brice, lorsque Saint-Kilien vint à Aubigny.

Ce pays, depuis la mort de Saint-Vaast et la translation du siége épicopal à Cambrai par Saint-Vedulphe son successeur, semblait être sur le point de retomber dans ses anciennes erreurs, et dans les ténèbres du paganisme ; il manquait de pontifes qui pussent lutter avantageusement contre l'idolatrie. L'éloquence et les vertus de Kilien contribuèrent beaucoup à ranimer la foi de nos pères ; il releva les autels abattus, prêcha aux grands et aux petits, fortifia les uns et ranima la foi des autres. Le bruit de son nom et de ses miracles s'était répandu au loin. Le comte Eulfes, seigneur de la terre d'Aubigny et ami de Saint-Faron, appela vers lui notre saint, qu'il avait rencontré à la cour de Clotaire II, avec cet évêque.

A peine arrivé, Kilien développa l'esprit de l'évangile : à la sublimité de sa morale, à la sagesse de ses lumières et de ses paroles si entraînantes et si persuasives, notre saint patron ajouta, pour preuve de la divinité de sa mission, des miracles frappants que Dieu lui permit d'opérer (1).

De nombreuses conversions achevèrent de lui gagner toute la confiance du comte Eulfes, dont l'épouse elle-même, renonçant au monde et méprisant la vanité de sa noblesse, se fit chrétienne. Eulfes, en témoignage de reconnaissance, donna au pieux missionnaire une prairie considérable le long de la Scarpe.

Kilien fut ravi d'y trouver un oratoire dédié à saint Sulpice ; le trouvant trop petit pour contenir la foule de ses nouveaux prosélytes, il y ajouta des bâtiments qui prirent la forme d'un

---

(1) Saint Kilien arriva à la Cour du comte Eulfes, tandis que celui-ci était à la chasse. La comtesse ignorant qui il était, lui refusa à boire lorsqu'il se disait pressé par la soif ; aussitôt les vaisseaux de la cave se trouvèrent tous vides. Ce qu'ayant appris le comte, il conjura le saint d'implorer le pardon de Dieu pour le manque de charité de sa femme et d'obtenir, par son intercession, le rétablissement de sa cave : ce qui arriva. (Guillaume Gazet, *Histoire ecclésiastique des Pays-Bas*.)

monastère (1). Il fut convenu entre le comte et lui que les charges de cette fondation seraient remplies par quatre chanoines séculiers, sous la direction d'un prévôt. Eulfes lui donna même les prébendes nécessaires pour leur subsistance (2). Le comte étant mort, il fut enterré dans la nef du nouveau sanctuaire par les soins et le ministère de saint Kilien.

Notre apôtre survécut plusieurs années à son bienfaiteur. Il continua à soutenir ses prédications par des miracles éclatants, et à répandre aux environs l'éclat de ses vertus ; vivant pauvrement et priant jour et nuit, il se retirait en un lieu écarté pour mieux se livrer à la méditation (3).

Il recueillait déjà le fruit de ses travaux, lorsque Dieu le rappela à lui. Il mourut à Aubigny, le 13 novembre 669 (4) et fut enterré dans son église, à côté du comte Eulfes. Divers miracles s'étant opérés à son tombeau, on leva le corps de terre et l'on mit ses reliques dans une châsse de prix qui fut depuis exposée

---

(1) Ferry de Locre s'appuie sur Molanus et les manuscrits découverts de son temps, pour placer en 620 la fondation de l'église d'Aubigny par Saint-Kilien.

On rapporte, à cette occasion, un miracle opéré par le crédit de notre saint. Les ouvriers occupés à la construction de cet édifice, souffraient beaucoup de la soif, par suite du manque d'eau dans la rivière de Scarpe, ou plutôt parce que l'eau était gâtée et corrompue par les grandes pluies. Kilien se confiant en Dieu, ficha son bâton en terre, et aussitôt il sortit une source d'eau vive qui prit le nom de fontaine de Saint-Kilien. Plusieurs guerisons miraculeuses s'opérèrent par la vertu de ces eaux ; les malheureux atteints de la fièvre s'y rendaient en pèlerinage. La négligence des habitants a laissé combler cette fontaine. Cependant, vers la fin du seizième siècle, les officiers d'Aubigny l'ayant nettoyée, trouvèrent un petit vase de cuivre enchaîné à la muraille. C'était sans doute celui qui servait à puiser de l'eau pour les malades.

Ce lieu est l'emplacement du jardin de M. Ansart, médecin. Il y a, près de là, un mur dans lequel se trouve une petite niche où est conservée une très-ancienne statuette de Saint Kilien.

(2) Baldéric appuie cette version dans sa chronique de Cambrai et d'Arras, page 120.

In vico Albiniaco monasterium est canonicorum sancti videlicet Kiliani, qui Scotus fuit.

(3) On trouve encore, à l'extrémité du territoire d-Aubigny, du côté du midi, vers Hermaville, un lieu dit, nommé le *buisson Saint-Kilien*. On y voyait au siècle dernier, un buisson d'épines en forme de cabinet de feuillage, que l'on croyait avoir été le lieu de retraite du saint homme.

(4) Le cardinal Baronius fait remonter la mort de Saint-Kilien à 680.

derrière l'autel, à la vénération des fidèles, et où elles reposent encore de nos jours (1).

Les religieux, établis à Aubigny par saint Kilien, y rendirent les plus grands services. Les principes chrétiens se développèrent de plus en plus dans tous les rangs de la société ; joints à la civilisation progressive des moeurs et des habitudes des habitants, ils contribuèrent à la fertilisation du sol.

Rien d'historique n'a été recueilli à Aubigny ou dans les environs, sous les rois de la première race. Le pays, encore couvert d'immenses forêts, était infesté de nombreux malfaiteurs qui venaient s'y réfugier et se soustraire aux châtiments que n'auraient pas manqué d'attirer sur eux leurs rapines. Ce ne fut qu'après l'avènement de Charlemagne que les habitants de cette contrée commencèrent à ressentir les effets de cette mesure. La main de fer de cet empereur comprima les efforts des barbares et fertilisa le pays dont nous nous occupons, par des travaux qui préparèrent sa richesse.

Après ce grand roi, de mauvais jours se levèrent pour le nord de la France ; les Normands portèrent partout le pillage, l'incendie et la mort. En 880, Aubigny fut envahi par eux, et subit le même sort que Tournay, Orchies, Arras (2). Mais l'église et le monastère ne tardèrent pas à être rebatis, et le culte rétabli florissait à Aubigny, lorsque Drogon, chanoine et prévôt d'Aubigny assista, à Rome, au sacre de Lambert, évêque d'Arras.

Vers l'an 900, Aubigny rentrait dans le domaine de Baudoin II, dit le *Chauve*, comte de Flandre ; ce dernier mourut en 918. Les deux fils issus de son mariage avec la fille d'Elfrid, roi d'Angle-

---

(1) Nous verrons plus loin les translations diverses que ces reliques eurent à supporter et les faits principaux qui s'y rattachent.
Saint Kilien fut canonisé par le pape Innocent II sous le règne de Philippe-Auguste.
(L'abbé Cuvelier. vie de St-Kilien).
(2) Un historien dit que les restes de Saint-Kilien avaient été transportés à l'abbaye de Saint-Saulve de Montreuil, à l'approche des Normands. Nous ne partageons pas cette opinion. Il y avait à Montreuil un autre Saint-Quilien, dont l'orthographe du nom, *Quilianus*, diffère de celui du patron d'Aubigny, *Chilianus*.
Ce Quilien qui n'a de commun avec notre saint que la même patrie, l'Ecosse, vivait du temps de Saint-Colomban et de Saint-Vulgan, dont il fut le disciple et le compagnon (Malbrancq, de *Morinis*, tome 1, page 270).

terre, se partagèrent le brillant et vaste domaine de leur père. L'aîné, connu dans l'histoire sous le nom d'Arnold le Grand, fut investi de la Flandre et de l'Artois; le plus jeune Adalolphe, eut en partage les comtés de Boulogne et de Saint-Pol, et l'abbaye de Saint-Bertin (1). Aubigny fut le point de séparation entre les états des deux frères qui divisèrent le bourg et ses dépendances en deux parties distinctes. Pour signe de démarcation plus certaine, ils élevèrent deux petits monticules surmontés d'une tourelle. La partie du côté du levant, c'est-à-dire vers Arras, appartenait à Arnold; l'autre vers l'occident, du côté de Saint-Pol, dépendait du comte Adalolphe (2).

Au commencement du xe siècle, Aubigny est un des plus beaux apanages du pays d'Artois; dès l'an 900, les historiens Baldéric, Desprès et Gélic en font mention.

Le premier qui prit le titre de seigneur d'Aubigny (comté d'Artois), fut Hugues, surnommé *Havet*. En 1038, Hugues d'Aubigny fut établi *advoué* de l'abbaye de Marchiennes par Bauduin, comte de Flandre (3). En 1065, le roi Philippe étant à Corbie, amortit les biens de l'abbaye de Hasnon, en présence de plusieurs grands prélats, comtes et barons, au nombre desquels se trouvait Hugues Havet, sieur d'Aubigny (4).

Ce même Hugues reparaît en 1066, dans une assemblée tenue à Chaumont (5). Son fils, Hugue Havet II, est mentionné en 1080 dans le testament de Sohier de Vermandois dit le *Roux*, en qualité de frère d'Ide d'Aubigny, mariée avec Thibault, fils puîné de Hugues Sohier et d'Adalric de Terate. Bauduin d'Aubigny, son fils et héritier, est cité dans une charte de donation faite par Robert IV, seigneur de Béthune, à l'abbaye de Saint-Eloy (6). Il en est fait mention du temps de Guillaume IV de Béthune dans une charte d'Hénin-Liétard (7).

L'autre partie d'Aubigny était devenue successivement la sei-

---

(1) Edw. Le Glay. *Histoire des comtes de Flandre*, tome 1er, page 65.
(2) *Puits Artésien*, 1837, 12e livraison.
(3) Duchesne. Histoire de la maison de Béthune. Preuves page, 17, 20, 84.
(4) Duchesne. Histoire de la maison de Béthune. Preuves.
(5) id.
(6) id.
(7) id.

gneurie des comtes de Saint-Pol, successeurs d'Adalolphe jusqu'à l'avénement de la maison de Campdavesne.

Hugues de Campdavesne jouit de la seigneurie d'Aubigny de 1067 à 1071. Il eut pour successeur Guy de Campdavesne, qui lui-même laissa pour héritier Hugues II de Campdavesne, 1808-1126. Ce fut sous son successeur, Hugues III de Campdavesne et sous la seigneurie de Bauduin-Miette Ier qu'eut lieu la fondation du prieuré d'Aubigny.

De nombreux abus s'étaient introduits dans ce monastère, comme dans toutes les maisons religieuses de l'Artois, sous l'administration des évêques de Cambrai. L'église était mal desservie par les chanoines séculiers : ils s'étaient écartés de la discipline ecclésiastique, et leur vie était loin de remplir les vues de leur pieux fondateur. En 1120, Simon et Nicolas, prévôts d'Aubigny ; Guillaume, doyen ; Odon, Gislebert, Hugues et Walbert, chanoines de ce lieu, vendirent à l'abbaye du Mont-Saint-Eloi quatre mesures de terre dont ils jouissaient au territoire de Givenchy-en-Gohelle. Les biens donnés pour l'entretien de la pieuse fondation de Saint-Kilien, étaient dilapidés. Dieu, dit Dorémieux dans sa chronique du prieuré d'Aubigny, témoigna son mécontentement et fit voir que ces moines devaient être remplacés.

En 1130, à la fin du pontificat de Robert, évêque d'Arras, il se fit, un jour à l'heure du midi, un grand bruit dans l'église d'Aubigny ; les habitants accoururent épouvantés et trouvèrent la châsse de Saint-Kilien transportée du haut du tabernacle au lieu où jadis le corps du saint patron avait été inhumé L'évêque d'Arras, informé de ce prodige, ordonna que cette place fut recouverte d'un tapis, et la châsse reportée sur le grand autel. Le sacristain peu soucieux de cet ordre, s'absenta de l'église sans l'exécuter ; il fut frappé soudain par une main invisible et laissé pour mort sur place ; transporté près des saintes reliques, il fut aussitôt remis sur pied et guéri. Peu après, le tapis ayant été enlevé, la châsse se trouva retransportée au même endroit. Alors l'évêque Robert ordonna qu'on y élevât un monument. En creusant les fondations, on trouva des ossements du saint et une notable parcelle de la vraie croix. Cette précieuse relique avait été probablement cachée lors des ravages exercés dans cette contrée par les Normands. Dorémieux ajoute, que le prélat l'ayant nettoyée avec de l'eau claire, ceux qui en burent, furent guéris de diverses maladies (1).

L'évêque Robert étant mort au commencement de l'année 1131, la Providence suscita, comme instrument de sa volonté, un zélé réformateur des abus qui s'étaient propagés dans le diocèse d'Arras. Alvise, né en Flandre, s'était consacré de bonne heure à la vie religieuse dans l'abbaye de Saint-Bertin. Appelé bientôt dans celle de Saint-Vaast, il y devint grand prieur. Il était abbé d'Anchin, quand il fut élevé à la dignité épiscopale au siège d'Arras. Il s'occupa immédiatement de réformer les maisons religieuses de sa juridiction, et d'y introduire de nouveaux réglements. Ayant reconnu le relâchement des mœurs des moines séculiers d'Aubigny, la négligence intolérable qu'ils apportaient dans le service divin, et désespérant d'y rétablir la discipline ecclésiastique, l'évêque résolut de les remplacer par des moines réguliers de l'ordre de Saint-Augustin.

En 1131, après s'être concerté avec Hugues de Campdavesne et Baudoin Miette Ier, tous deux seigneurs d'Aubigny, et collateurs des prébendes du monastère, Alvise ordonna que *l'église d'Aubigny serait érigée en prieuré sous l'administration d'un prieur et sous l'obéissance des abbés du Mont-Saint-Eloy.* Il donna à ces derniers non-seulement la propriété des biens et possessions de la dite église, mais encore l'autorité de veiller sur la conduite du prieur et des quatre religieux qu'il devrait y envoyer après les décès successifs des chanoines séculiers. Les religieux de l'ordre de Saint-Augustin, installés par Alvise au prieuré d'Aubigny, devaient jouir des prébendes fondées par le comte Eulfes. Le prélat expédia, en conséquence, des lettres revêtues de son scel (2).

La donation d'Alvise fut ratifiée en 1136 par le roi de France

---

(1) Le chroniqueur du prieuré d'Aubigny cite d'autres miracles qui viennent manifester encore la volonté divine dans l'œuvre de réformation du monastère.

(2) Ferry de Locre, *Chronicon Belgicum*, p. 291.

Louis VI et le comte de Flandres, Thiéry d'Alsace (1). Plus tard comme les prébendes avaient toujours été conférées par les comtes de Saint-Pol, l'évêque d'Arras obtint du comte Thierry qu'elles seraient remises entre les mains de Milon, évêque de Thérouanne, pour qu'à l'avenir, elles fussent à la libre disposition de l'abbé du Mont-Saint-Eloy.

Beaudouin Miette étant mort en 1140, laissa la seigneurie d'Aubigny à Beaudoin Miette, deuxième du nom, son fils. En 1142, Huges de Campdavesne, comte de Saint-Pol, et seigneur de l'autre partie d'Aubigny, laissa pour successeur son fils Enguerrand de Campdavesne, qui mourut en Orient, au siège de la ville de Marrah, en 1149, laissant pour héritier son frère Anselme.

L'an 1162 fut signalé par une famine si grande que « les ha- » bitants d'Aubigny furent réduits à manger les ânes et les che- » vaux (2). »

Simon, le dernier prévôt séculier du monastère d'Aubigny, mourut en 1167. Eustache, abbé de Saint-Eloi, envoya pour le remplacer, en qualité de prieur, Wirinfried, qui administra la maison jusqu'en 1191. Sous sa domination, Philippe d'Alsace, comte de Flandres, confirma en 1170 la donation des prébendes faite à l'église d'Aubigny par son frère Thierry. Beaudoin Miette II et Hugues Tachon étaient alors en querelle au sujet de certains droits sur les bâtiments et plantations érigés par les religieux. André, évêque d'Arras, rendit une ordonnance donnant *pleine et entière possession* de l'église d'Aubigny à l'abbaye du Mont-Saint-Eloy, et mettant les tenanciers du prieuré à l'abri de toute espèce de taille et de vexation de la part des seigneurs qui donnèrent eux-mêmes leur adhésion à la donation faite par leurs ancêtres.

Anselme de Campdavesne, frère d'Enguerrand, était mort en 1174 ; il eut pour héritier de ses domaines, Hugues.

En 1180, Aubigny fit partie de la dot d'Isabeau, fille de Philippe-d'Alsace, mariée au roi de France Philippe le Bel.

En 1189, Huges de Campdavesne, seigneur d'Aubigny, et sa

---

(1) Ferry de Locre, *Chronicon Belgicum*, p. 51, 291, 342. — Balderic, *Cameracum Christianum*, p. 59.

(2) Chron. d'Aubigny.

femme Iolente amortissent un manoir acheté par le prieur Wirinfried pour augmenter les bâtiments du prieuré.

Baudouin III, autre seigneur d'Aubigny, mourut la même année, et son fils, Baudouin-Miette IV, lui succéda.

Aucun événement important ne survint pendant plusieurs années. Nous signalerons un débordement des eaux de la Scarpe qui inondèrent le bourg tout entier en 1196.

Cette même année, nous voyons le nouveau seigneur d'Aubigny, Baudouin-Miette IV, donner des terres à l'abbaye du verger, au terroir d'Oisy (1), du consentement de sa femme Mathilde de Gonnelieu, et de son fils qui combattit en Palestine (2).

Jean Derui, successeur du prieur Wirenfried, fut remplacé lui-même par Asson de Coupigny (1198). Le pays était alors en proie aux malheurs de la guerre qui s'était élevée entre Beaudouin, comte de Flandre, et le roi de France, Philippe IV.

Appelé en 1199 à la prélature du Mont-Saint-Eloi, Asson envoya pour lui succéder Didier qui dirigeait alors le prieuré de Rebreuve. Ce religieux, plein de talents et de vertus, eut à soutenir un procès contre le curé de Magnicourt-en-Comté au sujet du droit d'autel du lieu. Raoul, archidiacre d'Arras, informé de l'affaire, termina le différend (1202), en accordant les 2/3 de l'autel au prieuré et l'autre 1/3 au curé.

Hugues de Campdavesne mourut en 1205, sa fille et seule héritière, Elisabeth, avait épousé, du vivant de son père, Gaultier de Châtillon. Ce mariage fit passer la partie de la seigneurie d'Aubigny, dépendant des comtes de Saint-Pol, dans la maison de Châtillon,

De son côté Baudouin-Miette IV étant mort sans enfants en 1206, laissa sa seigneurie à son cousin Hugues Tachon, seigneur d'Orville.

La guerre ayant été déclarée en 1213 entre Ferdinand, comte de Flandres, et Louis d'Artois, à l'occasion de la posssession des villes d'Aire et de Saint-Omer, les environs d'Aubigny devinrent le théâtre des fréquentes incursions des armées ennemies. Tout

---

(1) Le Carpentier; *Histoire ae Cambrai*.
(2) A la 5ᵉ croisade, le sieur d'Aubigny, chevalier d'Artois, portait pour armes : *d'argent à la face de gueules*.

fut ravagé, les habitations pillées, les habitants chassés et les églises dévastées. La bataille de Bouvines (1), ou Ferdinand fut fait prisonnier, mit un terme à ces calamités, et la paix fut rendue à ce malheureux pays pour quelques années. L'église d'Aubigny qui avait tant souffert des suites de la guerre, fut réédifiée. En 1214, Raoul, cardinal-évêque d'Arras, en fit la consécration solennelle et la dédia à Saint-Kilien, dont le corps était alors renfermé dans une châsse recouverte de lames d'argent.

Gaultier de Châtillon laissa à sa mort, 1246, son comté de Saint-Pol et sa seigneurie d'Aubigny à son fils Guy de Châtillon qui fut tué l'année suivante au siège d'Avignon. Hugues Tachon mourut la même année (1227), laissant une fille Alix, mariée à Simon de Clermont, qui devint seigneur d'Aubigny.

La mort de Simon de Clermont et celle de sa femme Alix laissèrent en 1236 la seigneurie d'Aubigny à leur fille Agnès, mariée à Jean Damiens, sire de Vignacourt. L'autre partie du bourg appartenait à la veuve de Gaultier, qui eut pour héritier, en 1240, son fils Hugues de Châtillon, dit *le Féal*. Ce seigneur donna aux religieux une rue d'Aubigny, dont il leur laissa le libre usage, à charge de conserver un pavé pour aller du cimetière au vivier de Jean Damiens, qui approuva également cette donation.

Damiens avait suivi le roi saint Louis à la croisade. Il mourut devant Damiette en 1249 et laissa la baronnie d'Aubigny à son fils, Dreux de Vignacourt.

Hugues de Châtillon mourut à son tour en 1251 sans postérité, et son frère Guy de Châtillon, héritier du comte de Saint-Pol et de la seigneurie d'Aubigny, épousa Mathilde ou Mahaut veuve de Robert Ier, comte d'Artois ; il mourut aussi en Palestine.

Le prieur Jean, mort en 1260, eut pour successeur Walter de Gauchin ; un privilége de saint Louis exempta le prieuré des droits de péage et de tonlieu. Le saint roi avait ramené la paix intérieure en France. La justice florissait, et les droits de chacun étaient maintenus et sauvegardés. Les franchises et les faveurs dont Aubigny fut alors gratifié, contribuèrent beaucoup à son

---

(1) A cette bataille asststait Beaudoin d'Aubigny. (Roger, *Noblesse d'Artois.*)

développement. La loi établie, il fallait la faire exécuter. A cet effet on créa un corps d'hommes spéciaux, les échevins (1). Ces fonctionnaires, d'un ordre à la fois administratif et judiciaire, étaient chargés de la police et de l'administration de la ville, et jugeaient tous les différends qui pouvaient s'élever entre les bourgeois. Vers ce temps-là, l'exercice de la justice donna lieu à de grandes et longues contestations entre les comtes d'Artois et de Saint-Pol. La prise de possession 1269, témoigne de la persistance avec laquelle chacun soutint ses droits (2). Un accord intervenu en 1271, mit fin à ces conflits.

Aubigny vers le milieu du xiiie siècle était ville avec enceinte murée, *(Castra manentium)*, échevinage et banlieue (3). Elle appartenait au comte d'Artois qui la tenait du roi par un hommage séparé, ainsi que les comtés particuliers de la province (4). Aubigny avait le titre de baronnie et jouissait du droit de franc-marché. C'était le chef-lieu d'un bailliage auquel ressortissaient les villages et hameaux d'Agnières, Berlette en partie, Cambligneul, Capelle, Caucourt, Estrayelles-les-Camblain, Fermont, Gouy-en-Artois, une partie de Savy, Tincquettes et Villers-Châtel (5). Les Baillis ou représentants du seigneur, nommaient les échevins et les choisissaient parmi les plus notables et les mieux famés de la commune (6).

Dreux d'Amiens, sire de Vignacourt et seigneur d'Aubigny, avant de rejoindre saint Louis à la croisade en 1269, vendit sa

---

(1) Voici les noms de quelques échevins d'Aubigny, de 1266 à 1732 : Eustache Morans, Jackemes, Lefeuvres (Lefebvre) et Pierre de Closcaux, 1266; Regnault de Gauchin, 1497; Genède, Jehan Dupont, 1507; André, alexandre; Couvelet Henri; Pouchin Etienne ; Blin Noël, 1690; Jean Bourgeois, Jean Guislain Leroux, Eloy de Saint-Léger, Desaulty, 1712.

(2) Une femme ayant été efforcée, la ville fut envahie par les gens du bailli d'Arras, et la maison du criminel brûlée.
Une femme ayant été violée, les sergents du comte de Saint-Pol punirent le délinquant et le pendirent à un orme. (Jugements consignés dans des actes judiciaires aux Etats d'Artois.)

(3) Harbaville, *Mém. hist.* tom. II, p. 259. — Voir les chartes des xie et xiie siècles.

(4) Maillard, *Coutumes générales d'Artois*, édition in-folio, 1739, p. 18.

(5) Harb., *Mém. hist.*, tom II, page 259.

(6) Voici les noms de quelques baillis d'Aubigny : 1342, Enguerrand, sire de Louvencourt, bailli d'Aubigny-le-Comte; 1634, Cuvelier Hector; 1569, Guillaume de Bocourt, Bailli général d'Aubigny pour Marie de Hadarcq; 1690, de Bermicourt; 1722, Ansart; 1785, Anselin de Willencourt.

seigneurie à Florent de Varennes, maréchal de France, qui mourut la même année, laissant un fils, Jean.

Robert II, comte d'Artois, partant aussi pour la croisade avec son oncle le roi saint Louis, prit sous sa protection les religieux et les biens de l'abbaye de Saint-Éloi et de ses prieurés. Celui d'Aubigny avait acquis en 1270 tous les biens du sieur de Vandelicourt, Henri Dupuich. Pendant l'absence de Robert, les administrateurs de son comté achetèrent pour leur maître à Jean de Vareunes, sa baronnie d'Aubigny. Robert, en sa qualité de fils et héritier de la femme de Guy de Châtillon, Mathilde, veuve de Robert Ier, comte d'Artois, réunit ainsi toute la seigneurie d'Aubigny. A son retour de la Terre Sainte, ce prince accorda à son beau-père en accroissement de fief qu'il tenait de lui, toute la haute justice et la moitié de la ville d'Aubigny et de toute celle de Bucquoy (1). Une charte du mois d'avril 1271 confirme cette donation et nomme Étienne du Péage et Jean de Frucourt, tous deux chevaliers, choisis par les intéressés, à l'effet de partager, le plus équitablement possible les fiefs et arrière-fiefs dépendants d'Aubigny, qui jusqu'ici étaient restés indivis entre les seigneurs des deux parties. Celle vers Saint-Pol fut donnée à Guy de Châtillon et passa, par la suite, dans la maison de Bourbon-la-Marche, d'où lui vient le nom d'*Aubigny-la-Marche*. L'autre partie s'étendant vers Arras, resta la propriété du comte d'Artois, et prit la dénomination d'*Aubigny-le-Comte*. Le partage eut lieu en janvier 1272. Il fut stipulé dans l'acte de dotation que la partie du côté de Saint-Pol serait tenue du conseil d'Artois, ce qui la soumit à la gouvernance d'Arras. L'autre est restée immédiate à la couronne et dans la juridiction des juges du roi ; et, lors de la subrogation du conseil provincial et supérieur d'Artois aux juges de France, elle resta dans le ressort immédiat de ce conseil (2).

La maladrerie d'Aubigny fut fondée en 1280 avec bénéfice de l'hôpital et une chapelle dédiée à sainte Marie-Madeleine. Cet établissement fut bientôt doté de riches possessions. Nous verrons plus loin quels furent ses revenus au xviiie siècle.

---

(1) Duchesne, *Hist. de la maison de Châtillon*, preuves, liv. III, chap. 8.
(2) Maillard, *Coutumes d'Ariois*, 1729, p. 18.

Le prieuré, de son côté, reçut de nouvelles donations. Marguerite d'Anvin donna au prieuré 4 mesures 1|2 de terre sises au terroir d'Aubigny. En 1286, Guy de Châtillon gratifia l'église de 60 sols parisis pour la fondation d'un obit annuel, somme qui devait être prise sur le droit de travers (1).

Gaultier de Gauchin étant mort en 1287, dans un âge avancé, eut pour successeur Jean de Tournay. Le 12 mars 1289, Guy de Châtillon mourut et fut enterré avec sa femme dans la nef de l'abbaye de Cercamps (2). Son fils, Jacques de Châtillon, seigneur de Leuze, Condé, Aubigny, etc., etc., lui succéda. Il épousa Catherine, dame de Carency, Bucquoy, Duisans et Aubigny, veuve de Regnault de Châteauneuf (3). A l'exemple de Robert d'Artois, il amortit, par ses lettres, toutes les donations de terres et de rentes concernant le prieuré dans le ressort de sa juridiction.

Robert II ayant été tué à la bataille de Courtray en 1302, laissa pour héritier de son comté d'Artois et de sa seigneurie d'Aubigny sa fille Mahaut, mariée à Othon, comte de Bourgogne,

Jacques de Châtillon, tué à la même bataille, eut pour successeur son fils aîné, Hugues de Châtillon, dit de Saint-Pol, seigneur de Leuze, Condé, Carency, Aubigny, etc., etc., qui épousa Jeanne de Dongnies. A la mort de Robert, les Flamands envahirent l'Artois et pillèrent le bourg d'Aubigny, en se dirigeant sur Saint-Omer, 1303.

En 1307, Guy de Châtillon maria sa fille aînée, Mahaut, au comte de Valois. Ce dernier inquiéta souvent le prieuré par ses prétentions; on les fit taire moyennant 160 livres. Pendant plusieurs années, Aubigny fut en proie à toutes sortes de fléaux. Les inondations de 1310 occasionnèrent une disette telle que les habitants furent obligés de se nourrir d'herbes (4). La guerre résultant

---

(1) Il est souvent question du travers d'Aubigny dans les chartes du XIII° siècle. Le travers était un droit domanial levé au passage des ponts et bacs sur les rivières, sur les personnes et les marchandises, droit destiné à l'entretien des dits ponts. — Godefroy, *Inventaire chronologique des chartes d'Artois*. Harb. *Mém.*, tome II.
(2) Roger, *Noblesse de Picardie et d'Artois*, p. 213.
(3) Duchesne. *Hist. de la maison de Chatillon*, p 203.
(4) Chronique du prieuré d'Aubigny.

des différents élevés entre Mahaut, comtesse d'Artois, et son neveu Robert, amena le trouble et la misère, et pour comble de désolation, la peste exerça de grands ravages en 1315. Le prieuré perdit un grand nombre de ses religieux, et Guillaume même, qui avait succédé au prieur André d'Auchy, en fut victime. Il fut remplacé par Nicolas de Duisans.

Mahaut, comtesse d'Artois, veuve d'Odon de Bourgogne, mourut en 1329, laissant 200 livres parisis, tant à l'abbaye du Mont-Saint-Éloi qu'aux prieurés de Rebreuve et d'Aubiguy; sa fille, Jeanne d'Artois, mariée à Philippe le Long, roi de France, hérita de sa seigneurie.

Hugues de Châtillon laissa son comté de Saint-Pol et sa seigneurie d'Aubigny à sa fille Jeanne de Châtillon, dame de Leuze, Condé, Carency, etc., etc., 1334; elle épousa Jacques de Bourgogne, comte de la Marche et de Ponthieu, fils puîné de Louis Ier, duc de Bourbon, petit-fils de Saint Louis. Ce nouveau seigneur d'Aubigny fit une ordonnance dans laquelle il accordait au curé et aux échevins la libre administration de la maladrerie.

En 1328, la guerre avec les Flamands recommença et Aubigny fut de nouveau rempli de gens d'armes.

Jeanne, comtesse d'Artois et dame d'Aubigny, laissa quatre filles (1470), dont l'aînée épousa Odon, duc de Bourgogne ; elle en eut un fils, Philippe, qui mourut du vivant de son père, laissant lui-même un fils du même nom, et qui hérita au berceau de la seigneurie d'Aubigny. Philippe, son petit-fils, encore en bas-âge, fut mis sous la tutelle de sa mère, Jeanne, comtesse de Boulogne, et mariée à Jean, roi de France. Il mourut à l'âge de 15 ans, en 1361, et la seigneurie retourna à sa grande tante Marguerite, veuve de Louis de Nevers, comte de Flandre.

Jacques de Bourbon fut tué avec son fils aîné à la bataille de Brigais, près de Lyon, en 1361; son second fils, Jean de Bourbon, marié à Catherine de Vendôme, hérita de la seigneurie d'Aubigny-la-Marche.

Le fils de Marguerite de Flandre, Louis de Male, hérita du comté d'Artois et de la seigneurie d'Aubigny. Il mourut en 1383, laissant une fille mariée à Philippe le Hardi, duc de Bourgogne.

L'armée anglaise, sous les ordres du duc de Lancastre, et les troupes françaises dévastèrent les environs d'Aubigny en 1373. Un lieutenant anglais, Robert Canolle, après avoir brûlé le faubourg d'Arras, vint, au moment de la moisson, à l'abbaye de Saint-Éloi et installa ses soldats à Aubigny. En 1387, le pays fut de nouveau en proie aux excursions de l'armée de France. Les soldats s'emparèrent de tout sans payer un seul denier (1). L'angleterre, dont les forces étaient en partie épuisées, proposa des négociations au roi Charles VI ; en 1388, la paix fut conclue et l'Artois fut en repos jusqu'eu 1411.

En 1393, Jean de Bourbon mourut, et laissa sa seigneurie d'Aubigny à son fils Jean II, qui épousa Catherine d'Artois.

Philippe de Bourgogne étant décédé en 1405, laissa la seigneurie d'Aubigny-le-Comte à son fils aîné, Jean le Mauvais, duc de Bourgogne et comte d'Artois.

Depuis l'an 1400, la France était en proie aux discordes qui s'étaient élevées entre les princes de la maison royale. L'infortuné duc d'Orléans étant tombé, en 1407, sous le poignard dirigé par Jean sans Peur, le parti d'Orléans leva immédiatement une armée nombreuse. Le roi Charles VI ayant recouvré la raison, au moment où on allait en venir aux mains, vint assiéger Arras, en 1414, avec 200,000 hommes. Louis, duc de Bourbon, retranché avec l'avant-garde au faubourg Baudimont, fit piller tous les villages aux environs de ce côté de la ville. Au mois de juillet, il s'empara du prieuré et du vieux château d'Aubigny, dans l'intention d'interrompre toutes communications entre Arras et Saint-Pol. Il y séjourna sept semaines, du 20 juillet au 5 septembre, durée du siége qui finit par être levé à la suite d'un accommodement conclu entre le roi et le duc de Bourgogne, par l'entremise et la médiation de Marguerite de Bourgogne, sœur de Jean et comtesse de Hainaut, et celle de Louis, dauphin de France, gendre de Jean de Bourgogne. Ce séjour fut fort onéreux aux habitants qui perdirent non-seulement leurs moissons qu'ils ne purent récolter, mais aussi leurs meubles et leurs effets pillés par les soldats campés aux environs. Il y eut même un grand nombre de maisons abattues (1).

(2) Doresmiux, *Chronique du prieuré d-Aubigny.*
(1) Meyer. Annales, liv. XV.

Pendant ce temps de dissensions intérieures, les Anglais n'avaient pas cessé de couvoiter l'Artois. En 1415, Henri V étant venu débarquer en Normandie, les ducs de Bar et de Bourbon et le comte de Nevers, voulant l'arrêter dans sa retraite, lui envoyèrent proposer le combat, en assignant pour champ de bataille la plaine située près du bourg d'Aubigny. Le roi accepta ; mais nos généraux attendirent en vain. Il s'était retiré vers Calais en passant par Beauquesne. Ils l'attaquèrent toutefois près d'Azincourt, et là se livra la bataille si funeste, où la France perdit cinq princes du sang, la fleur de la noblesse, et dix mille soldats. L'assassinat du duc de Bourgogne commis en 1419, par les gens du dauphin, ramena les hostilités un moment interrompues. Son fils, Philippe le Bon, hérita de son duché de Bourgogne, du comté d'Artois et de la seigneurie d'Aubigny.

Dès 1422, le sieur d'Harcourt, partisan du dauphin de France, fit plusieurs excursions à Aubigny et emmena avec lui un grand nombre de prisonniers et de chevaux.

Jean II de Bourbon, seigneur d'Aubigny-la-Marche, eut pour héritier, en 1436, son troisième fils, Jacques de Bourbon, qui épousa Antoinette de la Tour en 1442. Le décès de Philippe le Bon, qui eut lieu à Bruges en 1647, laissa la seigneurie d'Aubigny-le-Comte à son fils Charles le Téméraire. Ce prince se montra tout dévoué aux intérêts de l'abbaye et de ses moines ; il les prit sous sa sauve-garde et leur fit restituer jusqu'aux moindres choses qu'ils avaient pu perdre ; il prit de plus sous sa protection toutes les *censes* et les serviteurs du monastère.

La guerre dite du bien public, commencée en 1463 entre Charles le Téméraire et Louis XI, se continuait avec acharnement. Les deux princes cherchaient réciproquement à s'approprier de nouvelles provinces. En 1475, les Français vinrent aux environs d'Aubigny avec un grand nombre de paysans armés de faucilles et de fléaux, et leur firent scier les épis et battre le grain qu'ils emportèrent. La mort du duc Charles, tué en 1477, délivra le roi de France de son plus terrible ennemi. Louis XI. qui convoitait son héritage, vint s'emparer de l'Artois, laissant à Aubigny, comme partout sur son passage, des traces de sa cruauté.

L'opposition faite par Marie de Bourgogne, héritière de Charles le Téméraire, aux prétentions de Louis XI et bientôt après son mariage avec l'archiduc Maximilien, alliance qui devait faire passer le comté de Flandre et d'Artois dans la maison d'Autriche, excitèrent le ressentiment du roi de France et devinrent le signal de nouvelles guerres, dont Aubigny eut beaucoup à souffrir. Ce bourg vit revenir de mauvais jours, qui le plongèrent de nouveau dans le deuil et la désolation. A la tranquillité dont il jouissait depuis quelque temps, succéda une série de malheurs qui amenèrent sa décadence complète. Après la bataille d'Enguinegatte, en 1479, la contrée fut ravagée par les troupes de l'archiduc d'Autriche.

Marie de Bourgogne étant morte en 1433, laissa pour héritier son fils Philippe, qui devint seigneur d'Aubigny-le-Comte, tandis que Charles de Bourbon héritait de la seigneurie d'Aubigny-la-Marche.

Antoine de Crévecœur, gouverneur d'Artois et d'Aubigny-le-Comte, obtint, par lettres du 20 juin 1490, pour Jean de Crévecœur, son fils, la survivance de sa charge.

La trahison de Jean Lemaire, dit Grisard, ayant livré la ville d'Arras à l'archiduc Philippe, les Allemands et les Bourguignons se plaignant de ne pas être régulièrement soldés, se répandirent dans les environs. Ils se présentèrent un jour devant Aubigny avec de l'artillerie. Les habitants se réfugièrent dans l'église, emportant avec eux leurs objets les plus précieux. Déjà les assiégeants battaient la muraille en brèche, lorsque les malheureux réfugiés désespérant de leur salut, implorèrent saint Kilien. L'histoire rapporte que les pillards furent saisis tout à coup d'une terreur panique et se retirèrent sans rien emporter. Il n'y eut même personne de tué ni de blessé. On attribua cette délivrance miraculeuse à l'intercession du saint patron.

En 1501, le prieur Jean de Nédonchel acheta à Aubigny, moyennant 200 livres, 15 mesures de terre, nommées l'enclos Bérotte, tenues en fief du comte d'Artois, à cause de son château d'Aubigny (1). Cet achat fut amorti par l'archiduc Philippe. Le

(1) La saisine fut accordée par les officiers du comte d'Artois, le 18 août 1501.

moulin et le vivier du prieuré furent baillés en arrentement, en 1502, par l'abbé de Saint-Éloi, à Collart-Cassin, moyennant un canon annuel de 9 mencauds de blé et 100 coupes ; on lui imposa en plus la condition de rebâtir le moulin et de payer une rente due aux seigneurs d'Aubigny et au sieur de Savy (1). En 1525, Jean de Nédonchel fit restaurer l'église d'Aubigny et construire un appartement avec dépendances près du dortoir du prieuré. La nouvelle châsse de saint Kilien avait été renouvelée en 1507; l'évêque Asson y renferma la tête et la plus grande partie des ossements du saint, avec une parcelle de la vraie croix.

Charles de Bourbon étant mort en 1512, laissa deux fils, Bertrand et Jean, qu'il avait eus de Catherine d'Alègre, sa femme. L'un d'eux eut une fille, Isabeau, qui épousa, le 11 février 1616, François d'Essars, seigneur de Vauguyon, qui devint aussi seigneur d'Aubigny-la-Marche. En 1528, il vendit cette seigneurie à Pierre de Habarcq, gouverneur d'Artois et capitaine des gardes de l'empereur Charles-Quint, moyennant la somme de 8,000 livres. Ce dernier mourut en 1530, laissant pour héritier son fils Pierre II de Habarcq.

A l'époque de l'établissement du conseil provincial d'Artois, les officiers furent solennellement investis de leurs charges à Aubigny par les abbés de Saint-Vaast et de Saint-Éloi.

L'armée du roi de France passa, en 1537, à Aubigny en allant au secours de Saint-Pol, menacé par les troupes de Charles-Quint. Rappelé à Paris par suite d'une intrigue amoureuse avec la duchesse d'Étampes, François Ier abandonna cette ville qui ne tarda pas à être prise et pillée. Dès le 8 juin, l'armée impériale arriva à Aubigny et y coucha. Trois jours après, Saint-Pol était enlevé d'assaut et 4,000 Français y trouvaient la mort (2).

Pierre II de Habarcq étant mort sans enfants, 1538, sa soeur, Marie de Habarcq, hérita de la baronnie d'Aubigny-la-Marche. Elle épousa Gilles de Lens, seigneur d'Aix, qui devait réunir, en 1560 les deux seigneuries. En effet, Charles-Quint, après le traité de paix signé à Crépy, ayant besoin de nombreux subsides pour la guerre d'Allemagne, lui vendit la seigneurie d'Aubigny-

(1) Cet acte fut résilié en 1511 moyennant 150 florins.
(2) *Puits Artésien*, 1837, 12e livraison.

le-Comte, moyennant une somme considérable. Ce seigneur, nommé colonel de 12 compagnies wallonnes au service du roi d'Espagne, s'intitula baron des deux Aubigny, seigneur de Habarcq (1), etc.

En 1548, le prieur Philippe de Marconnelle fit rebâtir à neuf une grande partie des bâtiments du prieuré, du côté de la rivière.

En 1515, le mayeur d'Aubigny défendit aux habitants de comparaître aux citations de l'official d'Arras.

Gilles de Lens, baron d'Aubigny et gouverneur de Béthune, obtint, en 1564, du roi d'Espagne, que le conseil d'Artois fut saisi des abus que commettaient les échevins d'Aubigny dans l'administration de la maladrerie; il en obtint un règlement qui mettait ses biens à l'abri de toute déprédation. A sa mort, la baronnie d'Aubigny passa à son fils, Gilles de Lens (1578). Cette année, le bourg tout entier faillit devenir la proie des flammes. Le 10 août, une pauvre femme demeurant rue du Château, mit, par imprudence, le feu à sa chaumière; favorisé par le vent, l'incendie se propagea rapidement. Il attaquait déjà le clocher, et l'église aurait été brûlée sans l'énergie et le dévouement de sire Adrien Duquesnoy, alors curé. Les habitants perdirent leurs récoltes; le prieuré seul fut épargné.

Le chapelain, S. Noel Sueur venait de remplacer Regnault Pingrelon, en 1584, lorsque les Cambraisiens vinrent piller le bourg et enlevèrent tous les bestiaux des religieux. Le nouveau prieur obtint du baron d'Aubigny, Gilles de Lens, l'autorisation d'établir des fossés et flégards autour du prieuré, et, par un échange conclu avec les échevins d'Aubigny, le 2 décembre 1593, il en agrandit l'euclos.

La guerre se poursuivait toujours en Artois. Les Français vinrent camper à Aubigny, et, trois ans après, le bourg fut livré au pillage par les troupes du maréchal de Biron. Pendant ce temps de troubles, les habitants et les religieux d'Aubigny quittèrent plusieurs fois leurs demeures, et pendant l'absence des moines, les viviers furent comblés et convertis en prairies.

---

(1) Ses armes étaient *écartelées d'or et de sable*.

La paix de Vervins, conclue en 1598 entre Henry IV et Philippe II, ramena la tranquillité dans cette contrée, et la châsse de saint Kilien, qni avait été portée à Arras en lieu sûr chez la soeur du prieur, fut rapportée à Anbigny. En 1606, une inondation considérable causa de grands dégâts dans le bourg et le prieuré.

Gilles II de Lens mourut en 1611, laissant sa seigneurie à sa fille aînée, mariée en secondes noces à Charles, comte d'Egmont.

L'Artois absorbé par la domination espagnole, perdait chaque jour sa nationalité. De 1600 à 1630 aucun évènement militaire important ne se passa à Aubigny. Le 8 août 1612, par l'imprudence d'un valet de charrue, le feu prit à l'écurie et consuma tous les bâtiments du monastère : récoltes, bestiaux, tout fut perdu. Il fallut deux ans pour reconstruire le corps de logis et les bâtiments ruraux, et encore ce ne fut qu'avec l'aide de l'abbé de Saint-Éloy qu'on y parvint.

Diverses acquisitions de marais et de terres, la bénédiction d'une cloche, quelques réparations à l'église, en 1618, la restauration d'un mur de clôture, en 1619, signalèrent les premières années de l'administration du prieur Abel Cornet. Du consentement des habitants, il dut relever, en 1621, le pont du prieuré qui, par son peu d'élévation au-dessus du niveau de l'eau de la rivière, occasionnait de fréquentes inondations préjudiciables au monastère. L'abbé de Saint-Éloy vint à Aubigny, en 1624, pour consacrer : 1° le grand autel de l'église d'Aubigny, en l'honneur de saint Kilien ; l'autel de la chapelle, en l'honneur de la Sainte-Vierge ; celui où reposent les reliques du saint patron ; l'autel de la paroisse, qu'il dédia à sainte Anne.

Le prieur sire Albert Cornet fit de grandes dépenses, en 1626, pour la reconstruction du réfectoire, des cuisines et d'un grand nombre de chambres hautes et de salles basses. L'année suivante, une nouvelle inondation envahit la brasserie et les bâtiments attenants.

En 1631, il se fit un accord entre l'abbé du Mont-Saint-Éloy Dorémieux et la dame d'Aubigny, Marie de Lens, au sujet de l'élection des échevins d'Aubigny. Il fut stipulé que le curé d'Aubigny ni ses successenrs ne pourraient prétendre à aucune juridiction audit échevinage concernant cette élection. La liste des candidats devait lui être représentée. Sur 10 membres, il pouvait en proposer 3, et 2 seulement sur 9. Aussitôt son choix fait, il devait renvoyer le bulletin au bailly ou à son lieutenant à qui le choix des autres était réservé.

Richelieu ayant décidé Louis XIV à déclarer la guerre à l'Espagne, les Français vinrent dans les Pays-Bas, en 1635. Les Espagnols avaient envahi la Picardie ; le roi de France, usant de représailles, ordonna au maréchal d'Estrées de pénétrer en Artois.

Le 23 janvier 1636, de Rambures, gouverneur de Doullens, sortit de cette place avec un nombreux détachement et arriva le lendemain à la pointe du jour devant Aubigny. Il laissa une partie des troupes sur la route d'Arras pour prévenir toute surprise et arrêter les fuyards. Les enfants perdus de la citadelle, soutenus par le capitaine Famechon et les dragons de Séguier qui avaient mis pied à terre, vu les difficultés du terrain, fondirent sur le bourg et furent suivis par l'infanterie française. Ayant repoussé les hommes de garde à la barricade, Rambures marcha droit à la maison de ville, où était logé le comte Espagnol, chef de la garnison.

Ce dernier, l'épée à la main, en défendait l'entrée, pendant que sa femme cherchait à se cacher. Le comte et ses gens ayant été renversés et blessés, Calais, l'un des lieutenants de de Rambures, prit un des drapeaux, l'autre fut enlevé par un soldat de la citadelle. Ils coururent ensuite à l'église où les Espagnols s'étaient réfugiés ; ils firent sauter la porte à l'aide d'un pétard et tous ceux qui s'y trouvaient, furent tués ou faits prisonniers ; d'autres se précipitèrent dans la Scarpe où ils furent noyés. Les deux compagnies qui composaient la garnison espagnole d'Aubigny, perdirent 200 hommes.

En 1640, après la prise d'Arras, le maréchal de Châtillon resté seul pour commander les troupes françaises dans l'Artois, séjourna trois semaines à Aubigny, et vint loger deux jours à Habarcq, dans le château du comte d'Egmont (1). Trois ans

---

(1) A. d'Héricourt, siéges d'Arras.

après (1643), Duvivier fut envoyé contre les troupes de la garnison de Béthune qui, dans une sortie, étaient venues jusqu'à Aubigny. Elles étaient déjà reparties ; lorsque les Français arrivèrent. Ces derniers emmenèrent avec eux une grande quantité de prisonniers et de bestiaux.

Lors du siége d'Arras en 1654, le maréchal d'Hocquincourt envoyé par Louis XIV, après la prise de Stenay, au secours de Turenne, vint établir ses retranchements à Rivière. Ayant appris que le comte de Boutteville était parti au-devant d'un grand convoi venant de Lille et était obligé de passer par la route de Saint-Pol, (toutes les autres voies de communication lui étant fermées), nos deux généraux volèrent à sa rencontre et traversèrent Aubigny où ils firent un grand nombre de prisonniers. L'un d'eux lui ayant dit que le convoi était resté à Aire, ils se rapprochèrent des lignes françaises.

Pendant la bataille de Lens qui porta, en 1656, le dernier coup à la domination espagnole, l'aile gauche de l'armée de Turenne à la poursuite des troupes Autrichiennes, s'était répandue aux environs d'Aubigny ; lui-même vint y camper.

La guerre, dite de succession, vint plus tard troubler la paix que le traité de Rieswick avait fait renaître en 1698. Les princes alliés, Eugène et Malborough, reprirent quelques villes de l'Artois. Pendant le siège de Béthune de 1710, le maréchal de Villars poursuivit les troupes Autrichiennes jusqu'aux environs d'Aubigny. Ce fut le dernier évènement militaire dont Aubigny fut le théâtre.

Les siéges, prises ou occupations diverses que cette localité eut à subir, sont un témoignage incontestable de son ancienne importance. Après tant de désastres, cet éclat passager disparut bientôt, et ce n'était plus qu'une place ouverte au XVIIIe siècle,

En creusant la tombe du prieur Jean Accolet, mort en 1688, on découvrit une urne de plomb portant cette inscription.

« Cy git le cœur de Messire Pierre de Habarcq, à marier, âgé
» de 27 ans, seigneur dudit lieu, baron dudit Aubigny, fondateur
» de céans, qui trépassa le 28 février 1530. »

Le vaste et beau château de Bourbon fut démoli en 1691 ; il

s'élevait à l'endroit encore appelé de nos jours le Bourbon. Au commencement du XIX⁰ siècle, en labourant, on en découvrit les caves. Le terrain était donné en arrentement à la charge d'y entretenir à perpétuité un monument équivalant au moins à moins à 50 florins, ce qui fut loin d'être exécuté. Saint Louis en fut possesseur, il passa depuis dans la maison d'Egmont.

Charles, comte d'Egmont, duc de Gueldre et de Saluces, prieur de Gavres et du saint Empire, Grand d'Espagne, et chevalier de la Toison d'or, seigneur d'Aubigny, mort en 1620, eut pour héritier son fils Louis, prince de Gavre, marié à la comtesse de Berlaymont qui mourut en 1644, laissant sa baronnie d'Aubigny à son fils, Philippe. Ce dernier épousa Marie-Ferdinande de Croy.

Son frère, François Procope d'Egmont, hérita de la seigneurie d'Aubigny, et mourut de la dyssenterie à Fraga, en Catalogne, 1709. Sa soeur et héritière Angéline d'Egmont, épousa Nicolas Pignatelli, duc de Bisachia grand d'Espagne, chevalier de la Toison d'or, et général des armées du roi d'Espagne, au royaume de Naples.

Avant d'entrer dans les longues discussions qui s'élevèrent au XVIII⁰ siècle entre les comtes d'Egmont et le prieuré d'Aubigny, jetons un coup d'oeil sur l'état de la justice et des finances de cette localité au commencement de ce siècle.

En 1720, il y avait plusieurs justices et juridictions au bourg d'Aubigny.

1° Un échevinage composé d'un mayeur, de quelques échevins, d'un procureur pour office, d'un greffier, de quelques sergents, le tout à la nomination du comte d'Egmont. Cet échevinage ressortait au siège de la gouvernance d'Arras.

2° Le siège des baronnies d'Aubigny, composé d'un bailly ou lieutenant, d'hommes de fief, d'un procureur pour office, d'un greffier et de quelques sergents. Tous les hommes de fief étaient à la nomination du comte d'Egmont. Ce siège était du ressort médiat et immédiat du conseil d'Artois, par le canal de la gouvernance et du bailliage d'Arras. Quoique les deux baronnies fussent réunies dans la personne de Gilles de Lens, cependant elles ont conservé jusqu'à la fin du XVIII⁰ siècle leurs mouvances et juridictions distinctes, conformément au partage du mois de janvier 1272.

Liste des lieux qui, en 1741, étaient dans la haute justice d'Aubigny-la-marche, ressortissant à la gouvernance d'Arras.

Ambrines (partie).
Bailleulmont.
Barly-Fosseux (partie).
Beaurepaire (la seigneurie de).
Béthonsart (partie)
Berlencourt (partie).
Berlette (le grand).
Béthencourt
Capelle.
Doffines (partie).
Estrées Blanche (id).
Le Fermont (id).
Givenchy-le-Noble (id).
Gouy-en-Artois (id).
Habarcq (id).
La Hayette, cense.
Hermaville.
Hermin (partie).
Humbercamps (id).
Izel-les-Hameaux (id).
Lignereuil (id).
Loeval, fief en Barly.
Loeval, fief en Gouy.
Manin.
La Marche (fief considérable en Gauchin-Legal).
Pommier (partie).
Pont du Gy.
Savy.
Sars-les-Berlencourt.
Tincquette (partie).
Thilloy-lez-Hermaville.
Villers Brûlin (partie).
Vilerel.
Wandelicourt.
Ugy.

Liste des lieux qui, en 1741, étaient dans la haute justice d'Aubigny-le-Comte, bailliage ressortissant du conseil provincial d'Artois.

Acq, (la seigneurie).
Agnez (70 habitants 1774).
Agnières, 147.
Auchel, 200.
Béthonsart (partie) 175 pour la seigneurie d'Eustache Ricard.
Bavincourt 304.
Beaumont (le petit).
Berlette (id).
Calonne Ricouart (partie).
Courcelles le Comte.
Cours.
Estrayelles.
Frévillers.
Frévin Capel.
Gauchin le Gal, (partie).
Guestreville (id. avec Arras).
Gouy en Artois (id).
Manin (id).
Houvelin.
Louez.
Loeval (fief en Barly Fosseux).
Loeval (fief en Gouy en Aartois).
Magnicourt en Comté (partie).
Manin.
Mingoval.
Montenescourt.
La Motte-les-Quiéry (seigneurie).
Pingehem.
Quiéry-les-Douai.
Sapignies (le château et la seigneurie).
Tincques.
Tincquettes (partie).
Villerel (id).
Wagnonlieu (id).
Warlus.

3° La justice et seigneurie vicomtière et au-dessous du prieuré dans le bourg et terroir d'Aubigny, amortie et ressortissant au château d'Aubigny-la-Marche ; elle était composée d'un bailly et d'un lieutenant, d'hommes de fief et cottiers, d'un procureur pour office, d'un sergent et de plusieurs officiers. Tous étaient à la nomination du prieur d'Aubigny, sauf les hommes de fief. Le prieur avait droit d'infliger l'amende de 60 sols et au-dessous; il pouvait de plus tenir cour et plaids ordinaires et les hommes féodaux et cottiers étaient tenus d'y comparaître, le cas échéant, n'étant nullement soumis à l'échevinage d'Aubigny. Toutefois les comptes de l'église étaient assujettis à l'approbation et à la vérification du corps échevinal.

Le 21 octobre 1697, le conseil d'Artois rendit une sentence contradictoire entre le prieur curé d'Aubigny d'une part, et de l'autre les mayeur, échevins et marguillers d'Aubigny, et le comte d'Egmont qui était intervenu dans la cause. Le jugement porte que les comptes de l'église seront présentés au curé le premier, qu'il les signera d'abord, puis les communiquera aux mayeur, échevins, etc., etc. La décision ajoute que le curé retiendra une clef du coffre de l'église conjointement avec les mayeur, échevins et marguilliers qui conserveront la seconde.

Voyons maintenant quel était l'état financier d'Aubigny au XVIII° siècle.

Le territoire d'Aubigny, en 1757, représentait un revenu de 2415 liv. 16 s. 2 d. Son étendue était de 1250 mesures 19 quartiers 9 verges 1|2 de terres labourables, 79 mesures 24 verges de manoirs et 3 mesures de marais. Les revenus du seigneur se composaient d'arrentements, de droits d'affouages, rentes, etc., etc. Ils s'élevaient à 234 liv. 10 s. 2 d., en 1749. Les revenus du comte d'Egmont à Aubigny-le-Comte et Aubigny-la-Marche, conststaient :

1° En censives, y compris l'arrentement de moulins à vent,
            463 liv. 10 s. 1 d.
2° En droits seigneuriaux, ... 400 liv.
   TOTAL. . . . . . 863 liv. 10 s. 1 d.

Dès l'an 1670, le sieur Antoine Dubois, écuyer, seigneur de Duisans, conseiller ordinaire du roi au conseil d'Artois, était bailly général des deux Aubigny, représentant le comte d'Egmont.

Le prieuré, à cause de sa justice et seigneurie vicomtière dans Aubigny, y avait plusieurs rentes seigneuriales (Rôle de 100me). Il avait un four banal, nommé le four Killien, qui fut souvent loué par les prieurs aux habitants. Il était amorti et les tenanciers du prieuré résidant à Aubigny étaient obligés d'aller y cuire leurs farines, pâtes et victuailles, sous peine de se les voir confisquer et de payer une amende de 60 sols parisis. Le prieuré avait aussi droit au cours de l'eau et aux ventaires sur la rivière de la Scarpe, aussi loin que s'étendait la seigneurie foncière, afin de faire flotter ses prés et de remplir son vivier au besoin. Il devait avoir à son profit tous les clains et saisines entre les bornes de la susdite seigneurie. Si l'un de ses tenanciers ne venait pas payer ses fermages au jour fixé par le prieur ou son receveur, il encourait une amende de 2 sols 3 deniers. S'ils tenaient taverne ou cabaret en leurs maisons, ils devaient un droit de forage, tel que deux lots par chaque tonneau de vin, bière ou autres liqueurs qu'ils vendaient.

Quand un manoir, une terre ou quelque héritage passait d'une main dans une autre, par vente, décès, échange, transport ou autre aliénation, il était dû au prieuré, pour son droit seigneurial, le sixième denier de la valeur de l'immeuble, et les officiers du monastère étaient chargés de cette estimation. En cas de mort ou de changement d'héritiers, le prieur avait droit à une année de revenu sur trois, encore pouvait-il choisir la meilleure. En 1158, il possédait toute la dîme de cette localité, le four banal, et les autels et dîmes d'Izel-les-Hameaux, Givenchy, Lignereuil, La Chapelle, Savy, Magnicourt-en-Comté, Warlincourt et une partie d'Auchel. En 1698, ces revenus étaient de 3000 liv. (BIGNON, *Mém. sur l'Artois*). Le registre des 20es de 1757 de la commune d'Aubigny, nous donne un chiffre de 1431 liv. 10 s. de revenus ou biens fonds pour le prieuré. En 1759, la seigneurie foncière consistait en 3 mesures de manoir amazé, basse-cour et jardin.

La maladrerie d'Aubigny, en 1712, avait un revenu de 722 liv.

43 s., plus 3 mencauds et 1 septier de blé, 19 mencauds d'avoine et 3 chapons. Cette maladrerie subsista jusqu'à la Révolution française, sous la dénomination d'hopital. A la suite de procès réitérés entre les échevins et le prieur curé d'Aubigny, la régie de ses biens fut enlevée aux prieurs. En 1714, une sentence du Conseil d'Artois obligea les administrateurs de rendre leurs comptes à l'évêque d'Arras et à l'intendant d'Artois. En 1784, cet hôpital était administré par les officiers des deux justices d'Aubigny. L'aumônier était M. Froissart, et le médecin, M. Toursel.

Outre les dîmes et les redevances seigneuriales, il y avait encore l'impôt de la taille, la capitation, les taxes des 10es, 20es et 100es, la corvée et l'impôt sur le sel. L'établissement du cadastre et des contributions directes, vers la fin du xviiie siècle, amenèrent de grandes modifications dans les charges dont Aubigny était grévé. Dès 1807, nous y trouvons un rôle de 285 contribuables, supportant un impôt de 5298 francs. Ce chiffre s'éleva à 5716 en 1816; en 1828, il est de 4200, et en 1879 le montant des rôles d'Aubigny est de 9,542 francs.

Nous avons laissé comme dernier seigneur d'Aubigny le comte Nicolas Pignatelli d'Egmont, et, à la tête du prieuré, sire Joseph Deleuvacq. Ce dernier étant tombé malade, en 1715, fut remplacé jusqu'en 1720 par sire Thomas Poulain. Il eut à présenter et à soutenir un grand nombre de requêtes au sujet de la dîme de bois dans le bourg d'Aubigny. Il fut remplacé, en 1721, par sire Albert Prévôt auquel succéda, en 1729, sire Antoine Damiens.

En 1714, Procope-Charles-Nicolas Pignatelli, comte d'Egmont, succéda à son père. Il fut marié à Henriette de Darfort, fille du comte de Duras et mourut en 1743, laissant sa seigneurie d'Aubigny à son fils Guy-Félix d'Egmont, marié à Aimable-Angélique de Villers.

Ici commencent les longues discussions qui s'elevèrent entre le comte d'Egmont et le prieuré au sujet de la seigneurie du choeur. L'ancienne église d'Aubigny renfermait : 1° un choeur avec un autel particulier pour les offices des religieux ; ils entraient par le cloître, et au-dessus de l'autel était la châsse de saint Kilien; 2° au bas du choeur et dans la nef, un autre autel particulièrement destiné aux paroissiens, où le curé disait l'office divin, prières, messes, vêpres, saluts, et donnait la bénédiction sans pouvoir entrer à cet effet dans le chœur des religieux. Chaque autel avait ses vases sacrés et ornements particuliers. Les moines prétendaient être seigneurs du chœur et de l'église, parce que tous deux étaient bâtis sur le mouvant d'un fief qui leur appartenait. Les officiers du comte d'Egmont soutenaient que les droits honorifiques dans le chœur et dans l'église paroissiale étaient dus au seigneur qui en avait toujours joui jusqu'au jour où les religieux étaient venus le lui contester. Une fouille fut faite dans l'église par autorité de justice et malgré les protestations du prieuré. On découvrit au pied de la balustrade un marbre avec l'épitaphe d'un ancien seigneur portant cette inscription péremptoire « *Seigneur de l'église.* » Le 8 août 1731, le conseil d'Artois rendit une sentence par laquelle le seigneur comte d'Egmont obtint le droit de porter le titre de seigneur de l'église, et de jouir de *tous les droits honorifiques et de prééminence dans ladite église et dans le chœur*. Ces droits consistaient à être recommandé le premier aux prières publiques du prône, avec le titre de seigneur et de fondateur ; d'être inhumé dans le chœur, d'avoir l'encensement par trois fois, d'avoir la présentation de l'eau bénite avec le goupillon, et la présentation des comptes de la fabrique, d'aller le premier à l'offrande et à la procession ; enfin de recevoir également le premier l'eau bénite et le pain bénit.

Cette affaire fut portée, en 1738, devant le conseil supérieur à Paris et fut jugée en faveur du comte d'Egmont. Le prieur Damiens qui s'était rendu dans la capitale pour défendre les intérêts du prieuré, y mourut. Il fut remplacé par sire Claude de Vey, en 1738. En 1745, le comte d'Egmont reconnut la seigneurie foncière du prieur dans l'enclos du monastère. Une transaction eut lieu entre eux, en 1748 ; les religieux restèrent seigneurs du chœur, et laissèrent le seigneur en possession de ses droits honorifiques dans l'église et dans le bourg. Une condition fut ajoutée : celle de rebâtir l'église aux frais du prieuré, sans pouvoir exiger la moindre subvention du comte d'Egmont.

En effet, cette église menaçait une ruine prochaine, les bâtiments du prieuré n'étaient guère plus solides ; le prieur Paul Tabary, qui avait succédé à sire Claude de Vey, après avoir achevé l'église communale, fit construire sur une éminence voisine un nouveau prieuré distant de l'ancien d'environ 300 pas, dans l'emplacement qu'occupe aujourd'hui l'hospice appartenant à la commune. L'habitation des religieux n'est plus telle qu'elle était autrefois, avant leur dispersion. Après la Révolution, les bâtiments furent occupés par une filature ; il n'est resté que le corps de logis qui est régulièrement bâti, mais sans architecture. On y remarque de magnifiques couloirs et une terrasse où l'on peut circuler en voiture. On a fait disparaître les deux ailes dont l'une renfermait la chapelle et dont l'autre servait à recevoir les étrangers. Le prieur Tabary y adjoignit une petite chapelle pour l'usage particulier des religieux.

L'église fut réédifiée presque entièrement en pierres de taille sur les anciennes fondations. On négligea d'y adjoindre un presbytère destiné à l'habitation du religieux chargé des fonctions de curé. On construisit tout à fait près de la porte un petit logement où le portier devait se tenir jour et nuit, afin de prévenir le curé au moyen d'une sonnette.

Pendant la démolition et la reconstruction de l'église paroissiale, travaux qui durèrent deux ans, la châsse de saint Kilien et tous les ornements de l'église avaient été déposés au prieuré. Les religieux se disposaient à aller prendre possession de leur nouvelle habitation, vers le mois de septembre 1751, lorsque les habitants d'Aubigny se réunirent le dimanche 22 août, au sortir des vêpres, dans l'intention d'enlever de vive force la châsse de leur saint patron d'entre les mains du prieur. Ils vinrent donc au nombre de 300 environ, et ayant à leur tête les officiers de justice, assaillir sire Paul Tabary dans un chemin creux conduisant de l'ancien au nouveau prieuré. L'ayant entouré, ils forcèrent le domestique qui l'accompagnait à leur livrer la clef de la chambre où cette châsse était déposée. Quelques-uns vinrent la prendre et la transportèrent dans le choeur de leur nouvelle église. Les religieux effrayés, craignant de perdre la possession de ces reliques, dont ils revendiquaient la propriété, et voulant éviter que la translation de cette châsse n'amenât de nouvelles profanations et un scandale public, obtinrent de l'abbé du Mont-Saint-Éloy l'autorisation de la transporter à l'abbaye pour la mettre à l'abri de nouvelles violences de la part des habitants. Cette translation eut lieu le 4 septembre 1751, jour où les religieux vinrent habiter le nouveau prieuré.

Dès le lendemain, 5 septembre, les habitants ne voyant plus la châsse dans leur église, s'ameutèrent de nouveau, et tous sans distinction d'âge, ni de sexe, ni de qualité se ruèrent dans l'enceinte du prieuré. Leurs cris furieux épouvantèrent les religieux, et le prieur se réfugia dans sa chambre, dont il ferma la porte à double tour. Ce faible obstacle fut bientôt renversé par les mutins; ayant enfoncé la porte à coups de hache, ils se précipitèrent sur le malheureux Tabary, en vociférant des menaces et des blasphèmes. A force d'instances et de supplications, il parvint à les calmer et en obtint grâce à condition d'écrire en leur présence une lettre à l'abbé, pour le prier de renvoyer la châsse de saint Kilien.

Après lui avoir fait recommencer trois fois cette missive, cinq d'entre eux s'en emparèrent et partirent dans une voiture la porter à l'abbé de Saint-Éloy. Ce dernier leur répondit tranquillement que s'ils croyaient être en droit de posséder la châsse de saint Kilien, ils n'avaient qu'à s'adresser à la justice et qu'il s'en rapporterait à la décision des juges. Les envoyés ayant fait connaître à leur retour cette proposition, elle ne fut pas goûtée. Les mutins voulurent se faire justice eux-mêmes; ils contraignirent le prieur à monter en voiture pour aller chercher lui-même l'objet de leurs contestations à l'abbaye, lui faisant les plus cruelles menaces, s'il ne le rapportait pas.

Le 6 septembre, sire Gruyelle, grand prévôt de Saint-Éloy, vint à Aubigny dans le but d'apaiser les séditieux par des propositions pacifiques; à peine était-il descendu de cheval, que les deux religieux retenus au prieuré lui conseillèrent de retourner bien vite à Saint-Éloy, s'il ne voulait être lui-même victime; il écouta ce conseil et fut même poursuivi jusqu'à Agnières. Cette précaution ne fut pas inutile, car l'émeute recommença de plus belle, malgré un renfort de douze grenadiers envoyés d'Arras par Fernand de Filliencourt, lieutenant du roi, pour contenir les séditieux ; ils continuèrent à inquiéter le prieuré, poursuivant de leurs menaces les religieux et les accablant d'injures les plus grossières; cette révolte dura sept jours. On alla même jusqu'à tirer la nuit des coups de fusil contre les bâtiments du prieuré. Le 6 septembre, sire Ansart, notaire royal et bailly d'Aubigny pour le compte d'Egmont, proposa un accommodement. On convint que l'on partagerait les reliques, dont une partie resterait au pouvoir du prieur, tandis que l'autre serait remise dans la châsse aux habitants,

Le prévôt de la maréchaussée instruit de tout ce tumulte, en porta plainte à la cour qui dirigea des poursuites contre quatorze habitants d'Aubigny; les religieux adressèrent une enquête au conseil provincial d'Artois, dans laquelle ils demandaient à être mis sous la sauve-garde du roi et sous la protection de la cour. Leurs plaintes furent écoutées, et il fut défendu aux habitants de porter la moindre atteinte à la personne et aux possessions des membres du prieuré.

Sur ces entrefaites, sire Kilien Gruyelle fut nommé à la place de sire Paul Tabary. Le nouveau prieur présenta au conseil d'Artois une requête dans laquelle il demandait que les reliques et la châsse de saint Kilien, étant la propriété des religieux, fussent replacées dans la chapelle avec toute la pompe et la solennité possible, réclamant punitions exemplaires et amende de 3,000 francs contre celui qui oserait commettre la moindre violence à ce sujet. Par sentence du 9 avril 1753, la cour adjugea au prieur d'Aubigny la châsse dans laquelle reposaient les reliques, et ordonna qu'elle fut restituée au prieur pour être placée dans la nouvelle chapelle du monastère, défendant aux habitants d'Aubigny d'y apporter le moindre empêchement. Cet ordre fut exécuté: mais le 13 novembre suivant, premier jour de la neuvaine de la fête de Saint-Kilien, plusieurs personnes s'introduisirent dans cette chapelle, s'emparèrent de la châsse et l'emportèrent dans l'église paroissiale. Les accusés Lefebvre Marie-Catherine, femme de Michel Dallue, et Rosalie Defurnes, servante chez Renard-Desaulty, voiturier, furent condamnées à payer une amende de 200 livres et les frais du procès.

Le 11 décembre suivant, une décision du conseil d'Artois fit de nouveau réintégrer la chasse dans la chapelle en présence d'un des huissiers de la cour, assisté de deux records qui en dressèrent procès-verbal, et une nouvelle et entière défense fut faite aux habitants du bourg de s'opposer en aucune manière à cette translation. Elle eut lieu le 5 mai 1765, en présence des religieux réunis dans la cour du nouveau prieuré. La châsse fut déposée dans la chapelle et exposée à la vénération des fidèles.

Le prieur Killien Gruyelle fut remplacé le 19 février 1768 par Sire Guislain Decroix qui eut à soutenir un long procès au sujet de la construction du choeur de l'église de Frévillers. A sa mort en 1783, sire François Bulteau fut appelé à l'administration du prieuré qu'il conserva paisiblement jusqu'en 1786. Sire Vaast Déhée lui succéda. Ce dernier eut de longs démêlés avec les habitants du bourg au sujet de la démolition du pont et de la galerie située entre le jardin et la prairie du prieuré.

Depuis 1753, la baronnie d'Aubigny appartenait à Casimir Pignatelli, comte d'Egmont, qui avait succédé à son frère. Il dut émigrer à la Révolution de 1793, et le 12 prairial an III ses biens furent vendus publiquement. Ce fut le dernier seigneur d'Aubigny.

Le 2 novembre 1789, la vente des biens ecclésiastiques fut décrétée et le 13 février 1790, les ordres religieux furent abolis. Ce décret n'épargna pas le prieuré d'Aubigny et les chanoines furent dispersés.

Les 17 mai et 15 juin 1791, les terres du prieuré situées sur Aubigny, furent vendues 28,710 livres et celles situées aux environs 6,000 livres, (7 germinal an III). Les bâtiments du monastère et l'enclos furent adjugés, le 9 prairial suivant, 92,000 à Fidèle Bocquet, notaire à Arras.

Pendant la guerre de 1870 Aubigny, fut visité par une colonne allemande. Le mercredi 28 décembre, quatre hussards traversent la commune sans presque s'arrêter; mais le lendemain, à huit heures, quinze cavaliers venaient occuper les diverses issues et l'on voyait arriver bientôt un corps d'au moins 2,500 hommes avec 1,000 chevaux et plusieurs pièces de canon. Ces troupes se composaient de 23 cuirassiers blancs, 1,100 hussards bleus, 900 hommes du 69ᵉ de ligne commandés par le colonel Wittish.

Après avoir coupé les fils télégraphiques sur la route d'Arras à Saint-Pol et brisé les armes des sapeurs-pompiers, ils dévalisèrent la plupart des habitants. Toutes les chaussures, tous les vêtements d'hommes ou de femmes qui leur tombèrent sous la main, furent emportés. Les marchands de vin en gros, les épiciers, boulangers, bouchers et débitants furent littéralement pillés et, dans les maisons bourgeoises, les caves furent vidées en un clin d'oeil. Des éclaireurs revinrent les 2 et 3 janvier 1871. La perte pour la commune s'est élevée au moins à 30,000 fr.

Aubigny n'avait pas cessé de faire partie du diocèse d'Arras. En 1769, il était le chef-lieu d'un doyenné comprenant 43 paroisses dont les cures étaient pour la plupart à la nomination de l'abbé de Saint-Eloy. Ce doyenné avait alors 4 lieues de large et 6 de long et était, sur 15 de circuit, divisé en trois districts pour la commodité des curés. L'un s'appelait district d'Aubigny, le second, district de Maroeuil, et le 3ᵉ, district d'Avesnes-le-Comte. Depuis 1832, la nouvelle circonscription cantonnale renferme 20 succursales et 9 annexes.

Une chapelle de dévotion avait été établie sur le chemin de Savy ; ce fut l'oeuvre d'un berger du prieuré qui, par dévotion, allait la nuit ramasser des pierres pour la construire. On appelle encore, de nos jours, cet endroit *la Capelette* ou chapelle des bergers. On a retrouvé les fondations de la chapelle de l'hôtellerie dans un champ situé près de l'ancien calvaire, vers Agnières.

L'église actuelle d'Aubigny, édifice long et étroit, ne renferme rien de remarquable. On ne peut préciser l'époque de sa construction qui n'appartient à aucun genre d'architecture. Il ne s'y trouve qu'une nef. Le choeur paraît remonter à une date plus ancienne. On le remarque par les cordons et les arceaux des vitres qui sont de forme ogivale et semblent rappeler l'architecture du XVIᵉ siècle. Il est à supposer que cette partie de l'église échappa à l'incendie qui la consuma pendant les guerres de Flandres.

Le clocher n'a guère plus de 25 pieds d'élévation, depuis le faîte du bâtiment de l'église jusqu'au sommet, sa construction toute moderne, n'offre rien de remarquable.

L'intérieur de l'église ne renferme aucune ornementation digne d'intérêt. Quelques vitraux rapportés, deux ou trois pierres tumulaires dont une seule mérite distinction, celle du prieur Deloeuvacq, sont les seuls ornements qui ont frappé nos regards.

On conserve dans l'église d'Aubigny, des reliques assez considérables de Saint-Killien. Sauvées par les religieux de la fureur révolutionnaire, elles furent transportées solennellement dans l'église paroissiale d'Aubigny, le 1er septembre 1805, en présence de Monseigneur de Latour-d'Auvergne, alors évêque d'Arras. Leur authenticité fut reconnue par l'autorité épiscopale dans un procès verbal signé par le clergé et les sieurs Joly maire, Lefebvre, juge de paix, Ansart, propriétaire, Desaulty, fermier et Masclef curé. Ces reliques sont honorées publiquement à Aubigny pendant toute l'octave de saint Kilien, du 13 au 30 novembre. On voit de plus une plaque de plomb rappelant la translation qui fut faite de ces précieux restes par les abbés de Chocques, de Maroeuil et de Saint-Eloy.

En 1791 le canton ou district d'Aubigny se composait de 14 communes, savoir : Aubigny, chef-lieu, Agnères, Berles, Béthonsart, Camblain, Cambligneul, Capel, Frévin-Capelle, Hermaville, Mingoval, Thilloy-les-Hermaville, Tincques, Villers-Châtel et Villers-Brulin.

Aubigny, de nos jours, n'est plus qu'un bourg de peu d'importance, chef-lieu d'un canton composé de 30 communes. Il est le siège d'une justice de paix, dont les séances se tiennent tous les jeudis. Il a un bureau de poste, une brigade de gendarmerie à cheval, un bureau d'enregistrement. C'est aussi le chef-lieu d'une perception des contributions directes et la résidence de deux notaires. Situé à 13 kilom. N.-E. d'Arras, à 19 kilom. de Saint-Pol et à 56 kilom. de Saint-Omer, du 20° 9' 52" de longitude et au 50° 20' 18" de latitude, son territoire occupe une superficie de 614 hectares environ, formant dans l'encaissement d'une vallée et sur le versant de deux collines, un ensemble de belles et bonnes terres terres labourables, parsemé de quelques prairies et vergers.

Ce site assez pittoresque est arrosé par la rivière de la Scarpe qui prend sa source à 4 kilomètres de là, à Vandelicourt, hameau de Berles-Monchel, et traverse le territoire de l'ouest à l'est. Ce n'est encore qu'un petit ruisseau ni flottable, ni navigable, qui fertilise seulement quelques prairies environnantes. L'encaissement de cette rivière, le peu d'infiltrations permanentes ou accidentelles qu'elle reçoit et la décroissance progressive des eaux de sources, mettent la contrée à l'abri de toute inondation ou débordement.

Ce bourg comprend une agglomération de 180 maisons, une fort belle maison d'école et un hôtel de ville, prétoire de la justice de paix, qui sert aussi de réunion et de lieu de convocation pour le conseil municipal.

L'ancien hôtel de ville était un petit corps-de-logis, couvert d'ardoises, contenant deux places élevées sur une cave ou cellier ; on y montait par un perron composé d'un double escalier de neuf ou dix marches, au haut duquel était un toit soutenu par 2 pilliers, ce qui formait une espèce de vestibule en demi-cercle : il servait aussi de bertècle à l'occasion. (P. Ignace, add. aux mém. tom. I. p. 271). Il occupait l'emplacement où est aujourd'hui la maison appartenant à madame Autricque.

Noms des maires d'Aubigny de 1792 à 1857.

1792 Ansart Philippe.
1793 Lefebvre.
An II Desaulty Louis.
An IV Desaulty Xavier.
An X Ansart Charles.
1802 Joly.
1810 Delombre.
1814 Ansart.
1828 Laly.
1837 Lalo.
1845 Desaulty.
1853 Paimblanc.
1878 Delombre Emile.

La population d'Aubigny décroit considérablement à partir du XVIe siècle. En 1698, elle était de 408 ; elle resta la même en 1755. En 1802, on compte 684 habitants ; en 1806, 625 ; en 1814, 577 ; en 1820, 520, en 1822, 650 ; le recensement de 1876 donne le chiffre de 641.

La population étant purement agricole, il ne s'y fait qu'un commerce de consommation; quelques habitants exercent de petites industries locales et il existe quelques magasins de détail assez bien approvisionnés.

Il a été établi pour les besoins de la contrée, une fabrique de pannes, 2 moulins à vent à moudre blé et une brasserie. La ducasse ou kermesse tombe le dimanche de la Trinité, en mémoire de la translation des reliques de saint Kilien.

Aubigny n'est pas resté en arrière du mouvement général qui portait au développement des voies de communication. C'est au contraire l'une des localités qui se sont imposé le plus de sacrifices pour l'amélioration de leurs chemins. Situé à une petite distance de la route impériale n° 39 d'Arras à Saint-Pol, le bourg est traversé dans toute sa longueur par le chemin de grande communication n° 57 de Lucheux à Labassée, ce qui facilite les rapports, 1° avec les marchés d'Arras, où les habitants se rendent régulièrement chaque semaine ; 2° avec les fosses au charbon sises dans des communes de l'arrondissement de Béthune, limitrophes du canton d'Aubigny.

Par suite de l'établissement du chemin de fer d'Arras à Etaples avec station à Aubigny, le commerce et l'industrie de ce bourg sont appelés à prendre un certain développement.

Le village est entièrement pavé ; toutes ses rues sont larges et aérées. Rues du bourg d'en bas, d'en haut, des cavées, du château, des granges, du four, du pont, la ruelle du château et la place.

Aubigny a plusieurs hameaux, ce sont : l'abbaye, le Marais, la Maison-Rouge et la Maison-Blanche.

BIBLIOGRAPHIE. 1° Dorémieux, Manuscrit déposé à la Bibliothèque d'Arras ;

2° Le P. Ignace, manuscrit déposé à la Bibliothèque d'Arras ;

3° Le Cartulaire d'Aubigny, manuscrit déposé aux Archives départementales ;

4° Duchesne, Histoire de la Maison de Béthune ;
5° Duchesne, Histoire de la Maison de Châtillon ;
6° Parenty, Vie de Saint Éloi ;
7° Harbaville, Mémorial historique du Pas-de-Calais ;
8° D'Héricourt, les Siéges d'Arras ;
9° Malbranque, de Morinis ;
10° Ghesquière, Acta sanctorum Belgii Selecta ;
11° Puits Artésien, année 1837 ;
Etc., etc.

AVERDOINGT

Averdoins 1145 (Charte)

Averdoingt est ainsi nommé, selon Harbaville, de *Averruncare*, *défricher*, étymologie que rend assez vraisemblable la situation du village bâti sur la limite immédiate d'un bois, aujourd'hui livré à la culture, mais qui, il n'y a encore que peu d'anées, le longeait dans une grande partie de son contour.

Ce village était, avant la Révolution, en partie tenu de la gouvernance ou bailliage d'Arras (Turpin, Mém. Manuscrits).

La seigneurie principale était une franche-vassalerie dont le village de Ligny-Saint-Flochel formait la dépendance. Un grand bailli de haute justice y était chargé de la conjure des affaires civiles et criminelles. A côté de ce fief principal dont elles étaient tenues, existaient plusieurs seigneuries vicomtières.

La dîme était partagée en quatre parties : la plus grande, qui comprenait la moitié de la dîme, était inféodée et appartenait à la maison de Guisnes-Souastre. Les trois autres étaient partagées entre le curé du lieu, l'abbaye d'Étrun, à la charge par elle de pourvoir à l'entretien du chœur de l'église et aux frais des cérémonies du culte (1), et la famille du Carieul.

Les anciens seigneurs d'Averdoingt paraissent avoir eu une assez grande importance et les chartes nous ont conservé les noms de plusieurs d'entre eux. Ainsi nous voyons le sire *Anselme* être témoin de la donation de l'évêque *Liébert* à l'église d'Arras en 1071 (Harbaville). *Jean Bridoux*, chevalier, se rend caution de la vente de la terre de Coullemont au comte d'Artois, en 1139 (Harb.)

Un sire *Walter d'Averdoins* figure comme témoin dans la charte de Tierry d'Alsace, comte de Flandre, approuvant la donation faite, en 1145, par Anselme de Houdain et sa femme, Angeline ou Angine, fille de Hugnes III de Campdavène, comte de Saint-Pol, à l'abbaye d'Eaucourt, de ce qu'ils possédaient par droit d'héritage à Courcelles-le-Comte et de la troisième partie du moulin de Baillescourt (Turpin, Ann. Hist.)

Ce même Walter est encore témoin, en 1149, de l'acte par lequel Enguerrand de Campdavène rend à l'église de Marchiennes son fief de Boiry-Sainte-Rictrude, vulgairement appelé *Gavulium* (Turpin, Ann. Hist.)

Gilbert d'Averdoins est un des huit seigneurs bannerets du comté de Saint-Pol, au temps de Philippe-Auguste, vers 1202 (Turpin, id.).

Bèatrix, dame d'Averdoins, épouse de *Guillaume*, baron de *Lianne*, garantit en 1272 la mairie d'Arras à Simon, dit Favrel ; la charge de Mayeur étant alors héréditaire, constituait un fief, nommé la Mairie (Harbaville). C'est à la châtelaine Béatrix que l'on attribue généralement la fondation de la maladrerie que possédait Averdoingt. Cet établissement, qui était situé au sud-

(1) Il paraît que l'abbaye remplissait assez mal ses obligations. Non-seulement elle laissait le chœur dans un état qui, au point de vue architectural, contrastait péniblement avec le reste de l'église, mais elle laissait encore le prêtre manquer des choses les plus indispensables à la célébration du culte. On raconte à ce sujet dans le village, une tradition d'après laquelle le curé, après avoir à plusieurs reprises demandé des ornements sacerdotaux à l'abbaye et n'avoir jamais obtenu de réponse, prit le parti de rouler ceux qu'il possédait dans un sac et de partir pour Etrun avec son clerc. Arrivé à l'abbaye, il demanda à célébrer la messe, et après le sacrifice, il vida le sac qu'avait apporté le clerc, le remplit avec les ornements dont il venait de se servir, et revint à Averdoingt.

est du village, fut réuni à l'hôpital Saint-Jean, d'Arras, par lettre d'amortissement de 1698 (Harbaville). — Godin et d'Héricourt : *les Rues d'Arras.)*

Dans un roman historique, intitulé : *les Chevauchées au XIVe siècle*, F. Dilly raconte, dans *le Puits Artésien*, qu'en 1374, un brave chevalier, le sire d'Averdoingt, commandait la garnison du château de Saint-Pol.

C'est à Averdoingt que naquit Jean Pénel, chanoine de l'église Notre-Dame d'Arras, qui, en 1498, selon Ferry de Locre dans son *Histoire chronographique des comtes de Saint-Pol*, et 1428, d'après *les Rues d'Arras,* fonda et renta la chapelle du cimetière Saint-Nicaise, dans cette dernière ville.

De Beaufort, écuyer, seigneur de Bailleul-aux-Cornailles et de Monchy-Breton, étant en procès, à cause de la chasse, avec De Rune, seigneur de Marquay, rencontra ce dernier près du bois de la Carnoye, le 27 septembre 1700 et le tua. Le corps de De Rune, resté sur place, fut levé par les officiers du conseil d'Artois et porté au château d'Averdoingt, parce que la terre où il fut tué, était mouvante de ce château. (N. Lambert. *Puits Artésien*, (6e vol.)

C'est également à Averdoingt qu'est né un certain Antoine Delion qui, étant devenu sans doute supérieur des ermites de Fléchinelle, fit, en 1719, reconstruire et orner le chœur de l'église de Ligny, aux frais de l'ermitage. (Arch. mun. de Ligny-Saint-Flochel.)

La seigneurie principale d'Averdoingt, comme celle d'Auxi-le-Château dont elle a suivi les destinées, après avoir passé successivement des comtes de Flandre au comte de Ponthieu et de celui-ci au comte d'Artois, fut vendue par ce dernier, à la fin du XIIIe siècle, à Colart d'Egmont. Elle fut possédée par les descendants mâles de ce seigneur jusqu'à Marie d'Egmont, dame d'Auxi et d'Averdoingt, qui, par son mariage avec Jehan de Bruges, sire de la Grutuze et des Pierres, seigneur de Famechon, de Namps et de Brucamps, la fit passer dans la famille de son mari.

Leur fille, Marguerite, dame d'Averdoingt, épousa Jacques de Luxembourg, comte de Gavre et seigneur de Fiennes, petit-fils de Pierre de Luxembourg, comte de Saint-Pol et de Marguerite des Baux. Ils eurent pour fils Jacques, qui était seigneur d'Averdoingt et d'Auxi en 1507, lors de la rédaction des *Coutumes locales du bailliage d'Amiens.*

Françoise de Luxembourg, comtesse de Gavre et dame de Fiennes, épousa Jean IV d'Egmont et fit ainsi rentrer dans la famille les seigneuries un moment distraites. Ce dernier laissa deux fils, dont l'aîné mourut jeune, et l'autre fut l'infortuné Lamoral, à qui le duc d'Albe fit trancher la tête en 1568. Ses diverses seigneuries, confisquées pendant quelques années au profit du roi, furent rendues à ses héritiers, après la pacification de Gand. La famille d'Egmont s'étant éteinte, comme on le verra plus loin, la seigneurie d'Averdoingt passa dans les mains de la famille d'Egmont-Pignatelli qui la possédait encore à la Révolution.

Au XIV° siècle, la famille de Habarcq avait également un fief à Averdoingt, dans la possession duquel elle succédait, au moins médiatement, à la maison de Pavie, qui, elle-même avait succédé, pense-t-on, aux seigneurs qui portaient le nom d'Averdoingt. Ce fief, après avoir passé dans la famille d'Aix, par le mariage de Marie de Habarcq avec Gilles d'Aix, dit de Lens, passa en celle d'Egmont, par l'alliance contractée entre Charles II d'Egmont et Marie de Lens, fille de Gilles. C'est ce qui explique comment il se fait que la seigneurie d'Averdoingt qui, en 1507, consistait en *un seul* noble fief, relevant du château de Saint-Pol, relevait plus tard et encore à la Révolution, en partie de la gouvernance et en partie du château de Saint-Pol.

Charles d'Egmont, fils de Lamoral, eut entre autres enfants, Louis, qui épousa Marie-Marguerite de Berlaymont, dont il n'eut qu'un fils unique, Philippe, qui se maria avec Marie-Fernandine de Croy et eut pour enfants Louis-Ernest et Procope-François, qui moururent sans postérité et eurent pour unique héritière, leur sœur, Marie-Claire-Angelique, qui épousa le prince Napolitain Nicolas Pignatelli, duc de Bisaccia, neveu du pape Innocent XII. Leur fils, Procope-Marie, hérita le comté d'Egmont et les seigneuries, à condition d'en garder le nom et les armes. Il épousa, en 1717, Henriette-Julienne de Duras.

Nicolle-Marie d'Egmont-Pignatelli ayant épousé Marie-Charles-Louis d'Albert, duc de Luynes et Chevreuse, leurs descendants héritèrent des biens des d'Egmont-Pignatelli. Ils appartiennent aujourd'hui à M. le marquis de Sabran par suite d'alliance avec une héritière de Luynes (Bouthors. — P. Ignace. — Turpin. — Moreri. — Délices des Pays-Bas. — Rôles des centièmes de 1569.)

En 1732, Jean-François-Xavier Dupuich, écuyer, seigneur d'Angres, était grand bailli de la terre, seigneurie et franche vassalerie d'Averdoingt. Un membre de cette famille d'Angres est enterré dans l'église, au bas du chœur. Un marbre bleu, orné de quartiers d'armoiries constatant sa noblesse, recouvre sa tombe. L'épitaphe en est altérée par les temps, ainsi que les divers écussons. Des descendants de la famille Dupuich existent encore à Averdoingt, dont la terre à l'époque dont nous venons de parler (1732), valait 10,000 livres y compris les rentes foncières et le bois (P. Ignace).

La loi contre les suspects (17 sept. 1793), amena l'arrestation de plusieurs personnes d'Averdoingt. Nous citerons entre autres, M. Antoine Bléry, notre bisaïeul maternel, vieillard de 70 ans, qui mourut dans la maison d'arrêt de Saint-Pol, détenu comme suspect de royalisme. Les autres personnes furent rendues à la liberté, après le 9 thermidor.

Un prêtre qui avait été quelque temps à titre provisoire curé de Ligny-Saint-Floché', fut aussi arrêté à Averdoingt. Voici ce qu'en dit M. Paris : « 5 prairial (24 mai 1793), des paysans d'Averdoingt, faisant une battue dans le bois pour y découvrir deux individus armés qui avaient adressé des menaces à un cultivateur, aperçurent un homme couvert de haillons qui cherchait à prendre la fuite. Ils le saisirent et trouvèrent en sa possession deux rasoirs, un couteau, un encrier de corne, des assignats, de l'argent, un certificat de civisme déchiré, une cocarde tricolore et des lettres de prêtrise. A ces détails la tradition locale ajoute que, lorsque les paysans l'amenèrent sur la place publique, on s'aperçut que cet homme déchirait et mâchait un papier qu'il jetait ensuite. On ramassa ce papier. C'étaient les lettres de prêtrise. Ce que voyant, le peuple cria qu'il fallait le mettre en liberté. Mais un homme dont le nom est bien connu dans le pays, s'y opposa et Brasseur fut conduit devant le district de Saint-Pol. Il fut condamné à mort par le tribunal révolutionnaire ainsi que son père, sa mère et deux tantes.

Sur la fin de la Terreur, cet homme qui s'était opposé à la mise en liberté de Brasseur, fit aussi arrêter un autre prêtre, le P. Théodore, religieux Récollet, qui fut pris à Saint-Pol, pensons-nous. Vingt-neuf jeunes gens des communes environnantes résolurent de le délivrer. Ils vinrent se déguiser à Ligny-Saint-Flochel, au cabaret du nommé Louis Thilloy, et allèrent attendre, au bois de Bailleulet, le cortége qui menait le Père Théodore à Arras. Ils l'arrêtèrent et épouvantant les gendarmes par une décharge de leurs armes à feu. Ils délivrèrent le religieux qui vint se cacher à Averdoingt chez M. Hanot, ex-grand-bailli de la seigneurie.

A l'époque troublée dont nous venons de parler, le presbytère fut vendu. L'église ne le fut pas : elle servit de salle de danse et d'atelier pour la fabrication du salpêtre. Elle fut rendue au culte en 1803. La commune racheta le presbytère en 1822, avec une partie du terrain qui l'accompagnait avant la Révolution, pour en faire un jardin. Un presbytère nouveau, bâti depuis deux ans environ, a remplacé celui racheté par la commune.

En 1834, Averdoingt vit se commettre un acte dont on voit peu d'exemples. Le christ du calvaire fut détaché de la croix, mutilé et jeté dans les blés où on le retrouva, lors de la moisson. L'auteur ou les auteurs de cet acte inqualifiable ne furent jamais connus.

Le village d'Averdoingt est bâti le long de cinq larges rues qui aboutissent toutes à la place sur laquelle on voit une maison d'école mixte, construite en 1863, la mairie et une petite maison de campagne qui se distingue par son arcade ogivale surmontée de modillons en forme de machicoulis et aux angles de laquelle de petits clochetons pourraient bien avoir existé jadis. Les rues portent les noms de Notre-Dame-du-Bois et des Loups, de l'Église, d'En-Bas, de Saint-Léger et de Maizières. C'est dans cette dernière que M. Charles d'Averdoingt, peintre distingué, a fait construire, il y a quelques années, un capricieux et charmant pied-à-terre, véritable caprice d'artiste, à qui tout est permis, selon ce vers d'Horace que l'on trouve du reste écrit sur le mur de cette pittoresque habitation :

Pictoribus atque poetis
Quid libet audendi.

Le cadre de cette notice ne nous permettant pas de donner une complète description de cette coquette demeure, nous nous contenterons de dire que tout y respire l'art et la poésie.

Averdoingt avait sa coutume locale. Ce village a donné son nom à une famille éteinte depuis longtemps, dit Borel d'Hauterive (1), et qui portait : *d'argent au lion de sinople, armé et lampassé de gueules.*

Le château était une forteresse importante, si l'on en juge par l'étendue de l'enceinte entourée par les fossés qui existent encore aujourd'hui en grande partie et qu'il est facile de rétablir en imagination dans les endroits où ils ont été comblés. Cette enceinte forme en effet un vaste rectangle qui n'a pas moins de 65,000 mètres carrés de superficie, d'après les mesures du cadastre. Des restes de maçonnerie en briques se retrouvent partout, le long des fossés. Quant au château lui-même, ce n'était plus déjà qu'une masure, lors de la visite du P. Ignace. Seule une tour, dont il ne restait plus que les murailles, était encore debout. Elle a complètement disparu depuis longtemps. La motte sur laquelle était bâti le donjon, existe encore ; mais la charrue qui s'y promène à chaque saison, tend à la niveler de plus en plus, et au lieu de tours dont le sommet s'élevait fièrement au-dessus des bois voisins, elle ne porte plus que les moissons que lui confie la culture. Au pied de cette motte a été construite une maison de garde assez élégante.

L'église actuelle est l'ancienne chapelle du château qui a été agrandie pour en former la paroisse. Elle est à deux nefs qui ont chacune une belle voûte gothique rayonnant ; les meneaux des fenêtres ont disparu sans doute à la révolution ou dans les

---

(1) Malgré l'opinion de cet auteur, nous pensons que M. Ignace Duverdoingt, longtemps maire de Saint-Pol et décédé en 1853, était de cette famille, l'écusson de la fenêtre de l'église de Saint-Pol, érigée à sa mémoire, pourtant également d'argent au lion de sinople, et que M. Charles Daverdoingt dont nous venons de parler, est aussi de la même famille.

guerres du XVII° siècle. Une seule en a conservé. La nef de gauche, beaucoup plus large et dont la voûte est beaucoup plus élevée que celle de droite, est la partie qui a été agrandie. Cette nef de droite est la partie conservée de l'ancienne chapelle du château. Les restes d'un beau portail qui font saillie sur le mur extérieur droit, indiquent que cette chapelle avait elle-même plusieurs nefs : des arcades ogivales surbaissées et des restes d'arcs doubleaux se voient encore sur ce même mur bâti en moyen appareil. Avant la Révolution, les armes de Habarcq et d'Egmont étaient sculptées aux clefs de voûte de la grande nef. Il ne reste plus qu'une partie de l'écu d'Egmont, celui de Habarcq a disparu pendant la tourmente révolutionnaire ; des arcs doubleaux ainsi que divers autres écussons entremêlés aux feuillages et aux animaux symboliques des chapiteaux ont également été mutilés. Le chœur qui, ainsi que nous l'avons dit, était entretenu par l'abbaye d'Etrun, est loin de présenter les caractères architectoniques de la nef. Il se termine sans abside par une muraille droite à l'extérieur de laquelle une pierre sculptée en forme d'écusson avec une croix pattée, porte la date 1688. Avant 1865, il n'avait que des fenêtres à linteaux presque plats. A cette époque, M. Drocourt, desservant de la paroisse, obtint d'y faire établir quatre fenêtres gothiques, en rapport avec le reste de l'église, mais le plafond n'est qu'un lambris en bois, en plein cintre. La tour bâtie dans le style de la renaissance, porte la date de 1774. L'ancienne église paroissiale était au cimetière, où a existé pendant longtemps encore une chapelle en bois. On y disait la messe autrefois, ce qui cessa lors de la guerre de 1710-1711. Elle fut alors profanée par les soldats qui enlevèrent la cloche (P. Ignace).

Le Quesnel est une ferme située au bout du territoire, au-delà du bois. Elle fut détruite pendant la guerre de 1635. Le revenu de cette ferme fut vendu en 1720 à un nommé Pecqueur, d'Herlin-le-Vert.

Le bois, qui contient 500 mesures, porte les différents noms de Haute-Sève, Taillette, Hérombiers, Héromblins, Hérombus, Jean Berthe, etc. Les autres lieux dits principaux sont : Le Chatouillé, le Pas d'eau, les Anglets, les Terres poteressess, les Averdigneuls, la Cavée, etc, etc.

Nous ajouterons aussi que depuis l'impression de notre notice sur Averdoingt, une abside a été faite au chœur de l'Eglise et que le lambris en bois est remplacé par un plafond gothique.

G. BOUTTEMY.

BAILLEUL-AUX-CORNAILLES.

Bailliolum, 1122.
Bailleux-Cornailles.

Bailleul, situé à deux lieues Est de Saint-Pol, est bâti sur le sommet et les flancs de l'une des petites collines dont la succession constitue le versant droit d'une vallée sèche qui, partant du faîte séparatif des vallées de la Scarpe et de la Ternoise, se dirige vers cette dernière rivière dans laquelle elle déverse ses eaux de pluie. Quelques étymologistes font dériver son nom du teuton *Wald,* bois, et *ieul,* habitation. Quant au mot *Cornailles,* ajouté pour le distinguer des autres endroits du même nom, il n'a probablement pas d'autre origine que la grande quantité de corbeaux, en patois du pays, *cornailles,* qui se rassemblent dans les bois des environs aux approches de l'hiver.

M. Terninck a signalé un tumulus gaulois sur le territoire de Bailleul-aux-Cornailles (novembre 1207). La seigneurie principale de ce lieu était dès le XIIIe siècle une pairie du comté de Saint-Pol. Gauthier de Châtillon, comte de Saint-Pol, reconnaît tenir en fief du roi de France, Bailleul, Botermont et *Boscum Tirelli* (Duchesnes, Histoire généaologique de la maison de Châtillon, Preuves, p. 53, et Histoire généalogique de la maison de Montmorency, Preuves, p. 78. — Teulet, Layette du Trésor des Chartes, t. I, p. 310. — Voyez Delisle, Catalogue des Actes de Philippe-Auguste, p. 247.)

Cette terre et seigneurie fut achetée à Messire Robert de Bailleûl, par dame Jeanne Le Borgne, veuve de messire Jean de Beauffort, par acte du 19 juin 1499. Elle en fit don à Jeannet de Beaufort, son second fils, qui la donna, dans la suite, par testament, à Romain de Beaufort, son neveu, dont les héritiers la revendirent, vers 1580, au sieur Thorillon. Cette terre revint à la maison de Beaufort, en 1712. On sait que le dernier seigneur de ce nom dut soutenir un procès de chasse contre Philippe de Rune, seigneur de Marquay, et qu'à l'occasion de ce procès, qui n'était pas encore terminé, il rencontra de Rune, le 27 septembre 1700 (Harbaville et le P. Ignace disent que ce fut le 27 octobre) et le tua près du bois de la Cardonnaye, bois situé sur te territoire de Ligny, et qui, au dire du P. Ignace, était la cause première du procès. Une contestation s'éleva au sujet de cet assassinat entre le comte de Saint-Pol et le comte d'Egmont, seigneur d'Averdoingt. Chacun d'eux prétendait que la connaissance de ce crime appartenait à sa justice. La question fut portée devant le Conseil d'Artois qui donna gain de cause au comte d'Egmont. Le corps de Rune, qui était resté sur place, fut levé par les officiers du Conseil d'Artois et porté au château d'Averdoingt. Le meurtrier s'étant soustrait par la fuite à la vengeance des lois, fut pendu en effigie, ainsi que de Nesle, seigneur de Lozinghem, un des six témoins de l'assassinat. Le domaine de de Beauffort fut confisqué et sa terre fut vendue par décret sur son fils, en 1726. Le marquis de Crény, lieutenant du roi et gouverneur de Lille, l'acheta, et sa famille la possédait encore à la Révolution. (N. Lambert, Puits artésien, Harbaville, P. Ignace.)

Une seigneurie vicomtière, nommée Hézèque-le-Petit, existait aussi au village de Bailleul. Un dénombrement, servi le 27 octobre 1750, nous apprend qu'à cette date, messire Jacques-Honuphre-François de Bellevalet, écuyer, seigneur d'Humeroeuille sn était possesseur, et d'autre documents nous font connaître qu'en 1683, Guy Goudemetz était le bailli de cette seigneurie et de celle la Motte. Le fief de Corbellemont, dont le chef-lieu était à Ligny-Saint-Flochel, et celui de Layens, en Marquay, avaient aussi des mouvances sur Bailleul. (Documents commuuiqués par M. Doal.)

La famille Théry de Norbécourt y possédait un bien considérable. Celui qui en était propriétaire en 1671 fut tué sur les parvis de la cathédrale d'Arras, le jour de Noel, en sortant de la messe de minuit. Un domestique du marquis de Montpezat, gouverneur d'Arras, le frappa d'un coup d'épée dans la cuisse. Le possesseur de ce bien ne pouvait prendre la qualité de seigneur de Bailleul. Un descendant des Nortbécourt ayant fait, en 1704, don d'une cloche pour la paroisse, et ayant fait graver sur cette cloche une inscription dans laquelle il prenait ce titre, on lui prouva authentiquement qu'il n'avait pas le droit d'agir ainsi (P. Ignace. Dict. et supplément aux Recueils.)

L'ancien château de Bailleul était une forteresse bâtie en grès, entourée de fossés à sec, très-larges et très-profonds. Les guerres renversèrent la forteresse et les fossés se comblèrent peu à peu. Sur les fondations du château, on éleva l'habitation actuelle qui, d'après les données du P. Ignace, a dû être construite par le marquis de Crény.

L'église est petite et n'offre rien de remarquable au point de vue de l'art. Elle n'a qu'une nef, ayant pour voûte un plafond à plein ceintre remplaçant, depuis trois à quatre ans, un lambris en bois. Les fenêtres de la nef sont également à plein cintre. Le chœur est gothique. En le restaurant, il y a environ quatre années, on découvrit, au-dessus du plafond, qui alors était plat, la date 1482 ou 1428, car les chiffres, sculptés, en pierre blanche, n'étaient pas fixés. On l'a orné, il y a peu de temps, ainsi que la nef, de vitraux de couleur qui font un bel effet. La tour, lors de la visite du P. Ignace, était « un beau bâtiment en pierres et en
» briques, du même âge ou à peu de chose près que la nef, et
» ayant un mur d'appui plus élevé que la plate-forme sur laquelle
» était posée une petite flèche en bois. » Aujourd'hui, le mur d'appui et la plate-forme n'existent plus. On y voit des restes d'arcs-doubleaux et les traces d'une voûte en pierre qui divisait la tour en étages. On y trouve encore les vestiges d'un escalier en colimaçon qui régnait dans l'un des contreforts. A part un plafond plat et peu élevé, cette tour ne présente plus que ses quatre murailles maintenues par quelques poutres transversales, et surmontées d'une flèche si peu élevée qu'on devrait bien plutôt l'appeler un simple toit. Des travaux de solidification ont du être

exécutés aux contreforts il y a quatre ou cinq ans. La cloche date de la restauration du culte et n'offre absolument rien d'intéressant au point de vue historique. Sur l'un des pannaux de la chaire est sculpté un double écusson dont l'un est de sable à un chevron, accompagné de trois coquilles, deux en chef et une en pointe, et qui paraissent être d'argent, et l'autre de gueules à une fasce accompagnée de trois merlettes, deux en chef et une en pointe, et qui paraissent être aussi d'argent, le tout surmonté d'une couronne de comté.

Avant le traité de Cambrai, Bailleul ressortissait à la sénéchaussée de Saint-Pol, prévôté de Beauquesne, bailliage d'Amiens. A l'époque de la Révolution, il était du ressort des comté et sénechaussée de Saint-Pol, gouvernance d'Arras, conseil d'Artois, parlement de Paris, subdélégation et recette de Saint-Pol, gouvernement d'Arras, intendance de Picardie à Amiens. La dîme, divisée en trois parties, appartenait à l'abbé de Samer, à l'abbesse de Beaupré et au seigneur du lieu. L'abbé de Samer et l'abbesse d'Étrun étaient les collateurs de la cure, dont le titulaire devait payer dix livres pour prise de possession (P. Ignace. Diction.)

Bien que ce village ait une population de près de 500 habitants, il n'existe qu'une seule école mixte où sont réunis les deux sexes. De Bailleul dépendait les hameaux de La Motte-au-Bois, Bailleulet, La Planquette et La Neuville. Avant la Révolution, 15 maisons de Marquay étaient de la paroisse de Bailleul.

LA MOTTE-AU-BOIS

La Motte-au-Bois était l'un des deux fiefs tenus en pairie du comté de Saint-Pol, à un fût de lance en relief. Le château qui portait ce nom, et qui consistait en un corps de logis avec une tour ronde au milieu, servait à la fois d'escalier et de pigeonnier, s'élevait à 7 ou 800 mètres au sud-est de Bailleul, sur les flancs d'une petite colline au pied de laquelle passait la voie romaine d'Arras à Saint-Pol. Un bois épais l'entourait presque de tous côtés. En 1501, la seigneurie de ce lieu appartenait à Charles de la Viéville, seigneur du Fressay, Flers, Flamermont, chambellan du roi, sénéchal du Ternois, gouverneur et bailli de

Saint-Pol. En 1732, nous la retrouvons en la possession de Toursel, baron de Liettres. Les anciens seigneurs de la Motte jouissaient des droits honorifiques dans Bailleul, cependant le seigneur de Liettres ne les avait plus; peut-être ce droit s'était-il perdu par suite de l'état d'inhabitation dans lequel s'est trouvé le château pendant fort longtemps. Le P. Ignace dit en effet dans son dictionnaire que lors de sa visite, en 1732, il était inhabité depuis plus de cinquante ans. Voici ce que la tradition locale rapporte au sujet de l'entier abandon où s'est trouvé le château de La Motte jusqu'à sa ruine complète :

« En ce temps-là le roi venait de mourir (nous ferons comme la personne qui nous a raconté cette tradition, nous n'essaierons pas de dire en quel temps ni quel roi) et comme la mort d'un roi doit toujours être un sujet de deuil général, il était défendu de se livrer à aucun divertissement public. Cependant la ducasse de Bailleul était arrivée et avec elle les regrets de la jeunesse qui n'osait pas se donner le plaisir de la danse. Le seigneur de La Motte, ou du moins celui qui y demeurait, (un radical de l'époque probablement), trouvant que la mort d'un roi n'était pas pour le peuple un si grand malheur qu'on voulait bien le dire, prétendit qu'on danserait à la ducasse de Bailleul. En conséquence, il ordonua à ses tenanciers féodaux et cottiers d'avoir à se trouver sur la place à l'heure de la fête; lui-même s'y rendit avec ses gens et ouvrit le bal. On dsnsa donc, mais mal lui en prit; queiques jours après, il vit, du haut de sa tour, arriver les gens du nouveau roi qui venaient pour l'arrêter. Ne se souciant pas de faire les honneurs de sa maison à messieurs de la police d'alors, il partit avec tout son monde, gagna le bois et on ne put jamais le rejoindre. A partir de cette époque, la Motte-au-Bois ne fut plus habitée. »

Au reste, les Mottois étaient regardés un peu comme des gens à part. Encore aujourd'hui à Bailleul, on raconte que le château de La Motte était habité par des « Camaros » mot d'argot par lequel une certaine catégorie de malfaiteurs désigne ses membres. La position du château, près d'un bois et à proximité de la route d'Arras, son isolement et la faciliié à se dérober aux regards au moyen des bois de Bailleulet, d'Averdoingt, etc., ont bien pu faire choisir cet endroit par quelques détrousseurs de grands chemins comme théâtre de leurs exploits, ce qui a pu donner lieu à la tradition que nous venons de rapporter.

En 1711, vers la fin de juillet, un officier général de l'armée des alliés établit son quartier général à La Motte. Il y demeura trois semaines, pendant lesquelles ses soldats pillèrent les bois et rançonnèrent les villages des environs. Le château étant tout delabré, on dut travailler à la hâte à le rendre habitable. On y retrouva un puits bien maçonné qui avait été recouvert et qui existe encore.

Le propriétaire actuel a fait défricher le bois, il y a de vingt à vingt-cinq ans et y a fait construire une assez belle ferme au milieu. La motte sur laquelle était bâti le château, quoique cultivée, est encore assez élevée. Le pied ne peut s'y poser sans fouler des débris de pierres, de briques, et de tuiles. On trouve aux archives départementales, (Inv. chartes d'Artois B 875), plusieurs comptes des recettes de la seigneurie de La Motte. (Turpin. P. Ignace. Trad. loc. et documents communiqués par M. Doal.

BAILLEULLET

Bailleulet, Baillelet ou Barlet, comme on dit familièrement, est une ferme située à un kilomètre, au midi, de Bailleul. Il y avait autrefois en ce lieu, un prieuré fondé en 1120, par Godefroy, seigneur de Roëllecourt, qui le dota d'un personnat dont il se réservait la collation. Plus tard, ce prieuré appartint à l'abbaye de Samer, diocèse de Boulogne. Ferry de Locre dit, dans son *Histoire des comtes de Saint-Pol*, que de son temps, il dépendait de l'abbaye de Saint-Bertin, mais c'est une erreur qu'il n'a pas commise dans sa *Chronique belge*. L'abbé de Samer devait payer à l'évêque d'Arras douze livres pour le droit de visite que ce dernier avait sur ce prieuré, placé sous l'invocation de la Sainte-Vierge (Notre-Dame-de-Bon-Secours). Pendant tout le temps qu'il demeura en règle, il y eut en ce lieu un pélerinage fréquenté en l'honneur de Saint-Antoine, abbé. Le dernier prieur fut Antoine de Buire, qui, vers 1640, retourna à Samer avec deux religieux qui demeuraient sous lui à Bailleulet. Voyant que la contrée était le théâtre de guerres continuelles, ce prieur loua sa ferme à Pierre de Fontaine et retourna à son abbaye. Le cloître et les autres bâtiments réguliers ont existé jusqu'à la fin du XVIIe siècle. Mais ils avaient beaucoup souffert pendant les longues guerres de ces temps-là. Pendant les années 1718 et 1719 on démolit tout ce qui restoit encore des bâtiments du monastère pour reconstruire la ferme actuelle. Toutefois, on conserva la chapelle dont le choeur, long de neuf mètres et large de six, avait une voûte en pierre, supportant un clocher dans lequel sonnaient trois cloches. Ce clocher ayant été détruit, on en avait fait construire un en bois, au bout de la nef, au-dessus du grand portail, dans lequel on n'avait mis qu'une cloche. La nef et le portail étaient d'architecture romane. Les fenêtres du choeur étaient également à plein cintre.

Le prieuré de Bailleulet avait des dîmes ou des terrages aux villages de Ligny, Marquay, Monchy-Cayeux, Ternas, Epenchain et Bailleul. La dîme de Bailleul était, par bail passé le 10 mars 1756, pardevant Me Peincedé, notaire à Samer, louée 750 francs au sieur Brisbar de Bailleul. Sur le territoire de Ligny, il possédait d'assez grandes propriétés, mais il n'y avait qu'un terrage, évalué à 14 livres 5 sols au rôle des vingtièmes de 1759. A cause de ce prieuré, l'abbé de Samer était seigneur de Bailleul, de la Neuville et de la Planquette; mais la seigneurie de ces deux hameaux était partagée entre lui et le possesseur du fief d'Hézecque-le-Petit.

Le 8 ou le 9 juillet 1710, l'avant-garde de l'armée des alliés vint camper à Bailleulet. Le prince Eugène avait son quartier-général à la ferme du Tirlet et Malboroug à Villers-Brulin. Il y eut un engagement entre un détachement français commandé par le comte de *Broglie* et des fourrageurs ennemis qui furent poursuivis jusque dans le bois de Bailleulet. Les français voyant le nombre des ennemis augmenter, se retirèrent avec quelque butin et l'armée des alliés leva le camp peu de temps après. L'année suivante, elle revint au même endroit où elle demeura trois semaines, jusqu'au 10 août; elle alla ensuite investir Bouchain. Jusqu'alors, on avait continué de célébrer l'office divin dans la chapelle. Mais à partir de cette époque, on le cessa complètement, excepté pourtant le jour de Pâques où le curé de Ligny et celui de Bailleul continuèrent d'y chanter seulement les vêpres en vertu d'une fondation. Arriva la Révolution qui fit cesser tout service divin. Les biens du prieuré furent vendus et achetés par le fermier dont les héritiers en sont encore aujourd'hui propriétaires.

Il ne reste plus actuellement d'autres vestiges des bâtiments claustraux que les fondations sur lesquelles les animaux broutent l'herbe qui y croît et que l'homme foule d'un pas indifférent. (Turpin. P. Ignace. Documents comm par M. Doal.).

LA PLANQUETTE

Ce hameau tire son nom d'une passerelle qu'on nomme en patois planque ou planquette, petite planche qui existait autrefois en cet endroit et qui servait à traverser un fossé dans lequel passait une grande quantité d'eaux sauvages, appelé le fossé Pantaléon. Il est situé à trois ou quatre cents mètres de Bailleulet, à l'Est. Aujourd'hui comme au temps du P. Ignace, il n'est composé que de trois maisons bâties le long du fossé dont on vient de parler. Un chemin qui mène à la Neuville, dessert ces trois maisons.

LA NEUVILLE

La Neuville, Nova Villa, est bâtie sur le sommet de la colline au pied de laquelle est assise la Planquette, à deux ou trois cents mètres à l'Est de cette dernière. Ce hameau est de beaucoup le plus considérable des quatre. Il se compose d'à peu près une trentaine de maisons. La seigneurie de ce lieu appartenait à l'abbé de Samer. Le seigneur d'Hézecque en possédait aussi une partie, comme nous l'avons déjà dit. Un chemin en bon état de viabilité traverse la Neuville et va rejoindre la route nationale n° 39, après avoir desservi aussi Le Quesnel, hameau d'Averdoingt, qui a longtemps appartenu à la maison de Lannoy Le comte de Beaurepaire en vendit le domaine presque aussitôt qu'il fut établi à Caucourt.

Ces deux hameaux de la Neuville et de la Planquette sont réunis, pour le spirituel, à la paroisse d'Averdoingt, depuis trois ou quatre ans. Cette réunion a occasionné des scènes de plus d'un genre, dont l'une s'est dénouée devant le tribunal de simple police et une autre a donné aux habitants de la Neuville le spectacle des préliminaires d'un enterrement civil.

Les rues de Bailleul portent toutes des noms de situation ; d'En haut, de Bailleulet, d'En bas, etc. Principaux lieux dits : la pleine de Lens, le Cumont, le Champ à oignons. etc.

G. BOUTTEMY.

BAJUS

Baisus XIIe siècle (Cartulaire d'Aubigny).
Baizieu 1740 (Carte d'Artois de Jaillot).
Baju (Manuscrit du P. Ignace)

Bajus est situé à 14 kilomètres d'Aubigny; son territoire comprend une superficie peu étendue dans un pays accidenté et coupé par un ravin au fond duquel coule un petit ruisseau, la Bajuelle, qui prend sa source dans la commune et va se jeter dans la Lawe. Ce village n'était au XIIe siècle qu'un hameau de la paroisse de La Comté. Il dépendait de la gouvernance d'Arras, élection et conseil d'Artois, parlement de Paris, subdélégation, recette et gouvernement d'Arras, intendance de Picardie à Amiens. La dîme appartenait à l'abbaye de Mont-Saint-Eloi et au prévôt de la collégiale de Saint-Pierre à Aire. Ce dernier avait même une justice particulière à Bajus.

M. de Beaulaincourt, comte de Marles, était propriétaire à Bajus d'un fief vicomtier, nommé la Motte; ses armoiries étaient représentées sur les fenêtres éclairant les fonds baptismaux, et sur les cloches qui furent enlevées par les alliés, lors de la campagne de 1710. Le P. Ignace rapporte à ce sujet qu'en 1733, on se servait encore d'un cornet à bouquin pour appeler au service divin. (Dict. tom 8, p. 221). L'église de Bajus, vendue nationalement, fut démolie en grande partie ; il n'en resta que les murailles que la commune à rachetées et fait garnir d'un toit.

BERLES-MONCHEL

Berla 1181.
Bella, 1182.
Belles-les-Aubigny, 1385.

Le fief de Berles appartenait au XIIe siècle à une famille d'origine chevaleresque, connue depuis messire Pierre de Berla, qui fut témoin d'une charte accordée en 1181, au prieuré d'Aubigny.

La terre de Berles relevait du château de Lens, Maicline de Caumaisnil en était seigneur en 1385. La seigneurie a passé successivement dans les maisons de Longueval et de Soissons-Moroeuil. Elle appartenait au commencement du XVIIe siècle à la famille du Carieul, dont une héritière épousa Jehan Duval de Fiennes, écuyer et conseiller d'Artois. Elle fut vendue, le 4 août 1704 à François Lallart, rsceveur général des Etats d'Artois (P. Ign. add. mém.). Après avoir appartenu aux Cardon de Montigny, le domaine de Berles est aujourd'hui la propriété de Tournois de Bonnevalet.

L'église de Berles n'a pas été vendue nationalement. Sa construction semble remonter au XVe siècle. Toutefois la date de 1737 que l'on remarque sur la tour, semble indiquer que de nombreuses et importantes restaurations ont eu lieu à cette époque. On remarque au milieu de la nef une pierre tombale ayant servi de sépulture à Isabelle-Josèphe-Marcotte, veuve de M. Benoit Lallart, écuyer, seigneur de Berles, receveur général des Etats d'Artois ; l'inscription est surmontée des armoiries écartelées de ces deux familles. La tour carrée est surmontée d'une flèche en bois, couverte d'ardoises.

En 1255, le chapitre d'Arras fit un concordat avec le curé de Berles au sujet de la dîme.

Ce village a pour dépendances les hameaux de Monchel et de Vandelicourt.

Monchel, aussi nommé Monchel-Notre-Dame, est situé entre Berles et Savy, dans une vallée qui s'étend à gauche de la grande route d'Arras à Saint-Pol. La seigneurie, la dîme et le terrage appartenaient au chapitre de la cathédrale d'Arras qui y possédait une ferme considérable. En face se trouvait une chapelle bâtie en l'honneur de Saint-Gendulphe et qui était le but d'un pèlerinage très-fréquenté. Elle fut détruite au commencement du xvie siècle.

VANDELICOURT. — Ce hameau a une importance considérable; Il contenait déjà 24 feux en 1732. C'était le siége de deux seigneuries : l'une était passée d'un sieur Lombart à son neveu maternel, Quarré, écuyer, seigneur de Durepaire. Une de ses parentes y fit construire une chapelle qu'elle dota d'un revenu suffisant pour y entretenir un chapelain. Elle subsiste encore de nos jours, mais elle est dans un triste état d'entretien. La seconde seigneurie appartenait à une dame nommée d'Offlammes, lorsqu'elle fut vendue par décret du conseil d'Artois à Gamand, bourgeois d'Arras, dont la fille épousa F. de Cardevacque. Le chapitre d'Arras y possédait également une ferme que l'on appelait vulgairement la cense du chapitre (P. Ignace, Dict. tome III, p. 947): elle fut complètement ruinée pendant la guerre, 1553. C'est à Vandelicourt que la Scarpe prend sa source ; cette rivière ne commence à être navigable qu'à sa sortie des fortifications de la ville d'Arras.

BÉTHONSART

Bettonsart 1227 (Miræus).
Bétonsars, 1240 (Cartulaire d'Aubigny).

Béthonsart est situé sur une hauteur d'où l'on découvre une grande étendue de pays. Ce n'était qu'un hameau se rattachant à la paroisse de Savy; il fit ensuite partie de celle de Villers-Brulin, et fut enfin érigé en cure dépendant du prieuré d'Aubigny.

Au mois de juin 1227, Marc, seigneur de Bettonsart, donne aux religieuses de Beaupré, les deux tiers de la dîme de la paroisse de Saint-Martin, de Tilloi, qu'il tenait en fief du sire d'Aubigny. (Mirœus et Foppens, *Opera diplomatica*, t. iv, p. 538. Le Glay, *Revue des opera diplomatica de Mirœus*, p. 197.)

Nous voyons dans une charte de 1240 concernant ce monastère, que le village était tenu en partie du Chapitre d'Arras et que l'abbaye du Mont-Saint-Eloi y possédait une dîme que lui avait accordée Marc de Fiennes et Ingelram de Béthonsart, son fils.

Au xive siècle, la seigneurie a appartenu à François de Bournonville. Elle était au xvie la propriété de Robert-le-Josne, écuyer, qui mourut en 1673 et fut enterré dans l'église. Un marbre noir recouvrant sa tombe portait l'inscription suivante : Cy gist noble homme Robert-le-Josne, écuyer, seigneur d'Angres, Béthonsart, Caucourt en partie, qui décéda le . . . . . jour de . . . mbre 1563.

Depuis, la terre de Béthonsart fut divisée; mais les droits honorifiques devinrent alternatifs entre les deux possesseurs. La maison de Lannoy-Beaurepaire en possédait une partie et l'autre fut achetée en 1695 par un nommé Evrard, fermier à Savy. Cette seigneurie dépendait de la juridiction d'Aubigny-le-Comte, et celle des de Lannoy-Beaurepaire, d'Aubigny-la-Marche.

Le 16 février 1667, Jean Courcol, écuyer, et Isabelle Rouvroy, sa femme, achetèrent la seigneurie du Mêtz, située à Béthonsart et Mingoval, moyennant la somme de 12.600 livres.

Marie de fief et Enguerrand son fils, de concert avec les habitants de Béthonsart, obtinrent de Furcy, évêque d'Arras et de Simon abbé de Mont-Saint-Eloi, la permission de construire une église paroissiale en 1247 (Cartulaire d'Aubigny).

L'église actuelle de Béthonsart est située au milieu du cimetière entouré de murailles. Elle n'a qu'une nef. La tour qui porte le millésime de 1562, et la flèche sont remarquables par leur ornementation. La tour est quarrée et très-élevée; la flèche de forme hexagone. est dentelée sur les coins, et sur toute la hauteur.

Én 1732, l'abbé de Saint-Eloi, Dominique Toursel, de concert avec les habitants de la commune, fit restaurer et agrandir le choeur. Un ouvrier maçon de Maroeuil, nommé Jean-Guislain

Doby, en remuant la terre pour creuser les fondations, heurta avec sa pioche un petit pot de grès renfermant environ 60 pièces d'or, monnaies de France, d'Espagne, de Castille et de Portugal, et quelques pièces d'argent. Quinze jours après, 18 juillet 1732, Charles-Joseph de Lannoy, comte de Lannoy et du Saint-Empire, en sa qualité de seigneur de Béthonsart, intervint dans le partage du trésor découvert; l'ouvrier en reçut le tiers et le reste fut déposé dans la caisse de la fabrique. La ferme seigneuriale de Béthonsart qui existe encore en partie de nos jours, est environnée de fossés, ce qui fait supposer l'existence d'un ancien château fortifié.

CAMBLAIN-L'ABBÉ

Camblinium.
Cambling.

Il existe un tumulus gaulois sur le territoire de Camblain-l'Abbé (Terninck). L'ancienne voie romaine, dite Chaussée-Brunehaut, allant de Saint-Quentin à Thérouanne, traverse le territoire. M. Harbaville fait dériver ce nom de Cambello, chambre, logis.

Ce village doit sa dénomination à l'une de ses seigneuries, qui appartenait à l'abbaye du mont de Sanit-Eloy, par suite de la donation d'Elbert, seigneur de Carency, vers 1070, et à une ferme qui en relevait aussi, et qui avait nom l'Abbie, par abbréviation de l'abbaye.

Les effets de la guerre que la France fit à l'Espagne de 1637 à 1659, dans le but principal de recouvrer l'Artois, se firent sentir d'une manière bien remarquable à Camblain. Depuis le commencement de 1636, jusqu'au mois de février suivant, il mourut 66 grandes personnes et 70 enfants en bas-âge. Dans le commencement du siècle suivant, pendant la guerre dite de succession, la mortalité fut encore plus forte. Le 2 juillet 1710, l'armée Hollandaise campa à Camblain et sur les territoires circonvoisins.

Il y avait trois seigneuries à Camblain. La principale appartenait à l'abbaye de Saint-Éloy, la seconde était au chapitre d'Arras, et la troisième qui a formé longtemps un hameau particulier, justiciable d'Aubigny-le-Comte, avait nom Estrayelles et dépendait du prince de Hornes, gouverneur et capitaine d'Artois pour le roi d'Espagne, Philippe II. Plus tard, cette terre devint la propriété du prince de Salm qui, quelque temps avant la révolution, la vendit à la famille Lallart d'Arras.

Autrefois Etrayelle formait un hameau séparé, situé sur la chaussée Brunehaut, dont son nom est dérivé, et au bas des bois de Saint-Éloy; il consistait en une ferme principale avec treize autres maisons groupées autour d'elle et, qui, à la fin du XVIIe siècle, furent transportées à une des extrémités de Camblain. Les guerres de cette époque avaient peuplé les bois de maraudeurs et d'aventuriers; pendant la nuit, ils sortaient de leur retraite pour chercher une pature à leur insatiable avidité; les bois leur offraient un asile protecteur que nul n'osait sonder, et notre hameau qui en était si voisin, avait toujours à souffrir de leurs déprédations.

Un monticule assez étendu au milieu d'une prairie est visiblement l'emplacement sur lequel s'élevait le corps-de-logis de cette ferme. En face s'élève une chapelle sur le fronton de laquelle on lit l'inscription suivante :

A LA MÉMOIRE
DE M. AUGUSTE-JOSEPH BUTRUILLE,
NÉ A DOUAI,
DÉCÉDÉ MALHEUREUSEMENT A CET ENDROIT
LE 13 AVRIL 1846, AGÉ DE 25 ANS.

Vis-à-vis et à quelques pas de la porte, on voit un bloc de gré, à la taille fine et en forme de prie-Dieu, sur lequel on lit ces paroles dont la poignante simplicité porte à la méditation et à la prière : Ici il périt.

Non loin de là se trouvait une autre chapelle aujourd'hui détruite, qui s'appelait chapelle Laroche. Elle avait été bâtie sous l'empire, par un malheureux, et rappelait un épisode touchant des malheurs de cette époque, et des pleurs que cette gloire, achetée au prix de tant de sang, faisait verser dans nos chaumières.

L'église de Camblain a été vendue nationalement. Elle a heureusement échappé au marteau des démolisseurs, grâce à M. Mathieu, père de M. le Maire actuel, qui l'acheta au moment du rétablissement du culte; il l'a rendue à la commune, ainsi que le presbytère dont il s'était aussi rendu adjudicataire.

M. l'abbé Van Drival a étudié d'une manière spéciale ce monument, et en a fait une très-savante description que nous relaterons dans son entier.

» La tour de cette église se fait remarquer d'assez loin, à la gauche de la chaussée Brunehaut, au-delà du mont Saint-Éloy. A la première apparence, elle reproduit, de manière à ce qu'il soit comme impossible de s'y méprendre, le type tout particulier de construction que l'on rencontre à chaque instant, pour ainsi dire, en Angleterre. Les créneaux qui surmontent et ornent les galeries sont un des indices les plus clairs de cette origine anglaise, et si nous consultons les quelques documens qui nous restent sur cette église, nous trouvons en effet que la tour, selon l'opinion commune, fut bâtie par les anglais en 1404. Du moins est-il certain, ajoute un de nos chroniqueurs, qu'il y a eu, dans ce siècle et durant le cours du précédent, des troupes et des ouvriers de cette nation répandus dans l'Artois, la Flandre et le Hainaut. L'union qui régnait alors entre les ducs de Bourgogne, propriétaires de ces provinces, et les rois d'Angleterre, y donnait occasion. Les anglais, continue toujours le même auteur, donnèrent des preuves de leur habileté dans les arts, et il y a assez de vraisemblance que tous les ouvrages de pierre qu'on leur attribue, surtout les clochers et les tours, ont été faits de leurs mains ou du moins du temps qu'ils étaient dans ce diocèse. La tour et la flèche de Camblain-l'Abbé sont de pierres comme plusieurs autres du voisinage. Elles sont presque toutes de la même façon ou dans le même dessin, ce qui prouve que c'était, ce semble, le goût de ces deux siècles.

» Ce qu'il y a d'assez remarquable, c'est la grande quantité de têtes d'animaux qui ornent les angles des huit côtés de la flèche. Les crosses végétales, attribut bien connu de l'architecture de cette époque, y sont bien moins nombreuses que ces figures animées. Ne serait-il pas permis de supposer que lors de la reconstruction de cette tour, au commencement du xve siècle, on se servit de nombreuses pierres sculptées en figures d'animaux, qui ornaient primitivement tout le haut de l'église ancienne au-dessus des fenêtres et immédiatement au-dessous des toits? Ce qui nous porterait à admettre cette induction, ce sont d'autres têtes d'hommes et d'animaux qui se voient encore aujourd'hui en certain nombre, précisément à cette même place, dans la partie ancienne de l'église. Au reste, on peut observer la même chose, bien que moins caractérisée, aux flèches des églises d'Oppy et de Servins.

» Pour achever en quelques mots de décrire l'extérieur de l'église qui nous occupe en ce moment, disons seulement que la partie moyenne, correspondante à la nef et à la chapelle latérale dont nous parlerons tout à l'heure, nous a semblé appartenir à la fin du xiie siècle. Deux charmantes baies, aux lignes si pures et si nettement accusées qui caractérisent cette époque semi-romaine, semi-ogivale, et les corbeaux à têtes d'hommes et d'animaux, dont nous venons de parler, sont les données sur lesquelles nous appuyons cette opinion. Le chœur est moderne et sans caractère; il se relie à la nef par une voûte ogivale qui, du côté de l'épître, à l'intérieur, repose sur un monolithe cylindrique en grès.

» Ce qui frappe tout d'abord l'oeil attentif de l'observateur à son entrée dans l'église, c'est la belle voûte en bois sculpté, ce sont les poutres ornées de figures, ce sont d'autres figures plus belles encore, plus soignées, qui s'avancent en forme de consoles entre ces poutres et servent de supports, ou soutiens, à plusieurs des arceaux de la voûte; ce sont encore les restes fort apparents des vives couleurs dont tout ce beau travail était recouvert. Le bleu de ciel et le bleu mat, telles étaient, pensons-nous, les deux couleurs qui recouvraient et ornaient toutes ces belles sculptures; l'aurore de ces deux couleurs devait produire un effet charmant, en même temps qu'elle symbolisait une idée dont nous allons parler.

» Camblain-l'Abbé, nous disent les chroniqueurs, possédait deux seigneuries principales : l'une dite de Camblain, appartenant à l'abbaye de Mont-Saint-Éloi, et l'autre d'Étrayelle, qui passa successivement de la Maison de Bailleul à celle de Hornes. Ces deux seigneuries la partageaient en deux parties distinctes, dont la première de la gouvernance d'Arras, et la seconde de celle d'Aubigny. Je n'ai pu découvrir, jusqu'à présent, à quelle époque précise remontaient les droits du seigneur d'Étrayelle, mais je trouve au xiie siècle un Odon de Camblain faisant don d'une terre à l'abbaye de Saint-Eloi, et c'est depuis cette époque que la nomination à la cure de Camblain, dit depuis lors Camblain-l'Abbé, appartient à l'abbé de Saint-Éloi ; cette cure dépendait du doyenné de Maroeuil.

» Quoi qu'il en soit, je trouve dans un des documents que M. le chanoine Parenty, vicaire-général du diocèse, a bien voulu nous communiquer, un passage qui, sans éclaircir entièrement la question, nous met néanmoins sur la voie des découvertes ultérieures. « La date de la construction de cette église, y est-il dit, est incertaine ; mais, selon toute appaeence, elle a eu lieu à une époque fort reculée et en tout cas antérieure à la date de la construction du clocher. » Puis, parlant de la chapelle latérale du côté de l'épître et de la voûte en bois qui la recouvre, ainsi que la nef entière, l'auteur de ce document ajoute que tout cela fut construit après l'église, par les soins et aux frais d'un prince ou princesse de Salm, dont elle porte encore l'écusson et qui était seigneur d'une partie du village appelée Étrayelle. Plusieurs écussons se voient aussi, dit-il encore, dans la charpente de la nef de l'église.

» A l'aide de ces documents, fort incomplets sans doute, et surtout après une longue et attentive observation des sculptures elles-mêmes, voici comment j'en proposerai l'interprétation ;

» Autrefois, on le sait, et cette coutume existe encore eu bien des pays, notamment en Angletere, les hommes et les femmes avaient chacun leur côté séparé dans les églises ; les premiers occupaient le côté qui se présente à droite en entrant ; la gauche était réservée à l'autre sexe. Or, il se trouve que cette classification ancienne et traditionnelle est observée dans les sculptures nombreuses qui dominent à la partie supérieure des murailles, de la nef et de la chapelle latérale ; les figures d'hommes sont à droite, celles des femmes à gauche. Ce premier fait est très-curieux à constater et nous montre déjà que ces têtes si bien sculptées, du reste, si soignées, étaient fort probablement des représentations au naturel, de véritables portraits des personnes principales qui venaient habituellement prier dans cette église, des patrons de cette église, pour employer le terme consacrés, les images du seigneur lui-même et de sa famille. Un examen plus approfondi va, je dirai presque, vous démontrer la justesse de cette interprétation.

» En effet, à la place d'honneur, au centre même de la chapelle seigneuriale, que voyons-nous ? Une sévère et noble figure, aux traits mâles et guerriers. Il porte la barbe ; sa chevelure sémi-longue, est couverte du chaperon. En face, du côté gauche de l'église, aussi à la place d'honneur, mais du côté des femmes, nous voyons une tête de femme, les cheveux tressés, symbole iconographique, dont nous parlerons dans un instant, portant la couronne. Cette tête, à notre avis, représente la dame du lieu, la châtelaine. Plus bas, et du même côté, nous trouvons une tête de jeune fille, les cheveux épars ; c'est la fille des deux hauts personnages. Ce double caractère iconographique des cheveux épars et des cheveux tressés, suffirait pour donner une grande idée de l'ancienneté de ce monument et de son importance réelle au point de vue de l'art chrétien. En effet, dans le moyen âge, nous voyons l'idée de virginité constamment et universellement symbolisée par les cheveux entièrement libres et flottants, et c'est ainsi que toujours à cette époque on représentait la Vierge par excellence, la Vierge Marie, tandis que les cheveux noués ou tressés indiquent toujours une femme mariée. Il suffit de consulter les miniatures de nos monastères, les verrières de nos églises, les publications récentes de nos plus célèbres archéologues, surtout celles du P. Martln, pour se convaincre de la vérité de cette assertion. Voilà donc trois des membres de cette noble famille. Le quatrième est en face de sa soeur, car c'est un gracieux et beau jeune homme, et il occupe, comme il convient, le côté droit de l'église, le côté des hommes. Il est jeune, très-jeune, aussi a-t-on pu le représenter en entier. Il est à genoux, dans l'accomplissement même d'un acte religieux, car il offre à Dieu l'écusson de sa noble famille, et montre ainsi son consentement à la donation à l'église d'une part de ses biens dont il est légitime héritier; cet écusson est d'azur, a un emblème d'argent, qu'il nous a été impossible de bien déterminer, mais dont nous pourrons bientôt vous offrir un dessin, aussi bien que de toute cette belle charpente. Le vêtement du jeune homme est lui-même argent et azur; sa tunique bleue est à revers blancs. Tous les autres membres de la famille portent également des habits aux mêmes couleurs. Ses cheveux roulés sont couverts d'une toque bleue; cette manière d'arrangement des cheveux indiquerait le XVIe siècle, et cette désignation serait d'accord avec la donnée historique dont nous parlions tout à l'heure et qui nous dit que cette charpente et cette voûte furent construites postérieurement à l'église et antérieurement à la tour. Au reste, ce dernier point est évidemment à l'intérieur ; il suffit de voir les brusques ruptures que la tour fait à la voûte, tandis que cette même voûte s'agence fort heureusement sur la chapelle latérale du côté du midi.

» Une circonstance singulière se présente ici. Dans cette même chapelle latérale, vis-à-vis de la tête du seigneur, se trouve une autre tête, une tête de religieux. Il est difficile peut-être d'y voir autre chose qu'une satyre, car cette tête a de longues oreilles d'animal, le capuchon est découpé d'une manière bizarre, le cou est pris dans un carcan sur lequel pend une boule qui servait peut-être à en rendre le poids plus lourd. Comment expliquer la présence de cette figure grotesque au milieu de tout cet ensemble si beau, et, disons-le, si sérieux ? Il paraît qu'il y eût, à une certaine époque, des démêlés assez vifs entre le seigneur du lieu et l'abbé de Saint-Eloi. Peut-être cette sorte de caricature est-elle un témoin, assurément fort inconvenant, des sentiments peu chrétiens qui animèrent alors la famille seigneuriale de Camblain. Toujours est-il qu'on ne voit les armes de l'abbaye de Saint-Eloy qu'en un seul endroit et hors de l'église en quelque sorte, sous la tour, à la clef de voûte du porche. Peut-être cependant est-il permis de voir dans cette figure, si mal à l'aise dans son capuchon et son collier de force, la personnification de l'esprit du mal, de l'ennemi du genre humain, captif en ce lieu par la construction de cette église destinée à le vaincre ou à diminuer considérablement l'étendue de son empire. J'avoue que ce mode d'interprétation me paraît au moins aussi recevable que le premier.

» Mais un autre spectacle, bien plus intéressant, attire ici nos regards. C'est une scène, c'est un drame entier qui se trouve sculpté, et un drame chrétien, une scène de martyre, dans les deux plates-bandes qui accompagnent de chaque côté cette tête burlesque. — A droite, une forêt, un homme étendu par terre et subissant d'affreuses tortures; à gauche, un évêque, un prisonnier délivré par le Sauveur et sa sainte Mère en personne; divers détails qui nous feraient croire à la représentation de l'émouvante histoire de notre saint Léger, évêque d'Autun, si populaire en Artois. Toutefois, je ne ferai qu'indiquer ce mode de lecture dont je suis loin d'être certain et sur lequel je me propose de revenir, quand j'aurai reçu l'empreinte de ce bas-relief que M. le curé de Camblain s'est chargé de prendre.

» Disons encore, pour terminer cette description rapide, que l'écusson aux armes de la famille seigneuriale se voit partout sur cette belle charpente, aux plates-bandes sous les voûtes au milieu de fleurs et desins fantastiques, au centre des poutres oruées qui traversent l'eglise; partout enfin brillent les couleurs argent et azur de la famille, partout ses armes sont apposées en témoignage et comme une sorte de signature de la belle offrande qu'elle fait à la maison de Dieu. La longueur et la pesanteur des poutres transversales sont fort habilement dissimulées par des têtes de monstre, le liévathan de nos manuscrits et de nos verrières. Ces têtes semblent dévorer le milieu de ces poutres ainsi que la pièce de bois perpendiculaire qu'elles supportent; et cette action, fortement exprimée, fixe si bien l'attention du spectateur, qu'il ne songe plus à la lourdeur réelle de ces moyens de consolidation.

» Pour nous résumer, nous dirons que ce travail nous a paru très-intéressant aux points de vue de l'histoire des familles nobles de l'Artois, des rapports de différente nature que ces femmes avaient avec les monastères voisins, de la discipline et des habitudes religieuses aux époques reculées de notre histoire, de l'iconographie, de l'art chrétien et de la décoration intérieure des églises du moyen age.

» S'il nous était permis ici d'émettre un vœu, nous demanderions que cette charpente et cette voûte, à notre avis si remarquables, fussent de nouveau peintes des mêmes couleurs, blanc et azur, qui les ornèrent si longtemps. Par cette restauration, peu coûteuse du reste, un double but se trouverait atteint : la conservation d un monument historique d'une valeur réelle, l'ornementation convenable d'une église qui deviendrait ainsi, je demande pardon pour le mot, une sorte de *bijou* dans nos campagnes de l'Artois, si peu riche sous ce rapport. »

CAMBLIGNEUL.

Cambliniolum, (XIIIe siècle).
Chambeligneul 1372, *(*Arch. dép.)
Cambligniolum.

Uu tumulus gaulois indique l'existence de ce lieu avant les romains (Terninck). La terminaison en *eul* est un diminutif assez usité en Artois pour les noms de lieux. Cambligneul, Cambliniolum, petit Camblain, était une ancienne dépendance de la paroisse de Camblain, dès le XIIIe siècle.

Le 2 mars 1372, Pierre de Cambligneul est cité dans un acte de donation de la comtesse Marguerite à Jehan de Clermont, physicien des comtes de Flandre. (Arch. dép. A. 98*)*.

Jacques de Bos, dit Galois, qui vivait au commencement du XVe siècle, était seigneur de Cambligneul. Il n'eut qu'une fille nommée Isabelle qui fut après lui dame de Cambligneul. Elle porta cette terre, l'an 1429, dans la maison de Mailly par son mariage avec Robert de Mailly, ce qui forma dans cette famille une branche de Mailly-Cambligneul.

Baudouin leur fils aîné, seigneur de Cambligneul, fut père d'Antoine, mort sans enfants. Anne de Mailly, sa sœur, fut son héritière et dame de Cambligneul. Elle épousa Philippe d'Ostrel, seigneur de Diéval, dont elle ne laissa point de postérité. Ainsi s'éteint la branche de Mailly-Cambligneul et la seigneurie resta dans la famille d'Ostrel depuis 1560 (P. Ign. mém. t. III page 289). François de Ollehain, fils du sieur de Grand Rullecourt, le prieur d'Aubigny et Antoine de Mailly fondèrent en 1484 une chapellenie dans cette commune (chron. d'Aubigny).

La terre de Cambligneul fut érigée en baronnie dépendant du bailliage d'Hesdin, en faveur de Robert d'Ostrel, mai 1662, (P. Ignace mém. t. 3 page 287).

Antoine-Joseph d'Ostrel, fils de Robert et de Marguerite Boucquel, épousa, le 31 juillet 1720, Marie-Joseph Maïoul, native d'Hesdin, dont il eut six enfants, deux garçons et quatre filles, l'aînée fut mariée au mois de janvier 1750, à de Cinq-Marc, gentilhomme du Tournaisis.

L'ancienne église de Cambligneul ne fut pas vendue nationalement. Elle affectait à son intérieur les dimensions d'une vaste chapelle plutôt que celles d'une église proprement dite. Elle était adossée à une ferme près de laquelle s'élève un monticule renfermant de nombreux débris provenant d'un ancien château fortifié. La tour peu élevée, était surmontée d'un campanart qu'a remplacé de nos jours une petite flèche couverte en ardoises.

A la place de cette pauvre et chétive église s'est élevé récemment un sanctuaire qui, sans rien offrir de remarquable au point de vue de l'art et de la richesse, est assez vaste pour contenir à l'aise sa population et plaire par sa noble simplicité. La nef, à fenêtres et voûtes ogivales, était faite depuis quelques années et appelait un choeur, dont la construction avait été ajournée par défaut de ressources. Il fut achevé en 1867 et complète ainsi la petite église, au grand contentement des habitants, qui se voient maintenant en possession d'un sanctuaire que pourraient envier une foule de paroisses plus considérables que Cambligneul.(Robitalle ann. 1868).

Breuvart (Thomas), natif de Cambligneul, fut curé de Pronville, près de Doullens, diocèse d'Amiens. Il fut un des trois candidats désignés pour succéder à Milon Marc André Hercule de Fleury, cardinal, abbé de Dommartin. Louis XIV, sollicité fortement par cette abbaye, consulta Pierre de Sabattier, évêque d'Amiens, qui lui désigna Breuvart.

CAPELLE-FERMONT

Capella.
Chapelle-les-Aubigny.
Capelle-les-Aubigny.

Le nom de ce village fait supposer que les premières maisons qui l'ont composé, se sont groupées autour d'une chapelle que la piété des habitants avait élevée en l'honneur de la mère de Dieu. Capelle, ainsi que le hameau du Fermont, dépendait en 1269, du bailliage d'Aubigny-le-Comte. Il avait pour dépendances deux fermes importantes, situées sur la rive gauche de la Scarpe, le Fermont et le Metz.

La ferme de Fermont qui donnait son nom au propriétaire, lorsqu'elle était possédée par la famille Prud'hommes d'Hailly, fut apportée en mariage par une nièce d'un gentilhomme de ce nom, à Gherbode, sieur d'Epain.

Sa construction date de la fin du XVIe siècle, mais les bâtiments ont été restaurés. On y remarque une haute tourelle cylindrique, coupée par cinq cordons et garnie, sur la corniche de son toit octogone, d'une série de moucharabis. A la droite de cette tourelle est un étroit bâtiment à étage et à la suite le corps-de-logis principal, à étage aussi et qui est moderne. Enfin à la tourelle est adossée sur la gauche, un autre bâtiment à étage qui semble un peu plus ancien.

A peu de distance de la route d'Arras à Saint-Pol, avant d'arriver au lieu, dit la Maison-Blanche, dépendance du bourg d'Aubigny-en-Artois, on découvre à droite, sur la hauteur, une croix de gré, appelée dans la contrée la *croix du Metz*. Cette désignation provient de son emplacement sur une terre dépendante de la ferme du Mez, connue au XVIIIe siècle sous le nom d'Omey.

On distinguait autrefois le haut et le bas Mez. Le haut Mez était une ferme dépendant du prieuré d'Aubigny. Le bas Mez, qui constituait une autre ferme, située au milieu du prieuré voisin de la Scarpe, avait une seigneurie particulière. Toutes deux faisaient partie de la paroisse de Capelle-Fermont.

La croix du Mez fut érigée en 1595, ainsi que l'atteste l'inscription qu'on y remarque au-dessus de l'écusson que surmontent les bras. C'est un gré bien piqué, ayant environ 1 m. 50 de hauteur. On y voyait encore, vers le milieu du siècle dernier, un christ et les images de la vierge et de St-Jean l'évangéliste, le tout en relief. La tradition, accréditée dans le pays, rapporte que cette croix a été plantée en cet endroit en mémoire de la découverte que l'on y fit d'un vol de plusieurs ornements d'église, commis au préjudice de l'abbaye du Mont-Saint-Eloi, peu distante du lieu qui nous occupe. Elle ajoute même que les voleurs qui s'étaient séparés à cette place, ne purent se relever et continuer leur route, arrêtés par la main de Dieu, en punition de leur crime, et qu'ils durent restituer le produit de leur brigandage, pour recouvrer la liberté de leurs mouvements. Aucun document ne venant du reste contredire cette légende, nous l'avons acceptée sans toutefois en garantir l'authenticité.

L'église de Capelle-Fermont semble appartenir à la fin du XVIe siècle. Son portail au cintre surbaissé, la petite baie simulée qui le surmonte et qui est demi-ogivale, le machicoulis placé au-dessus, enfin le campanard a deux ouvertures à jour contenant les cloches, qui pose sur le pignon, tout dénote l'invasion du style moderne et la fin de l'ogive. Deux grands contreforts flanquent le portail et montent jusqu'à la naissance des baies cintrées du campanard. Cette église est petite, sobre de décorations et ne se distingue que par l'originalité de son portail.

CHELERS

Selert, 1172.
Celest 1341 (Chap. d'Arras).
Cheillers.
Chelez.

La première mention que l'on rencontre de Chelers, date de 1172. Ce lieux est nommé *Parochia de Selert*, dans l'acte de donation de l'autel de Chelers au chapitre d'Arras par l'évêque André. Situé sur les limites du diocèse de Boulogne, à environ deux lieues de Saint-Pol, ce village dépendait autrefois de la gouvernance d'Arras pour une partie et de la sénéchaussée de Saint-Pol, conseil d'Artois, Parlement de Paris, subdélégation et recette de Saint-Pol, gouvernement d'Arras, intendance de Picardie à Amiens. A l'époque de l'invasion de 1710, des ministres dissidents vinrent prêcher dans l'église de Chelers.

Chelers faisait partie du domaine des comtes de Saint-Pol.

En 1504, une partie de la terre de Chelers appartenait à un argentier d'Arras, du nom de Morel Adrien, dont le fils fut procureur général au conseil d'Artois.

La principale seigneurie et la portion la plus notable de la terre de Chelers appartenaient au xive siècle à la famille de Béthencourt; elles devinrent au xve siècle l'apanage des seigneurs de Noyelle-Vion. Ce domaine passa ensuite à la maison d'Assonleville, originaire du Brabant. Une héritière de ce nom, Marguerite, la porta en mariage à Jérome Gaspard de France, chevalier, baron de Boucault. Ils en disposèrent par testament du 18 avril 1650, en faveur de Pierre Ernest, leur 3e fils, avec une rente de 900 florins sur la ferme de Béthencourt. Ce dernier étant mort sans enfants, eut pour héritier son frère cadet, Ponthus-Alexandre, archidiacre d'Arras, qui mourut prévôt de Seclin près de Lille. Guillaume Alexandre, marquis de Noyelle, leur neveu, devint propriétaire de la seigneurie de Chelers qu'il avait eue en curatelle, en vertu d'une sentence du conseil d'Artois du 15 mai 1703.

Il la donna en mariage à sa fille Marie-Thérèse-Gertrude de France, qui épousa Alexandre du Rietz, comte de Willerval (1).

Cette seigneurie portait le nom de Beaurepaire-en-Chelers. Le 30 octobre 1730, Adrienne-Hélène d'Aoust, comtesse de Boursies, en disposa par testament en faveur de Messire Jacques Eustache d'Aoust, chevalier, seigneur d'Harponlieu. Son mari confirma cette donation, mais la terre de Beaurepaire fut vendue avant son décès à Yves Guislain Quarré Durepaire (2).

Une dame Desarnois possédait une autre portion considérable de la seigneurie et du domaine de Chelers. Elle la vendit à un nommé Truffier, fermier à Berneville. Quarré Durepaire en obtint le retrait, en prouvant qu'il descendait d'Adrien Morel par sa mère qui était une Payen.

Le moulin, plusieurs droits seigneuriaux et quelques rentes foncières appartenaient à Charles du Riez, comte de Willerval; Quarré Durepaire les lui acheta au mois de mars 1732, moyennant une somme d'environ 30,000 livres, pour éviter les procès entre co-seigneurs.

Quarré Durepaire réunit ainsi en sa personne toute la seigneurie et le domaine de la ferme de Chelers. Le chapitre d'Arras lui contesta la jouissance entière des droits honorifiques, en raison d'une seigneurie qu'il possédait dans le même village. Le procès fut porté devant le conseil d'Artois, et par une sentence du 3 juillet 1738, Quarré Durepaire, chevalier, maire de la ville d'Arras, fut maintenu dans les droits honorifiques de Chelers et le chapitre dans la haute justice sur quelques manoirs qui lui payaient des rentes, sans pouvoir l'exercer cependant sur les rues et flégards. Les parties en appelèrent au Parlement de Paris qui confirma cette sentence, le 5 septembre suivant.

On voyait encore, en 1736, quelques restes d'une tour élevée près de l'église. C'était le chef-lieu de la seigneurie séculière; on l'appelait la *Tour céleste* et ce nom est resté au fief.

L'église de Chelers est située dans le cimetière. Elle n'offre

(1) P. Ignace. Mém, t. vii, p. 164.
(2) P. Ignace. Dict. t. ii.

aucun intérêt architectural ; on y remarque seulement quatre pierres tombales. Le clocher consiste en une tour carrée, surmontée d'une flèche en bois, recouverte en ardoises.

Il existe dans la commune deux hameaux, Herlin-le-Vert et le Tirlet. La chapelle d'Herlin-le-Vert avait pour collateur le chapitre d'Arras qui partageait avec l'abbé de Loos la seigneurie du lieu.

Le Tirlet, Tirlay, Tirlai, Tillelet (Maillard), consiste en une ferme principale, entourée de quelques habitations, à une distance d'environ une demi-lieue de la paroisse. Il y avait jadis une chapelle sur le chemin qui menait à Chelers; elle est détruite. L'abbé de Loos près de Lille, était aussi seigneur du Tirlet.

Le prince Eugène établit son quartier général à la ferme du Tirlet en 1711.

FRÉVILLERS

Fresvillers, 1074 (God. inv. chron.).
Friévillers, 1269, 1276.

Un tumulus gaulois et des tombes gallo-romaines ont suffisamment démontré l'ancienneté de Frévillers. Ces tombes exploitées par M. Terninck, consistaient en tubes circulaires de 18 centimètres de diamètre sur 60 de hauteur, formés par des grés bruts et dressés. Au fond de ces tubes étaient plusieurs petits vases en terre et en verre; contre ces petits monuments se voyaient des amas de cendres, longs de 2 mètres, larges de 60 cent. et peu épais. On y trouva quelques vases, et il est probable que si l'on pouvait creuser en dessous, on rencontrerait les cadavres inhumés.(Terninck, étude sur l'Atrébatie, p. 407).

Le château de Chelers fut construit en 1743 (P. Ignace, Rec. T. 2). Au XIe siècle, Wautier Ier, châtelain, vicomte de Douai, possédait la seigneurie de Frévillers; il donna la moitié de sa terre à la collégiale de Saint-Amé, en 1074. Le défrichement d'un bois, appartenant aux hospices d'Arras, situé à Frévillers, et provenant de l'abbaye de Loos, a fait découvrir des restes de constructions s'étendant sur une grande superficie de terrain. Ce bois faisait partie du domaine de Frévillers. Il fut vendu en septembre 1276, par Jean, sire du lieu, à l'abbaye de Loos. Cette communauté religieuse y possédait une ferme nommée Rogessart, dont l'emplacement, après sa destruction pendant les guerres du xviiie siècle, s'est appelé le vieux *Rossart*.

Pierre de Frévillers, devant partir pour faire la guerre aux Albigeois, au commencement du xiie siècle, adandonna quelques dîmes à l'hôtellerie d'Aubigny. (Chron. d'Aub.). Adrien Morel, seigneur de Frévillers était chevalier d'honneur du conseil d'Artois en 1584.

Le village de Frévillers figure parmi ceux qui ont été ravagés pendant les guerres de 1537 à 1554. (Ch. d'Héricourt). Claude de Froissies, écuyer, était seigneur de Frévillers de 1556 à 1589. (Ach. cons. Art. B. 711).

Frévillers était un des fiefs nobles possédés par Messire François Joseph de Beauffort, seigneur de Lassus, du Saulchoy, du Cauroy, de Frévillers etc., etc. Il lui venait de la succession d'Antoinette Adrienne de Mont-St-Éloy, sa mère.

Le sieur Duriez, comte de Willerval, était propriétaire de la terre de Frévillers en 1700.

M. de Mailly-Couronnal hérita de madame la marquise de Monchy une partie considérable du domaine de Frévillers, 1759.

La dîme de ce village appartenait anciennement à l'abbaye du Mont-St-Éloy, au prévôt de la collégiale d'Aire, et à la chapelle de la maladrerie d'Aubigny.

Les habitants entretinrent longtemps un chapelain qui ne pouvait remplir d'autres fonctions curiales que celles qu'il plaisait au curé de Magnicourt de lui permettre. Mais en 1775, la chapelle, dont la construction remontait à 1733, date inscrite au-dessus du portail, et qui était dédiée à Sainte-Anne, fut agrandie et érigée en paroisse dépendante du doyenné de la Comté. Le curé y fut à la portion congrue.

L'église de Frévillers a été vendue nationalement et achetée par une personne qui la rendit au culte en 1802.

A part des armoieries que l'on peut à peine reconnaître au-dessus du portail, cette construction ne présente aucun intérêt archéologique.

FRÉVIN-CAPELLE

Fréving, 1149 (Inv. ch. d'Artois).
Févring, 1149 (Inv. ch. d'Artois).
Févrin, 1293 (Id.)
Fervinum, 1460 (Id.)
Frivinum, (Id.)

Ce village, de faible importance, est situé sur la petite rivière de la Scarpe, dont les eaux font tourner un moulin à farine, situé sur son territoire. Il dépendait anciennement de la paroisse d'Asnières; la séparation s'en fit vers 1150. Frévin fut alors érigé en cure et l'on y annexa Capelle.

La terre de Frévin a été longtemps l'apanage des seigneurs de ce nom. Le sire Bauduin de Freving est témoin d'une charte du prieur d'Aubigny, en 1152. Il est fait mention de Gilles de Frévin dans une quittance de 1298 (Inv. ch. d'Art. A 153.)

En 1326, nous voyons que Robert Regnart, seigneur de Fréving, écuyer, homme du château d'Aubigny, est présent à un acte d'acquisition faite par la comtesse Mahaut (20 janvier). (Inv. des ch. d'Artois, liasse A, 453.)

Des auteurs des xv° et xvi° siècles, en latinisant le nom de Frévin par *Frivinum*, parlent en termes élogieux de deux seigneurs de ce lieu : François et Jean de Bernemicourt, gouverneurs de Béthune.

En 1710, François Leblond et Marie-Anne Brodel, sa femme, fermiers du marquis de Saluces-Bernemicourt, firent bâtir, au nord de Frévin, une chapelle qui existe encore; tous deux ont été enterrés dans la nef de l'église paroissiale, près de l'autel, du côté de l'évangile. Leur épitaphe, gravée sur un marbre bleu, était enchâssée dans un cadre de pierres, avec sculptures, et scellée dans la muraille. Il y était fait mention de quelques obits fondés par eux dans la même église.

La seigneurie de ce lieu, après avoir été quelques siècles dans la Maison de Saluces-Bernemicourt, passa, après la mort de la comtesse de Lannion, tante paternelle et héritière du marquis de Saluces, dans la famille de Gûines, dite de Souastre. (P. Ignace, Add. aux Mém., t. v, p. 435). Elle appartenait, à la fin du XVIIIe siècle, au sieur Isbrandt de Lendoncq.

La maison seigneuriale était située au bas de l'église; il n'en restait plus, vers le milieu du XVIIIe siècle, d'autres vestiges qu'un fossé et quelques vieux murs, le long desquels coule un ruisseau dont la source est sous un des bâtiments de cette maison, aujourd'hui propriété de M. Candelier. Sa position même, au bas de la colline et sur la rive gauche de la Scarpe, nous fait croire qu'elle fut l'emplacement d'un des châteaux-forts dont les rives de la Scarpe étaient garnies.

L'église fut reconstruite, en 1551, date qui se voit très-lisiblement au milieu de l'arcade du portail. Un jugement provisionel, rendu au conseil supérieur d'Artois, en 1732, condamna les abbé et religieux du Mont-St-Eloy à faire reconstruire le chœur de l'église de Frévin-Capelle (Invent. des ch. d'Artois, série B, 154). La voûte, de petites pierres blanches, est en ogive ; les arêtes en sont saillantes et leurs nervures anguleuses se terminent à leur point de jonction par des culs-de-lampe. Vendue pendant la tourmente révolutionnaire, elle fut achetée par un habitant qui, au moment du rétablissement du culte, l'a rendue intacte.

A l'entrée de l'édifice, s'élève une belle tour en pierres grises, percée de meurtrières et surmontée d'une galerie et d'une flèche octogone, en pierres blanches, ornée, aux huit angles, de sculptures. La hauteur de la tour est de 20 mètres, et celle de la flèche de 40 ; elles ont été achevées en 1649. Les armoiries du seigneur de Frévin-Capelle et celles de sa femme se voyaient sur certaines parties des clefs de voûte. C'étaient les armes de Bernemicourt.

GOUY-EN-TERNOIS

Goy ad thenam 1228. (Cart. d'Aub).
Goy en ternoi 1229 (Cart. d'Aub).
Gouy-ternas.

Parmi les dépendances principales de l'abbaye du Mont-Saint-Eloi, Gouy-en-Ternois tient un rang assez élevé. Si petite que soit une localité, ses annales ne laissent pas que d'offrir un certain intérêt, lorsqu'elles se rattachent à l'histoire d'un puissant et célèbre monastère.

Gouy-en-Ternois, *Goy* (1) *ad Thenam*, était ainsi surnommé, parce que la rivière de la Ternoise avait jadis une source en ce lieu. Ce village dépendait du diocèse de Boulogne, du Parlement de Paris, de l'intendance d'Amiens, baillage et recette de Saint-Pol. On comptait 175 habitants vers le milieu du xviiie siècle (2).

En décembre 1229, Hugues de Châtillon, comte de Saint-Pol, donne à ses sujets de Goy-en-Ternois la loi et la coutume de Saint-Paul, à la condition de lui payer, tous les ans, un muid d'avoine.

On voit dans la chronique de l'abbaye du Mont-Saint-Eloy, rédigée, en 1607, par le religieux André le Vaillant, que le châtelain Wantier donna à ce monastère des biens situés à Gouy-Ternas, vers Saint-Pol, 1068-1108.

Nous trouvons dans le cartulaire du prieuré d'Aubigny, déposé aux archives départementales, la charte de commune de Gouy-en-Ternois ; cette pièce inédite n'est pas sans intérêt :

« C'est li lois de Goy-en-Ternois.

« Jou Hues de Casteillon, quens de Saint-Pol, à tous chaus y
» ceste presente cartre esgarderons. Ke jou tous les homes de
» Goy ai quitté de toute corwée sauf men droit et me justice
» permanaulement. Jou ai octroyé aussi as devant dis homes
» en le devant dite ville avoir eskievins à le loy et à le coustume

---

(1) *Goy* est un mot celtique qui signifie Bois.
(2) Mss. père Ignace — add. mém. du diocèse d'Arras tome IV, page 1255

» de Sainct-Pol. Lesquels mes droits feelement warderont. Et
» les fourfais de cele ville à le loy et à le coustume de Sainct-
» Pol rentreront a mi et a mes hoirs. Pour les devant dites loy
» et coustumes les devant dis homes paieront à mi à mes hoirs
» cascun an au nouvel un mui d'avoine à la grand-mesure de
» Sainct-Pol. Sauve toutes mes rentes et sauf men droit et
» toute me justice sauve. Et pour chou ke toutes ces coses per-
» maignent fermes, jou ai donné cestre cartre enfortie du war-
» nissement de mon scel. Ce fu fais à l'an de l'incarnacion Nostre
» Seigneur mil deux cens et vint wit, au mois de décembre (1). »

Ce village fit partie de la dot de Jeanne de Châtillon en 1376 (2).

En décembre 1540, le duc de Bourgogne accorda des franchises à la commune de Gouy-Ternas (3).

L'abbaye du Mont-Saint-Eloi avait à Gouy un prieuré fondé au XIIIe siècle. Malgré nos investigations les plus minutieuses, nous n'avons pu retrouver l'origine de cette fondation. Une inscription existant encore de nos jours, et posée dans l'église par les soins du prieur Nicolas Debray, constitue les seuls docu- qui nous ont permis de rétablir la suite, maintes fois interrompue, des religieux qui ont administré cette maison.

Sire Maximilien de Mazinghem était pasteur de Gouy en 1597; il fut fait prisonnier par les troupes du maréchal de Biron, et remplacé par Victor-Alexandre Lereutre, natif d'Arras et économe au Mont-Saint-Eloi. Ce dernier mourut, en 1623, à l'âge de 57 ans.

Vindicien de Carion lui succéda; ce prieur se fit remarquer par une grande érudition, et mourut le 23 mai 1635.

S. Dambrine, 1699.

S. Lecesne, 1702.

S. Aubert Worms, 1717.

S. Etienne Beils, 1718.

S. Gaspard Delewarde, originaire de Tournay, fut maitre des

---

(1) Harbaville. Mém. hist. t. 11 page 264.
(2) Turpin. Histoire de Saint-Pol.
(3) Hippolyte Cocheris. Documents manuscrits relatifs à l'histoire de la Picardie. Tome 11 page 717.

novices à l'abbaye du Mont-Saint-Eloi; ses vertus et sa piété le firent placer à la tête du prieuré de Gouy. Il y décéda le 12 septembre 1733.

S. Jean-Baptiste Hémart, 1735.

S. A. Chauvin, 1741.

S. Eloi Macquart, bénéficier de Caumont, 1749.

S. M. Piçavet, 1771.

S. Ambroise Chebeaud, 1789.

S. Antoine Legentil termine la liste des prieurs de Gouy-en-Ternois. Nous avons retrouvé dans le cimetière communal, contre la porte de l'église, la sépulture de ces deux derniers religieux. Celle de S. Chebeaud est surmontée d'une modeste croix de bois portant l'inscription suivante :

« M. Ambroise Chebeaud, chanoine régulier du Mont-Saint-
» Eloi, prieur et curé de Gouy, mort le 30 mai 1799. »

On lit sur celle de M. Legentil les vers suivants :

« D'un oncle qui m'aimait autant que je l'aimais,
» Repose en cet endroit la dépouille mortelle.
» Il n'est plus ! mais son cœur, sa vertu, ses bienfaits,
» Rendront chez son neveu sa mémoire éternelle.
» Puisse ce monument consacrer à jamais,
» Et ma reconnaissance et mes justes regrets (1). »

En 1793, le prieuré fut vendu à M. Lefrançois, maître de poste à Arras, et racheté, plus tard, par S. Legentil, qui en fit don à M. Legrand, curé de Longpré et ancien religieux. Les héritiers Legentil dépossédés, intentèrent en vain un procès à ce dernier. Par la suite, les bâtiments furent vendus à M. Willerval de Séricourt, qui les a fait démolir.

M. Legentil, qui portait une grande affection aux habitants de Gouy, enrichit l'église d'un morceau de la vraie Croix. Cet édifice ne fut pas vendu nationalement : il n'offre, du reste, rien de remarquable sous le rapport de son architecture et de ses ornements extérieurs.

---

(1) Nous devons cet hommage rendu à la mémoire du prieur de Gouy, à la plume d'un de nos plus anciens chanoines du chapitre d'Arras, M. Derguesse neveu de M. Legentil.

HERMAVILLE

Hermetis villa.
Hamartvilla. 1099 (Mirœus, op, dipl.).
Hamarville, 1299 (Inv, ch. d'Art.).

L'origine de ce village remonte à la plus haute antiquité. Son nom est composé de deux mots : l'un grec, *hermès*, Mercure; l'autre, *villa*, campagne; c'est-à-dire campagne de Mercure. On présume qu'avant l'établissement du christianisme dans nos contrées, Hermaville était un lieu consacré à cette divinité du paganisme. On prétend même que l'hermopolis dont font mention plusieurs auteurs latins, est le castrum d'Hermaville, qui aurait d'ailleurs été assiégé par César.

L'évêque Lambert accorda, en 1099, à l'abbaye d'Etrun, l'autel d'Hamartvilla, à la prière de l'abbesse Fulgence.

Un sceau de Colard Payen de Habarcq de 1448, nous apprend que le 2 avril de cette année, Robert de Miraumont fut mis en possession de terres à Hermaville (Demay, sceaux de Flandre et d'Artois).

Au XV° siècle, la terre d'Hermaville appartenait à Philippe de Longueval, seigneur de Cramailles et d'Haraucourt. Un de ses descendants la vendit à la fin du XVI° à Marie de Lens, veuve de Charles d'Egmont. Comme elle n'avait pu rembourser l'argent qu'elle avait emprunté pour acheter cette seigneurie, les créanciers la firent vendre par décret sur Procope d'Egmont, son fils ainsi que la terre de Duisans qu'elle avait acquise en même temps. De Rouvroy, bourgeois d'Arras, père de la fondatrice du bâtiment de la pauvreté de cette ville, se fit adjuger ces deux terres. Le comte d'Egmont chercha à les retirer de ses mains, et les fit retraire en son nom par Antoine Dubois, qui devint conseiller au conseil d'Artois; certaines conditions n'ayant pas été remplies de la part du comte, ces domaines restèrent à Dubois, et ses enfants en devinrent propriétaire à sa mort.

La terre et seigneurie d'Hermaville valait 2,000 livres de rente en 1730. Elle relevait de celle d'Aubigny; un droit de terrage sur 1200 mesures de terre dont 300 appartenaient au seigneur d'Aubigny, y était attaché.

Le château d'Hermaville était un des plus anciens du pays. Flanqué de tours et ceint de fossés profonds, mais à sec, il résista à plusieurs attaques. Pendant le siége d'Arras de 1640, les Espagnols s'y retranchèrent et dans leurs sorties, ils harcelaient les Français. Ceux-ci maîtres des environs de la ville d'Arras, firent raser le château, sur les fondations duquel on bâtit une ferme seigneuriale.

Entre autre fiefs situés à Hermaville, nous signalerons la seigneurie d'Hénu. On voyait encore en 1774, dans la rue de Tilloy, les restes d'une vieille maison qui dut servir autrefois d'habitation à quelque gentilhomme. Ce manoir avait appartenu, en 1541, à Jean Clément, et était resté par succession à Barbe des Wastines, épouse de Galametz, écuier, seigneur du Cauroy, qni vivait en 1575. Il est vraisemblable que c'est lui qui fit bâtir ce corps-de-logis, puisque ce sont ses armoiries et celles de sa femme qu'on voyait sur la porte. En 1634, cette maison seigneuriale fut vendue avec le terrain à Jean Hannard, bourgeois et marchand à Arras qui la céda en 1680 à Jean Lefebvre fermier à Hermaville.

Le village était divisé en deux parties distinctes : le bailliage qui dépendait de la gouvernance d'Arras, et l'échevinage.

Le château actuel a été construit en 1775 par M. Maurice Quarré de Beaurepaire.

L'ancienne église d'Hermaville avait trois nefs. Anne Joseph Dellano de Velasco, épouse en premières noces de Louis François Dubois de Hoves, de Lassus, etc. seigneur d'Hermaville et fils puiné de l'acquéreur de cette terre, morte à Arras le 25 juillet 1732, fut inhumée dans le choeur : son épitaphe était en marbre blanc, enchâssée dans la muraille, du côté de l'évangile.

Il y avait à Hermauille un bénéfice ou chapelle chargée de deux messes par semaine. Elle était à la collation de l'abbesse d'Etrun et valait 100 francs en 1731. Le fils d'Ambroise Palisot d'Incourt, Ier président du conseil d'Artois, en fut pourvu par

Marie Madeleine de Champigny, abbesse d'Etrun en 1728. Le seigneur d'Hermaville prétendit que ce bénéfice était une chapelle castrale fondée pour la commodité de sa maison. Antoine Dubois voulut obliger le titulaire de résider ou de commettre un prêtre pour acquitter les messes dans l'église paroissiale. La chapelle ayant été supprimée, l'affaire resta sans résultat (P.. Ignace, dict. t. III, p. 369).

L'église actuelle, construite en 1782, a été vendue nationalement et rendue au culte après la révolution. Le clocher date de 1659. La tour surmontée d'une flèche également en pierre, de forme hexagone et élégamment dentelée aux angles, est très-élevée. Cet édifice présente une singularité assez originale qui a été signalée en 1856 par M. le chanoine Van Drival. C'est un moulin à bras à moudre blé, installé au beau milieu du clocher; les meules portent les marques d'un long service. La cage en chêne est un ouvrage de charpente dans le genre du dernier siècle; elle paraît aussi avoir longtemps servi.

IZEL-LES-HAMEAU

Izelers 1248 (Cart. d'Aub.)
Izers, 1249 (Cart. d'Aub.).
Izez, 1650 (Cart. d'Aub.).
Izel-lez-Avesnes. 1720 (P. Ignace).

Les nombreuses fondations retrouvées dans ce village semblent indiquer l'existence d'un ancien *castrum* romain (Terninck). Izel dépendait en partie du bailliage d'Avesnes, en partie de la gouvernance d'Arras, élection et conseil d'Artois, parlement de Paris, subdélégation, recette et gouvernement d'Arras, intendance de Picardie à Amiens. La terre et seigneurie d'Izel appartenait anciennement à la maison de Habarcq. Marie, dernière du nom la porta en mariage à Gilles de Lens. Leur petite fille, épouse de Charles d'Egmont, la vendit par contrat du 23 décembre

1634, à Hector Cuvellier, lieutenant d'Izel pour Gilles de Lens. Jean de Beaucourt est repris dans l'acte comme fermier du prieuré d'Aubigny. Depuis cette époque, Hector, après lui Marguerite Cuvelier, puis Philippe Cuvelier, conseiller au conseil d'Artois, et après ce dernier Philippe Guislain, son fils, prêtre et chanoine de la collégiale de Saint-Pierre d'Aire, furent reconnus comme seuls seigneurs justiciers.

Au XVIIIe siècle, la terre d'Izel devint la propriété de Philippe François de le Baize, seigneur de Virre-Casseau près Tournay, et resta indivise avec le prieur d'Aubigny. Cette communauté possédait dans le village une ferme et un domaine très importants. Déjà, le 14 décembre 1703, le chanoine Philippe Guislain Cuvillier avait présenté une requête au conseil d'Artois contre le curé pour l'obliger à le recommander seul au prône, et à faire rendre à son lieutenant les droits honorifiques dûs à sa personne. Le prieur d'Aubigny, se prétendant seigneur d'Izel, s'y était opposé. Une sentence du 8 avril 1704 renvoya les parties pardevant le conseiller Claude Dambrines. Pendant l'instruction du procès, Messire Eugène François de Béthune des Planques, marquis d'Hesdigneul, qui possédait deux fiefs importants sur Izel et Manin, présenta de son côté une requête dans laquelle il réclamait les droits honorifiques dans l'église, à l'exclusion du prieur d'Aubigny et de Philippe Cuvelier.

Par sentence du 24 mai 1710, confirmée par le Parlement de Paris, le conseil d'Artois adjugea alternativement au prieur d'Aubigny et au seigneur de Virre-Casseau les droits honorifiques. Il fut décidé qu'on tirerait cette année au sort à qui des deux ils appartiendraient et que l'autre en jouirait l'année suivante, et ainsi successivement. Les arbres qui étaient sur la place, furent aussi partagés au profit des deux seigneurs, sauf à indemniser de la moitié celui qui prouverait les avoir plantés. Les dépens furent compensés, sauf ceux du marquis d'Hesdigneul qui dut les supporter entièrement par suite de la nullité de son intervention.

Il y avait encore à Izel deux seigneuries vicomtières, tenues toutes deux de la seigneurie principale. C'était d'abord la seigneurie d'*Hannart*, ayant plusieurs mouvances et qui appartenait, en 1661, à Guislain Thellier; puis celle de Vaulx-en-Izel dont Bertrand de Boffles, seigneur de Manin, Tilloy-les-Bapaume etc. était propriétaire à la fin du xvi⁰ siècle. Elle passa ensuite dans la famille Duhamel; elle appartenait, en 1673, à un ecclésiastique nommé de Roza. Nous citerons encore le fief de Villeroye en Pouch, qui formait anciennement une dépendance d'Izel.

En 1710, les habitants d'Izel arrêtèrent la marche d'un détachement ennemi qui voulait pénétrer dans le village. Ils eurent le temps d'emporter leurs effets les plus précieux. Mais après leur départ, Malboroug qui était campé à Villers-Brûlin, fit mettre le feu aux habitations, et les soldats s'emparèrent de celle des trois cloches qui n'avait pu être transportée à Arras. (P. Ignace, dict. t. 3 p. 578).

Le château d'Izel-les-Hameaux a dû être anciennement un édifice très-important, s'il est permis d'en juger par toutes les haies des manoirs plantées sur d'anciennes fondations, et par les puits qui existent encore dans les alentours.

Izel eut sa coutume particulière en 1507.

Cette paroisse possédait une église monumentale avant la révolution de 1793. On y voyait les armoiries des maisons d'Habarcq et de Lens au-dessus du grand portail et sur la plus grosse cloche. Le prieur d'Aubigny, sire Acolet, avait fait placer ses armes sur un des vitraux de la chapelle de Saint-Pierre, à côté de celles du sieur de Roza, seigneur de Vaulx-en-Izer (P. Ignace, suppl. aux mém. p. 328). La tour seule est restée debout. On ignore l'époque à laquelle elle fut reconstruite. Elle porte au frontispice, il est vrai, la date de 1723; mais on pense que sa construction remonte plus haut. Elle n'offre aucun intérêt au point de vue artistique. Les baies qui forment les ouïes de la cloche sont ornées chacune d'une ogive géminée. Carrée à sa base, elle se termine par un hexagone surmonté d'une flèche en ardoises. A cette tour d'une grande élévation et qui mesure au portail sept mètres de côté, on avait joint, à la restauration du culte, une chétive construction en torchis et couverte en chaume. En 1846, on parvint à rebâtir le chœur dans d'assez belles proportions, en pierre blanche du pays, mais la nef était toujours la misérable grange élevée en 1802.

En 1866, on reconstruisit le corps de l'église à l'aide de cotisations volontaires et sous la direction de M. Carré, architecte à Arras. L'église composée de trois nefs, a 18 mètres de longueur sur 11 mètres de largeur. Le style est celui du XIII° siècle. Les voûtes sont en plâtre : celle de la nef médiane accuse la forme ogivale, mais celle des bas-côtés est plate. Toute la construction est en pierre blanche du pays. Deux autels, également en pierre et d'une belle exécution, terminent les petites nefs. Le pourtour intérieur de l'église est orné de statues, parmi lesquelles on remarque celles de la sainte Vierge et de saint Pierre, patron de la paroisse ; elles sont sculptées en bois et polychromées. Un chemin de croix en carton-pierre, d'un prix élevé, est incrusté dans les murs. (Ann. Robitaille).

Hameaux, section d'Izel, dépendait au XIII° siècle, de la commanderie du Temple à Haute-Avesnes.

LA COMTÉ

Conteium, 1074, (Charte).
Contès, XII° siècle.
Le Comté, XII° siècle.

Alleu patrimonial des châtelains de Douai, la moitié de la terre de La Comté fut achetée, en 1074, par Wantier Ire, à son frère Hugues et donnée en 1081, au chapitre de Saint-Amé de Douai. (Chartes de 1074. — Diplôme du comte, du roi et de l'archevêque, 1076, de l'évêque 1081. — Brassart, Flandre Wallonne).

Cette collégiale y jouissait d'une portion de dîme : chaque année, à l'occasion de la cérémonie publique de la *candoule*, un habitant de La Comté apportait solennellement une botte de cresson à la tête de la procession de cette église, qui avait lieu le 19 octobre. Cette coutume, aussi étrange que peu connue, tirait son origine d'une amende honorable faite à Saint-Amé, pour un homicide commis à La Comté, sur une dépendance du chapitre. Elle ne fut supprimée qu'en 1776.

Une famille du nom de Hennekins de Le Comté possédait cette terre dès le XIIe siècle. Au XVe, elle appartenait à la maison de Licques: Porrus de Licques en était propriétaire, lorsqu'il épousa Alix, fille du seigneur de Monbernanchon, et arrière petite-fille de Bon de Saveuse, gouverneur de Béthune. Elle passa ensuite à la maison de Guerboval. On voyait jadis sur les vitraux de la chapelle, à droite du choeur, les armoiries de la famille de Verchin et de ses diverses alliances. On remarquait aux fenêtres de celle de gauche les armes de la maison de Ghistelle : en effet les seigneurs de Verchin furent longtemps propriétaires de la seigneurie de La Comté, et plusieurs d'entr'eux avaient épousé des demoiselles de Ghistelles qui jouissaient de cette terre, soit à titre de douaire, soit comme mères et tutrices de leurs enfants.

Le baron d'Esclebecque, issu de la famille de Guerboval, devint propriétaire de la seigneurie de La Comté au XVIIIe siècle.

Les religieux de l'abbaye du Mont-Saint-Éloy, qui desservaient l'église, y possédaient une ferme importante. L'abbé de ce monastère prétendait être seigneur du clocher, et par suite, jouir des droits honorifiques. Un long procès s'éleva entre l'abbaye et les seigneurs séculiers. Enfin, par arrêt du parlement de Paris rendu vers l'an 1227, la seigneurie de l'église et les droits honorifiques furent adjugés à l'abbé du Mont-Saint-Eloy au détriment du baron d'Esclebecque. (P. Ignace, dict. t. II, p. 327) La maison seigneuriale n'était alors qu'un petit corps-de-logis, surmonté d'une tour hexagone, en briques, construite sur le bord de la rivière.

Le prince de Berghes fut le dernier seigneur de la Comté.

Il y avait en outre deux seigneuries vicomtières appartenant aux sieurs Le Pipre et Herman. (Rol. des 20es de 1757.

François Ier, allant secourir Saint-Pol assiégé par les impériaux, en 1537, s'arrêta au château de La Comté. (Turpin, histoire de Saint-Pol).

Ce village eut sa coutume particulière rédigée en 1507.

L'église de La Comté fut construite lorsque la famille de Verchin possédait la seigneurie. Elle a trois nefs et est élevée sur une belle fondation en grès. On voit à l'intérieur deux rangs de colonnes. Il y a trois sortes de fenêtres dans cette église; celles du chœur se terminent carrément; celles du bas côté droit sont en ogive; celles du bas côté gauche finissent en cintre. Les stalles sont sculptées. Une des dalles de marbre servant de pavé est surmontée d'une couronne avec fleurs de lys; quatre écussons se trouvent en bas. La tour date, dit-on, du XIVᵉ siècle; c'est la partie la plus ancienne de l'édifice. La nef de droite remonte à l'an 1575; celle de gauche est de 1708. Le chœur n'a été reconstruit qu'en 1785, par les soins des moines de l'abbaye du Mont-Saint-Éloy. Cette église, vendue nationalement, a été conservée.

La Comté, situé dans une vallée à 6 kil. d'Houdain, est traversé par la petite rivière de la Lawe et le ruisseau dit le Bajeul, qui sont alimentés par six fontaines : fontaine sous le Mont, fontaine Rochet, fontaine Cornillot, fontaine Marlette, fontaine du Bajeul et fontaine St-Germain.

Les dépendances de la commune sont : la Petite-Ville, le Grand Rietz, le Petit Rietz, la Rochelle, la Grande rue et le Bajeul. Elle vient d'être dotée d'une halte sur le chemin de fer de Bully-Grenay à Buyas

LA THIEULOYE

Des meules en pouding trouvées sur le territoire de cette commune, semblent lui donner une origine gauloise (Terninck).

Le sire de la Thieuloy était chevalier banneret d'Artois au XIIᵉ siècle. (Le Carpentier, Hist. de Cambrai).

Guzelin, écuyer, faisait partie de l'expédition d'Oisy, en 1254. La terre de La Thieuloye appartenait, en 1550, à Jean de Bernemicourt, marquis de Saluces. Le parlement de Paris rendit, le 25 avril 1704, un arrêt au profit du sieur Delgove, concernant la seigneurie de La Thieuloye.

Il reste quelques ruines d'un château-fort qui servait de résidence au seigneur de l'endroit. La rue d'Allongeville semble en avoir été l'ancienne avenue.

Ce village a produit un homme qui a la triste célébrité du crime : Robert-François Damiens, ce misérable qui, le 5 janvier 1757, commit un attentat sur la personne de Louis XV, était né le 15 janvier 1715. Il périt dans d'affreux supplices, le 28 mars 1757.

Avant 1789, La Thieuloye était une annexe de La Comté. L'ancienne église, de chétive construction, et trop petite, a été reconstruite en 1868. Le nouveau sanctuaire n'a qu'une seule nef ogivale, longue de 25 mètres, y compris la tour, large de 8 mètres 50, haute de 12 mètres. La tour est aussi large que la nef ; elle supporte deux tribunes superposées, s'ouvrant sur l'église par six belles arcades, tandis que dans sa partie basse elle contient la chapelle des fonts baptismaux et la cage de l'escalier. Le chœur est aussi de la même largeur que la nef, car l'arcade qui existe à l'entrée, est très-peu saillante ; une niche ménagée dans le haut, jette sur l'autel un jour mystérieux. Derrière est placée une belle sacristie à voûte ogivale avec culs-de-lampe. Toute l'église est construite en pierre blanche du pays, sauf les bases des colonnes qui sont en pierre de Creil. Ces colonnes, soudées dans les murs latéraux, soutiennent les arcs-doubleaux et reçoivent les faisceaux des nervures qui s'épanouissent sur la voûte, en même temps qu'elles consolident l'édifice dont elles sont les contre-forts intérieurs. Chaque clef de voûte offre un pendentif symbolique ; les fenêtres sont gracieuses dans leur forme, en sorte que dans ce petit monument le bon goût, l'élégance et l'harmonie se joignent à la solidité, pour en faire une construction vraiment digne d'éloges. (Robitaille, ann. 1869.)

MAGNICOURT-EN-COMTE

Maigncurt, 1152, (Cart. d'Aubigny)
Maignicourt, 1202, (Cart. d'Aubigny)
Manicourt, 1639.

Samson archevêque de Rheims et légat apostolique comfirme par ses lettres de 1158, les possessions du prieuré d'Aubigny et entre autres la dîme de Magnicourt (chron. d'Aubigny).

La terre de cette commune est mentionnée dans les titres du prieuré d'Aubigny dès le xiie siècle, 1152, 1202. Le lieu dit *le champ l'or* rappelle, selon M. Terninck, l'époque Gallo-Romaine à Magnicourt. Le prieur de cette maison acheta, en 1220, la dîme de Magnicourt et de Rocourt, à Hugues Coullemont, qui la tenait du s^r de Bomy. Nous trouvons le nom d'Arnould, seigneur de Magnicourt, dans un acte de vente de 30 mesures de terres, faite par sa veuve au même prieuré, en 1230.

Ce domaine fut vendu par Jean de Frévillers, en 1276 (Godefroy, Invent. chron., t. 1er).

Magnicourt relevait du comté de Saint-Pol et ressortissait à quatre juridictions, savoir : la sénéchaussée de Saint-Pol, la gouvernance d'Arras, le bailliage d'Aubigny-le-Comte et le chapitre d'Arras avec quelques mouvances à Rocourt.

La seigneurie de Magnicourt appartenait, au commencement du xviie siècle, à la maison d'Ostrel. Achetée le 10 novembre 1648, par Martin d'Ostrel, seigneur de Beauquesnes et de Diéval, elle fut revendue par décret du grand conseil de Malines du 30 octobre 1651, au s^r de Melun.

La terre de Magnicourt était échue au s^r de Wasservass, seigneur d'Haplincourt, à la mort de son aïeul maternel N. de Béthancourt. Il la vendit, en 1720, à Guy de Sève de Rochechouart, évêque d'Arras. Ce prélat en fit l'acquisition à l'aide des deniers que le roi Louis XIV lui avait fait délivrer à titre de remboursement des terrains qui appartenaient à son évêché, et que ce prince avait pris pour bâtir la citadelle et construi l'esplanade, appelée aujourd'hui « le Jardin du Gouverneur. »

Cette seigneurie était indivise avec une autre que possédait le prieuré d'Aubigny. Il y eut à ce sujet de nombreux procès et contestations, terminés en 1730 par une transaction réglant les droits respectifs de l'évêque Baglion de la Salle et du prieur Damiens.

Nous voyons dans le role des 20es de 1757 que la comtesse de Guines était propriétaire d'une partie de la terre et seigneurie de Magnicourt et que M. de Beaulaincourt y possédait 2 fiefs.

En 1639, le maréchal de la Meilleraye vint attaquer le château de Magnicourt où il comptait faire rafraîchir ses troupes. Cette forteresse était défendue par 200 hommes de garnison qui s'étaient réfugiés dans la tour. Comme ils refusaient de se rendre, le maréchal fit approcher son artillerie et les portes ne tardèrent pas à tomber sous les coups de canon. Le château fut enlevé de force ; les soldats s'emparèrent des meubles que les habitants y avaient apportés comme en lieu sûr. Le commandant de la garnison fut pendu et avec lui plusieurs cavaliers de la garnison de Béthune qui s'y étaient réfugiés.

Le village de Magnicourt forme une vallée traversée par deux ruisseaux qui se rejoignent au hameau d'Houvelin et forment la rivière de la Lawe. Il est environné de bois et bosquets appelés le bois d'Houvelin, le bois sur le Mont, le Bois-Madame, le bois planté et le bosquet Fontaine.

L'église, construite en 1555, fut vendue nationalement et démolie. Elle a été reconstruite en 1825. Cet édifice n'offre rien de remarquable.

Deux hameaux dépendent de Magnicourt en Comté, Houvelin et Rocourt à l'eau.

Houvelin au XIIIe siècle, était tenu du chapitre de Saint-Amé de Douai. Au bout du village, vers la Comté et près du pont sur la Lawe, on remarque une élévation qui porte le nom de *Motte du vieux château*. Suivant la tradition du pays, les nombreuses fondations que l'on retrouve aux alentours seraient les restes d'un établissement ayant appartenu aux templiers de Haute-Avesnes. Le fief de la Motte a successivement appartenu au duc de Guernonval et au chevalier baron d'Escelbeck. Philippe de Willebien, sire de Treize, était seigneur d'Houvelin en 1715.

Il y avait autrefois à Houvelin, une chapelle bénéficiale desservie par le curé de Magnicourt.

Rocourt en l'eau, *Roillecourt, Rullecourt à l'eau, Raucourt à l'eau, Roucourt en l'eau*. Plusieurs maisons de ce hameau dépendent de Monchy Breton. En 1271, une chapelle fut fondée et dotée à Roucourt à l'eau par Bauduin, seigneur du lieu, la seigneurie de *Rocourt appartenait d'abord aux de Melun*, puis au XVIII° siècle au marquis de Cottes.

MAIZIÈRES

Maceriœ, 1269.
Maisières, 1324.

Ce village dont une partie dépendait du chapitre de la collégiale d'Aire, fut longtemps en litige entre la gouvernance d'Arras et le comté de Saint Pol. Il est mentionné dans l'enquête de 1269. (Harbaville, Mémorial hist.)

Nous rencontrons le nom de Jacques de Maisières dans un compte de 1324 (Invent. Chartes d'Artois A 429).

Jeanne de Maizières épousa Gilles de Mailly, 4° du nom, seigneur d'Authieules et de Wavrans.

Le comte de Rhunes était seigneur de Maizières, 1757.

L'église, dont la construction remonte à 1624, n'offre rien de remarquable.

Philippe de Caverel, 73° abbé de Saint-Vaast, naquit à Maizières en 1554. Cette commune compte encore au nombre de ses enfants, Dusaussoy, colonel d'artillerie, officier de la légion d'honneur, chevalier de saint Louis Appelé sous les drapeaux au commencement de la Révolution française, Dussaussoy entra comme simple canonnier dans l'artillerie et il passa par tous les grades cette arme jusqu'à celui de colonel de Il prit part à toutes nos glorieuses expéditions sous le Consulat et sous l'Empire. Il fut directeur de la fonderie de Séville et de celle de Douai, sous-directeur à Cambrai, colonel-directeur en Corse. Rentré du service, il fut député du Pas-de-Calais, et siégea pendant plusieurs années en cette qualité. Homme de savoir, laborieux, intelligent, il fit partie de plusieurs commissions importantes. Il était membre de la société d'émulation de Cambrai, membre honoraire de la société royale et centrale de l'agriculture, sciences et arts du département du Nord.

MINGOVAL

Mingheval, 1106 (Chartes).
Mangoval, 1259 (Chartes).
Mangouval, 1259 (Chartes).
Mongueval, 1299 (Chartes).
Mingovalle, 1526 (Chartes).

Gilles de Mingoval est qualifié de pair du chateau de Béthune dans une charte de Guillaume, avoué de cette ville, en 1210: Il est fait mention de messire Guibert, seigneur de Mingoval, dans les actes des plaids tenus à Arras en 1259: son successeur, Jehan, chevalier, accorda quelques mencaudées de terre au prieuré d'Aubigny, pour le repos de l'âme de ses parents; sa donation est datée du mois d'octobre 1277. Il était pair du comte de Béthune sous Philippe-le-Bel (Le Carpentier, Godefroy et Harbaville).

Le comte d'Artois mande à André et autres, gardiens de sa terre, de paier à Jehan de Maingoval, chevalier, 50 l. t. qu'il lui a données (Bergerac, 1er décembre 1276 (Inv. des arch. départementales, A 23) Robert de Mongueval, écuyer, est cité dans une quittance de 1299, (Ibid. A 153).

En 1307, Li sires de Maingoval étoit per de le castellerie d'Aubigny (Trésor, chartes d'Artois, B 428).

Nous voyons le chevalier Robert de Mingoval, assister à la vente faite, en 1326, à la comtesse Mahaut par Jehan Markades de Béthune, de sa terre de Pikeneheim (Trésor, chartes d'Artois,

B. 453). Enfin Pieron D'Aule de Mingoval, était officier de justice de la comtesse, en 1389 (Ibid. A. 486).

Au XIV° siècle, la terre de Mingoval appartenait à l'illustre famille de Lannoy. Hugues de Lannoy épousa, vers 1330, Marguerite, dame de Mingoval. Un de ses descendants, Antoine de Lannoy, fut premier maître d'hôtel de l'empereur Maximilien.

Lors de la prise d'Arras en 1492, Jean de Lannoi, seigneur de Maingoval, accompagnait Robert de Melun, Philippe de Belleforière, Philippe de Le Contay etc., etc., à la tête des troupes Bourguignonnes.

Cette terre resta près de trois siècles dans cette famille. Nicolas de Lannoy, seigneur de Maingoval, épousa Anne de Lallain fille d'Artus et de Jeanne d'Habarcq, dont il eut 2 enfants, Charles, mort en Espagne l'an 1591. sans postérité, et Bonne de Lannoy. Cette dernière, propriétaire de son chef de la terre de Maingoval, la porta en mariage à Messire Philippe de Sainte Aldegonde, seigneur de Noircarmes. Elle en eut quatre fils et une fille; Charles, La Moral, et Philippe de Sainte-Aldegonde moururent sans enfans avant leur mère: Maximilien, premier comte de Sainte Aldegonde, est resté seul héritier universel de ses parents. Anne sa sœur, épousa le comte de Mastaing.

Maximilien de Sainte-Aldegonde épousa 1° Marie de Lens, dont il eut quelques enfans; 2° Alexandrine de Noyelles. De ce second lit, sont issus François La Moral, Albert André et Eugène et plusieurs filles. Par testament conjonctif du 17 juillet 1624, Albert-André leur second fils, eut en portage entre autres terres, leur baronnie de Maingoval. (P. Ignace Mém. 6, p. 444).

Cette seigneurie fut vendue par expropriation au commencement du XVIII° siècle, à André Palisot, d'Incourt, receveur général des finances à Lille. Un de ses descendants, Palisot de Beauvois, la revendit au sieur de Wavrin, le 16 mars 1787. (Arch. dép.)

Le fief du Metz appartenait à François Ignace Rouvroy. (Rôle de 2° 1757).

La ferme de Mme la maréchale Randon, située près de l'église, est l'emplacement d'un ancien château-fort qui dominait le pays d'alentour. On voit encore dans les dépendances et les pâtures de nombreuses traces de fortification.

La famille de sainte Aldegonde résidait à Arras dans l'hôtel de Mingoval, situé rue de Baudimont.

Il y avait encore dans cette ville un hospice du même nom. Les carmes du faubourg Saint-Sauveur-lez-Arras s'y réfugièrent, lorsqu'ils furent chassés de leur maison pendant le siège de 1414.

L'église de Mingoval fut construite au commencement du xvie siècle. Les armes de la famille de Lannoi étaient représentées sur le mur extérieur de la chapelle de Saint-Liévin et celles de Sainte-Aldegonde sur la tour au-dessus du grand portail. Ce clocher date de 1599. L'église a trois nefs ; le chœur a été reconstruit en 1664, aux frais de l'abbaye du Mont-Saint-Eloi, sous la prélature de Pierre Leroi, qui y fit graver ses armoiries ainsi que celles de son monastère.

MONCHY-BRETON

Monciacum, 1202.
Monci, 1202.
Monchy-Vrety. (Cont. d'Artois.).
Petit-Monchy-le-Breton-en-Artois, 1140, (Maillard).

Il existe à Monchy-Breton un mont de terre d'une certaine importance, auquel M. Terninck donne une origine gauloise.

Ce village relevait au xiiie siècle de la terre de la Thieuloy. Il dépendait de la sénéchaussée de Saint-Pol, élection et conseil d'Artois, parlement de Paris, subdélégation et recette de Saint-Pol, gouvernement d'Arras et recette de Picardie. Les décimateurs étaient le prieur d'Houdain et l'abbé de Saint-Riquier.

La seigneurie de Monchy-Breton appartenait au commencement du xvie siècle, à Jacques Bâtard de Melun, archer de la compagnie de M. de Clèves, en 1518 (Moreri, t. 10 suppl. p. 41). Elle consistait en plusieurs rentes seigneuriales, en un droit de parcage, de terrage, en une maison de ferme et dépendances avec 155 mesures de pré et terres labourables et en sept arrière-fiefs. (Arch. de la famille d'Esclaibes). Jacques de Melun épousa, par contrat du 15 février 1519, celle de Manchicourt fille de Polrus, chef des échevins de Douai, en 1517 et de Marguerite de Villers. (Flandre Wallonne t. 3 p. 156).

Marie de Melun, leur fille, dame de Monchy-Breton, des Pourchelets, d'Isiers-en-Escrebieu (Izel-les-Equerchin), fut mariée en 1542 avec Jean de Hornes, seigneur de Coyghem (Recueil général, Rotterdam, 1775, p. 335). Ils ne laissèrent qu'une fille, Michelle de Hornes, dame de Monchy-Breton, Coyghem, Isert et des Pourchelets, qui épousa en 1569, Adrien d'Esclaibes, chevalier, seigneur de Clairmont en Cambraisis, fils de Georges et de Marie de Villers.

Au décès de Michelle de Hornes, arrivé en 1594, la terre de Monchy-Breton échut en partage à sa fille Aimée, qui fut alliée par contrat du 21 octobre 1603, (Arch. de la famille d'Esclaibes) à Claude de Carnin, seigneur de Lagnicourt. Ces deux époux furent enterrés en l'église des Dominicains de Douai. Leur pierre tombale est aujourd'hui au musée de cette ville. (Flandre Wallonne, t. 3, p. 158).

Antoine de Beaufort, s'intitule seigneur de Bailleul-aux-Cornailles et de Monchy-Breton, en 1650. Son fils, Louis François, vendit le 4 novembre 1719, la terre de Monchy au sieur François Deleval, Marquis de Crény, écuyer, sieur de la Marche et Gauchin Legal.

Le prévôt d'Aire et le seigneur de Bajus possédaient aussi une seigneurie à Monchy-Breton. Cette dernière fut vendue à Mlle de Bellenville, restauratrice des religieuses d'Houdain.

En 1757, M. Détreux s'intitulait sieur de Monchy-Breton, et y possédait une maison seigneuriale.

L'église de cette commune n'a pas été vendue nationalement, son architecture n'offre rien de remarquable. Elle n'a qu'une nef et deux chapelles latérales qui lui donnent la forme d'une croix latine.

ORLENCOURT

Hourlancourt (Père Ignace, 1740) est un hameau dépendant de la commune de Monchy-Breton. Il y avait 35 feux en 1732, et une chapelle de dévotion en l'honneur de Notre-Dame de Bon-Secours. Deux seigneuries existaient à Orlencourt : l'une à la maison de Guines-Souastre, l'autre au sieur Raulin de Lille.

PÉNIN

Un tumulus et les lieux dits, Les Bises Pierres et la Haute-Borne, semblent faire remonter l'existence de cette localité à l'époque gauloise (Terninck).

Galter de Pénin est témoin d'une charte de donation au prieuré d'Aubigny en 1182.

La terre de Pénin appartenait au xvie siècle à la maison de Béthune. Georges, quatrième fils de Pierre des Planques, seigneur d'Hesdigneul, et de Jacqueline de Hibert, est l'auteur d'une branche, connue dans son origine, sous le nom des seigneurs de Pénin, et plus tard sous celui des comtes de Béthune et de Saint-Venant. Un de ses petits-fils, Jean Philippe, fut religieux et abbé de Saint-Bertin à Saint-Omer.

Le comte de Béthune, seigneur de Pénin et député ordinaire des États d'Artois, pour la noblesse, fut chargé, en 1779, de soutenir le procès que les États eurent au conseil du Roi contre l'évêque François Baglion-de-la-Salle.

Il existe encore à Pénin, dans une vaste ferme appartenant au comte de Béthune, des tourelles à créneaux en assez bon état, restes de l'ancien château seigneurial. L'église a été reconstruite, en 1784. On remarque à l'extérieur du grand portail une dalle tumulaire en grès sculpté, représentant un religieux mîtré. C'est probablement celle d'un membre de la famille de Béthune. En effet, plusieurs d'entr'eux entrèrent dans les ordres ; Jean Philippe fut abbé de Saint-Bertin, Georges-Louis, connu sous le nom de Jean-Bertin de Pénin, fut capucin ; Léopold-Joseph, religieux de Saint-Vaast, devint prévôt de Gorre ;

Léon-Philippe fut chanoine de Saint-Omer, etc., etc. Malheureusement cette pierre est en partie brisée et les inscriptions sont complétement effacées.

Le choeur, qui était obscur, étroit et plus élevé que la nef, fut agrandi du consentement et aux dépends de Madeleine de Champigny, abbesse d'Etrun, en 1735, le comte de Béthune, fit en même temps rebâtir la chapelle seigneuriale.

DOFFINES.

Daufines, 1159, hameau de Pénin, est situé entre cette commune et celles de Berles, Izel et Villers-sir-Simon. Par nn acte du mois de juin 1259, Jehan Bridous, chevalier, seigneur d'Averdoingt, reconnaît tenir en homme-lige de Robert, comte d'Artois, sa terre de Daufine, sauf les féautés qu'il doit à Baudoin de Sus-Saint-Léger, à Hugues, comte de Saint-Pol, à Thomas, comte de Flandre et à Roger, seigneur de Dours. (Inv. som des Arch. départ. du Pas-de-Calais, t. 1er, A II, p. 15). La seigneurie se partageait entre Pruvost d'Arras, et de Ricametz de Brunelmont, oncle maternel du sieur de Valicourt d'Ambrines. Elle dépendait en partie du chapitre d'Arras. Charles-Étienne de Valicourt, écuyer, en tirait 200 livres de rente; elle fut achetée par le conseiller Dupuich, vers 1750.

SAVY-BERLETTE

Savia, 1182, (Cart. d'Aub.).
Savie, 1182, id
Savye, 1286, (Godefroye. inv.).

Savy-Berlette possède les traces d'un castrum ou forteresse gallo-romaine sur la motte qui porte l'église. Du côté du village, les traces des fossés et même de la motte sont très-peu visibles, peut-être parce qu'on les a nivelés; mais, du côté des prairies, on les distingue parfaitement, quoiqu'à plusieurs reprises, des travaux de remblai et de nivellement y aient été exécutés. Le sol de cette éminence contient, en outre, beaucoup de débris antiques. On a trouvé, en perçant une cave, des grands bronzes d'empereurs romains, des gardes d'épées, un casque en bronze et des vases en terre. Le casque, en forme de cloche surmontée d'une tige brisée, était entouré de pierres et recouvrait des ossements demi-calcinés et une cruche en terre jaune evidemment gallo-romaine.

Le mot Berlette semble dériver du mot celtique Ber, Bel forteresse, étymologie qui se trouve confirmée par les découvertes que nous venons de citer. (A. Terninck, *Etude sur l'Atrébatie.*)

L'autel de Savy appartenait en 1182, au prieuré d'Aubigny; plus tard l'abbaye du Mont-St-Eloy, construisit une ferme près de l'église Messire Adam de Savye paraît comme homme de fief aux plaids du comte d'Artois en mars 1286 (Godefroy, tom 1).

La fontaine Bourbon, au haut de laquelle s'élevait le château du même nom, la fontaine Reine, et le pré Madame, rappellent par leur dénomination le séjour qu'une branche de la famille des Bourbons fit dans cette contrée.

Des documents authentiques résultant d'un procès intenté pour la jouissance des droits honorifiques, ont fait connaître que la maison de Saveuse est la plus ancienne connue pour avoir possédé la terre de Savy-Berlette. On voyait encore en 1711 ses armoiries au-dessus de la table du grand autel. Elles durent y être placées au XIV° siècle par des titres établissant qu'en 1534 la seigneurie de Savy appartenait à la maison de Rouault.

Jean de Briois, membre du conseil d'Artois, achète la terre de Savy en 1608.

Une inscription sur les cloches de Savy, rapporte qu'en 1621 Marie Françoise de Boucherat, veuve de Messire Nicolas de Mailly-Fallar, sieur de Saint-Etienne et autres lieux, était dame de Savy; Pierre Cavrois en était curé depuis 36 ans, Jean Grisart, lieutenant, Adrien Duquesnoy, abbé du Mont-Saint-Eloy, et sir Abel Comet, prieur d'Aubigny.

Nous voyons en 1683, Guillaume de Boucherat et sa femme, s'opposer en qualité de seigneurs de Savy, à ce que ceux de Berlette jouissent des droits honorifiques dans l'église. Le comte d'Array, gentilhomme Picard, leur héritier par sa femme, vendit par contrat en date des 2 et 24 août 1697, la terre de Savy à Maximilien de Beaurain, membre du conseil provincial d'Artois.

Le village de Savy fut pillé et brûlé le 3 août 1711 par les troupes alliées, sous les ordres du comte de Tilly, général Hollandais.

Maximilien Denis de Beaurains n'eut point d'enfant de sa femme Marie Françoise Scolastique Duquesnoy; à leur mort survenue les 19 août et 16 septembre 1723, un procès s'éleva entre leurs héritiers au sujet du partage de la terre de Savy. Par sentence du conseil d'Artois de l'année 1751, la moitié fut attribuée au sieur Philippe Albert Cristophe de Beaurains, chanoine d'Arras, archidiacre d'Ostrevent, frère de Maximilien : l'autre partie échut au sieur de Fromentin, neveu de Marie-Claire du Quesnoy, soeur de sa femme. Le sieur d'Oye, écuyer, seigneur de Gouves et beau frère du chanoine de Beaurains, en hérita la terre de Savy en 1735.

La coutume de ce village fut rédigée en 1507. Il existait à Savy divers usages particuliers au sujet des honneurs dûs aux seigneurs de la localité. De tout temps, et sans doute jusqu'à la Révolution, on a offert le 4 juillet, fête de Saint-Martin, et pendant la célébration de la messe paroissiale, au seigneur, à son bailly ou lieutenant, un chapeau de fleurs et un gigot, représenté par trois deniers. Et au moment de la fête communale, ou ducasse, qui avait lieu le dimanche après la Saint-Martin, des tenanciers ou vasseaux, présentaient comme hommage au seigneur et à la dame de Savy ou à leur lieutenant, deux éteufs, un peigne et un miroir, objets que le seigneur abandonnait ensuite à la jeunesse comme pour l'engager à se livrer décemment quoiqu'avec ardeur, à ses divertissements. Le don des éteufs était significatif. Il indiquait le jeu auquel on devait donner la préférence. Et comme ce jeu exige un exercice tel que la chevelure peut facilement en être dérangée, au moyen du miroir, on voyait à l'instant en quoi consistait ce dérangement, que le troisième objet dont nous ne répétons plus le nom, servait à faire disparaître.

Nous voyons encore que le 28 janvier 1569, le lieutenant de

Savy reçut publiquement au portail de l'église, le serment des hommes de fief, pour faire le cahier du centième imposé par Philippe (II. B. Caffin, Ann. 1847).

Avant la révolution, le curé de Savy prélevait la dîme sur les territoires de Villers-Brulin et de Béthonsart et son église était décorée du titre de mère, parce que ces deux localités lui appartenaient avant 1282. C'était peut être parce que la dîme était si considérable, qu'aucune dotation n'était attachée à cette cure.

En 1554, année qui suivit celle de la destruction de Thérouanne l'église de Savy ainsi que bien d'autres, fct entièrement pillée, ravagée et brûlée par Jean de Touteville, seigneur de Villebon, général au service de Charles-Quint. Elle ne fut rétablie qu'en 1571, date qu'on lit encore sur celle qui existe maintenant.

Le 3 août 1711, le comte de Tilly, général des Hollandais, fit mettre le feu à cette église et à la tour. (B Caffin, Ann. 1847, p. 68).

Le clocher de Savy, de forme pyramidale, en pierre de taille, se distingue par son élégance. Il avait été bâti en 1640, après le siége d'Arras. Depuis les évènements de 1711, il a été bien rétabli, ainsi que l'église qui fut voûtée en 1730 et pavée l'année suivante. par les soins du curé de l'endroit, nommé Dufresne (Ibid).

Le hameau de Berlette, Berleta, xII° siècle, Bertelette, 1269, dépend de Savy. Hugues de Berlette était grand prévôt de Cambrai, en 1206. Un de ses successeurs, Thomas était trésorier du duc de Bourgogne, Philippe-le-Bon, en 1463. La coutume de ce village fut rédigée en 1507. (Harbaville).

Cet endroit avait ses pâturages distincts de ceux de Savy, ainsi que ses impositions, tels que centièmes, tailles, personnat, etc. Savy était au bailliage d'Aubigny-la-Marche. Berlette se divisait en grand et petit. Le grand Berlette dépendait d'Aubigny-la-Marche et le petit, d'Aubigny-le-Comte.

Les divers procès pour droits honorifiques, dont nous avons déjà parlé, permettent de rétablir la suite des seigneurs de Berlette.

Les villages de Savie et de Berlette, situés en Artois, n'ont que la même église paroissiale, située au milieu du village de Savy. En 1559, les seigneurs de Savy et ceux de Berlette demeuraient sous différentes dominations; les premiers sous celle de France, les seconds sous la domination d'Espagne. A cette époque, les trois cloches de l'église de Savie furent fondues. On mit sur la plus grosse l'inscription suivante :

» Martine par baptême suis nommée, ce nom m'ont donné noble dame madame Jacqueline *de Berlette*, veuve de M. Claude d'Oignies, chevalier, seigneur d'Estrées, dame propriéteresse dudit Berlette, fondatrice de l'église, sire Guillaume de la Ruelle, abbé du Mont-Saint-Eloy, sire Robert Huclier, prieur d'Aubigny, l'an 1559. »

En 1621, les seigneurs de Savy et Berlette, demeuraient encore sous ces différentes dominations: les trois cloches furent alors refondues et sur la plus grosse qui existe encore aujourd'hui, se lit cette inscription :

» Isabelle suis nommée par noble et puissant seigneur Messire Charles Philippe d'Oignies, chevalier, baron de Rolencourt, sieur d'Estrées, Berlette, et madame Eléonore Hypolite d'Oignies sa compagne, fondateurs de cette église, sire Adrien Duquesnoy, abbé du Mont-Saint-Eloy, sire Abel Comet, prieur d'Aubigny, 1621. »

Au milieu du 17e siècle, la seigneurie de Savy était possédée par la dame de Mailly-Fallard de Saint-Etienne. Dans le même temps, celle de Berlette appartenait au comte d'Estrées. Ce gentilhomme prétendant être aussi seigneur de Savy, en fit condamner le lieutenant comme étant allé à l'offrande. La dame de Saint-Etienne prit fait et cause pour son représentant. En 1668, le comte d'Estrées, qui avait épousé une dame de Croï, fit peindre ses armes entrelacées de celles de sa femme, sur un vitrage qu'il fit placer à la principale porte de l'église et mourut cette année, laissant beaucoup de dettes. Ses créanciers firent vendre le 10 juin 1683, son fief de Berlette, sous la clause suivante :

» Que les seigneurs de Berlette le sont aussi de l'église de Savy
» et qu'ils jouissent à ce titre des droits honorifiques.

La dame de Saint-Etienne combattit ces prétentions et l'affaire était loin d'être vidée, lorsqu'elle mourut à Amiens, lieu de son domicile.

Cependant une dame Thérèse de Geneviers qui avait acquis la terre de Berlette des créanciers du comte d'Estrées, suivit les errements de ses prédécesseurs et continua de se faire recommander au prône de l'église de Savy. Les véritables seigneurs de ce lieu absents depuis 125 ans, n'avaient commencé que depuis 18, à faire valoir leurs droits. Mais à l'exemple du comte d'Estrées, la dame de Geneviers fit mettre ses armes à l'une des vitres de Savy, ainsi qu'un prie-Dieu ou accoudoir dans le chœur. Elle fut même taxée en 1597, à 50 livres, comme dame de Savy.

La même année, Maximilien de Beaurain, conseiller au conseil d'Artois, ayant acheté cette terre, continua le procès intenté par sa devancière. Ayant fait enlever, en 1702, le prie-Dieu, une sentence du conseil d'Artois enjoignit de le remettre en place.

L'affaire devint bientôt un dédale inextricable. Non-seulement M. Lallart devenu en 1703, puis évincé et redevenu en 1706 définitivement propriétaire du fief de Berlette, soutint vigoureusement l'instance introduite par le comte d'Estrée et suivie par la dame de Geneviers; mais outre le conseiller de Beaurain, il rencontra dans sa route de nouveaux adversaires dans la personne de l'abbé de Saint-Eloy et du prieur d'Aubigny, qui prétendaient à la possession des mêmes droits honorifiques.

Enfin, par son arrêt du 14 juin 1715, le parlement de Paris ordonna que le curé de Savy serait tenu de présenter l'eau bénite la paix et l'encens à de Beaurain, à sa femme et à leurs enfants, s'ils en avaient, de la manière suivante : l'eau bénite par présentation du goupillon à chacun d'eux séparément, l'encens par trois fois à Beaurain, ainsi qu'à sa femme, mais chacun une fois à leurs enfants. La paix devait être portée à baiser à eux d'abord dans leur banc, puis à l'abbé de Saint-Eloy et à Joseph Delœuvacq, prieur d'Aubigny (B. Caffin, ann. 1847).

Nous avons vu qu'en 1706, le seigneur de Berlette était Bon Lallart. Deux ans après, cet opulent et vertueux artésien fut appelé aux Etats d'Artois, pendant la tenue de l'assemblée générale, à l'effet de prendre des mesures de concert avec l'intendant général de Bernage, pour payer cent mille écus demandés cette année, par les alliés à l'Artois. Bon Lallart se chargea de les leur faire remettre au moyen de lettres de change fournies sur des négociants d'Anvers et autres villes des Pays-Bas et de Hollande. Dans la suite, les états tinrent compte de cette somme à cet honorable citoyen à qui le roi, en récompense de ses services, envoya des lettres de noblesse qu'il ne jugea pas à propos d'accepter, pour ne point cesser ses importantes affaires commerciales. Il mourut en 1735, laissant un fils qui fut échevin de la ville d'Arras et seigneur de Berlette et de Sapignies.

TILLOY-LES-HERMAVILLE

Tiloium.
Tiliacetum, 1112.
Tilloys, 1182, (Cart. d'Aub.)

Le prieuré d'Aubigny possédait plusieurs parts de dîmes à Tilloy les Hermaville. La seigneurie appartenait, aux XV et XVI. siècles à la famille de Bernemicourt. L'inscription des deux cloches signale comme seigneurs de Tylloy, François d'Hébert, écuyer en 1605, et Eugène Dominique Xavier de Beaupré, en 1737. Avant 1789, cette terre donnait au comte de Waziers de Roncq entrée aux Etats d'Artois (Harbaville).

On retrouve encore auprès de l'église quelques traces d'un ancien château.

Avant la révolution, Tilloy était, comme aujourd'hui, annexe d'Hermaville et reconnaissait pour juridiction la gouvernance d'Arras et d'Aubigny-la-Marche.

L'église fut vendue et démolie. Reconstruite en 1812, elle menaçait ruines, lorsqu'un nouveau sanctuaire fut consaré le 29 juillet 1878. Il est de style gothique, construit en pierre blanche du pays. La voûte, d'une belle élévation est aussi en pierre blanche. Cette église n'a qu'une seule nef, mais elle est assez spacieuse pour la petite population de la paroisse. Un transept sépare cette nef du choeur, ses deux bras peu saillants contiennent cependant deux autels latéraux de bon goût et sont éclairés chacun par une rosace ornée de vitraux.

Le choeur a quatre fenêtres également ornées de verrières dont les sujets sont heureusement choisis. Cette église, sans s'appeler un monument, est une oeuvre très-digne de sa destination. (L'abbé Robitaille, Ann. du diocèse d'Arras, 1879).

Il y avait autrefois dans le territoire de ce village une ferme appelée Halloy-en-Tilloy.

TINCQUES

Tanquis, 1070, (Miroeus, Dipl. Belg.)
Tenques, 1212.
Tentkes. 1307, (Chart. d'Artois).
Tinctkes, 1382.

Eustache, comte de Boulogne, assigna en 1070, à l'église de Lens, six sols de rente sur Tincques. (Miroeus). En 1152, le seigneur était un sire Baudouin. Nous trouvons dans le cartulaire d'Aubigny une donation de 19 mencauds de blé de rente annuelle, faite au prieuré par le seigneur de Tincques, Michel d'Isengain et ratifié en 1212 par Raoul évêque d'Arr·s. En 1296, Maleius, seigneur de Tincques, reconnait que le prieur d'Aubigny doit prendre annuellement en sa grange 19 mencauds de blé (chron. d'Aubigny). En 1307, li sires de Tenckes était homme per de la castelerie d'Aubigny. (Arch. dép. Inv. A. 228).

Jean du Bos, chevalier seigneur de Tincques, Berles, Béthencourt, était conseiller et chambellan du roi Charles VIII (Deneuville Tom. III p. 285).

La seigneurie de Tincques appartint aux princes du sang royal de France, de la branche des Bourbons-Carency. Elle entra plus tard dans la famille de Lens, puis dans celle de Longueval.

Un comte de Soissons-Moreuil ayant épousé une Longueval, devint propriétaire de la terre de Tincques qui resta dans cette maison jusqu'au moment où un de ses membres l'échangea avec le marquis de Béthune Desplanques, seigneur d'Hesdigneul, contre un autre domaine situé en Picardie.

Il y eut autrefois un château à Tincques. Quatre murailles qui en restaient encore au commencement du XVIIIe siècle et épaisses de 6 pieds, laissaient penser qu'elles étaient les débris d'une de ces forteresses qui existaient dans presque tous les principaux villages de Flandre et d'Artois. On pouvait même juger d'après l'état de ces murailles, que la forteresse n'eut que deux étages. Aucuns fossés ne les environnaient plus, probablement qu'ils auront été comblés depuis que Richelieu avait fait disparaître les antiques donjons féodaux. (B. Caffin. Ann. 1847).

En 1639, le château de Tincques, assiégé par le général de Gassion, dut se rendre et ne put arrêter la marche des troupes du maréchal de la Meilleraye. Pendant le siège de Béthune en 1710, un général anglais logea au presbytère de cette commune au tour de laquelle les troupes étaient campées.

L'église de Tincques est très-ancienne; on y a ajouté deux chapelles qui sont voûtées et ont dû être bâties alors que la terre de Tincques appartenait à la maison de Lens. On a vu longtemps les armes des seigneurs de ce nom aux vitres du choeur et de l'église. Le clocher est une tour carrée, surmontée, d'une flèche le tout en pierres grises, mais taillées; on y voit la date de 1773.

Les chapelles de Notre-Dame de Grâce à Béthencourt, et de Notre-Dame Consolatrice à Tincques, dépendent de la paroisse.

Avant 1789, Tincques ressortissait à la gouvernance d'Arras et au bailliage d'Aubigny-le-Comte. Quand au spirituel, il était du doyenné d'Aubigny.

Cette commune déjà traversée par la route nationale d'Arras à Saint-Pol et le chemin de grande communication d'Avesnes à Saint-Omer, est de plus desservie par une station du chemin de fer d'Arras à Etaples.

Deux hameaux dépendent de la commune de Tincques: Béthencourt et Tincquettes.

BÉTHENCOURT

Béthencort, 1182, situé entre Tincques, Villers-Brulin et Berles, formait anciennement une paroisse tenue en partie du chapitre d'Arras et du prieuré d'Aubigny.

En 1810, on trouva en creusant un fossé, une grande quantité de médailles romaines du bas empire (Notes Godin).

La seigneurie de ce hameau a été possédée par la maison de Beaufort. Anne de Beaufort la porta en mariage à Philippe de Croï, comte de Solre, qui la donna au prince de Montmorency Robecq, en lui faisant épouser sa fille Isabelle (Père Ignace, Dict. I p. 439).

La juridiction de Béthencourt était le bailliage d'Aubigny-la-Marche.

TINQUETTES.

Tincquettes était connu dès le xiiie siècle : au mois d'août 1758, l'intendant Chauvelin y établit un relai de poste sur la route de Maizières à Montreuil.

La seigneurie de ce lieu fut divisée en trois. La première branche fut dévolue à M. Bon Lallart, seigneur de Berlette, la deuxième à M. de Rebecque et la troisième à M. de Béthune-Hesdigneul, seigneur de Tincques.

Virlay était une ferme du côté de Villers-Brulin, dépendante de Tincques ; il n'en reste aucune trace.

VILLERS-BRULIN

Villers-Brouelin, 1182 (Cart. d'Aub.)

Selon Harbaville, le surnom de Brûlin paraît résulter du boisement du territoire ; les mots *Breuil* et *Brûle* signifient lieu couvert et *Bruilet*, petit bois (Borel, dict. — Ménage dict. étym. tom. I).

La seigneurie de Villers-Brûlin relevant d'Aubigny, était partagée en 1556, entre les enfants d'Antoine de Buissy, écuyer et de Jeanne d'Incourt (Arch. conseil d'Artois, Inv. B. 711), et les seigneurs de Créquy de la branche de Raibomval. François de Créqui fut inhumé en 1630 dans le choeur de l'église, ainsi que François de Bernage, gentilhomme flamand, comte de Meaux, qui avait épousé une de ses petites filles, Jeanne de Créqui. C'est en faveur de cette dernière que la terre de Villers-Brûlin fut érigée en marquisat, au mois de janvier 1668.

Elle devint ensuite la propriété du fils du comte de Fontenai, originaire de la Franche-Comté, colonel d'un régiment de dragons, par suite de son mariage avec Marie Charlotte de Bernage, fille de Charles, comte de Meaux et d'Isabelle de Créqu'y. (P. Ignace, mém. t. 3 p. 275).

Leur fils unique étant mort à 14 ans, Charles de Guines de Bonnières, comte de Souastre, appréhenda sa succession maternelle en qualité de petit-fils d'Antoine de Créquy. Le comte de Guines, seul héritier de la ligne masculine de Souastre-Bonnières, devint possesseur du domaine et de la seigneurie de Villers-Brulin, en 1750. Nous trouvons en 1770 des provisions de l'office de garde de la terre et seigneurie de Villers-Brûlin, données à Jean-Guislain Leclercq par Adrien Louis, comte de Guines et de Souastre, brigadier des armées du roi et colonel du régiment de Navarre. (Arch. dép. gouvernance d'Arras, B. 773.)

Dès le XVIe siècle, il y eut un chateau important à Villers Brulin. Il était de construction irrégulière et flanqué de quatre tourelles. Les murailles étaient surmontées d'une plate-forme pavée, autour de laquelle régnait un mur dentelé et percé de créneaux. Les divers seigneurs qui l'habitèrent, l'approprièrent à leur goût. Antoine de Créquy y fit de nombreux embellissements en 1670, notamment dans le parc étendu qui en dépendait. Les écuries et remises furent construites par le comte de Souastre en 1715.

Lors de la guerre des alliés en 1710, le duc de Malborough y séjourna neuf semaines, pendant que l'armée campait aux environs. Le milord anglais, Cadogan, officier général, logea au presbytère. Le comte de Brouay au service des Hollandais et un grand nombre d'autres seigneurs s'installèrent dans les maisons du village.

A la mort de Charles, comte de Souastre, ses enfants louèrent le château de Villers Brûlin au comte de Nancré, seigneur de Carency qui l'occupa, six ans. Il fut remplacé par le prince de Hornes en 1729 et par le sieur de Venant-Famechon, seigneur d'Ivergny, en 1740. Le montant du loyer devait être employé au réparations et améliorations par les locataires.

La terre de Villers-Brûlin donnait au comte de Guînes entrée aux Etats d'Artois. Ce village eut la coutume locale rédigée en 1507.

L'église construite en 1784, n'a été ni vendue ni démolie; mais les tombeaux, déposés dans le caveau seigneurial, furent profanés en 1793.

GUESTREVILLE

Ce hameau dépendait autrefois de la commune de Tincques. Il fut annexé à celle de Villers-Brulin en 1793 : la seigneurie appartenait à un fermier de Villers-Brulin. Une chapelle y a été récemment érigée sous le vocable de Notre-Dame de Miséricorde.

VILLERS-CHATEL

Une sépulture romaine et par incinération a été trouvée par le docteur Ledru à Villers-chatel, elle est éminemment curieuse par les beaux vases en verre qu'elle contenait. Elle a plus d'un point de contact avec celles trouvées à Avesnes-le-Comte, sinon par la forme des vases, au moins par leur texture. Elle dénote une origine ancienne au village de Villers-Châtel, qui, d'après sa dénomination même, aurait toujours été le siège d'un établissement militaire.

Situé à environ trois kilomètres de la chaussée Brunehaut, entre Houdain Aubigny et Camblain-l'Abbé, Villers a conservé un beau débris de son ancien château. Sa tour ronde et crénelée, couronnée de machicoulis, et soudée à une tourelle qui la surpasse en hauteur et contient l'escalier, s'élève encore majestueuse à l'extrémité de l'habitation moderne, et témoigne par son épaisse maçonnerie en grès, de sa force et de son ancienneté.

Pendant le siège d'Arras, en 1414, un détachement de l'armée royale s'en empara; il appartenait alors au sire de Gournay. (Chronique de Monstrelet, livre I).

Villers-Châtel fut fortifié et fortement occupé par les troupes de Charles VI (D'Héricourt, les *Sièges d'Arras*), et sa garnison française tint en échec les habitants de la campagne. Pendant que le Roi pressait en personne les travaux du siège qu'il avait entrepris, elle fit de nombreuses sorties, dévastant le pays d'alentour et forçant, par cette utile diversion, les gouverneurs de Béthune et de Saint-Pol à une neutralité qui contrariait beaucoup le duc de Bourgogne, Jean. Celui-ci essaya de la débusquer de ce poste redoutable; il employa successivement, pour y parvenir, et la force et la ruse; mais tous ces moyens furent inutiles; le noble donjon résista à tous ses efforts, et contribua ainsi à la reddition d'Arras.

Au commencement du siècle dernier, vers 1710, de nouvelles attaques vinrent se renouveler autour du château de Villers-Châtel; plusieurs fois les habitants poursuivis s'y renfermèrent avec leurs richesses (*Puits artésien*, tome 5 — Harbaville, *Mémorial historique*, tome II, page 270). Enfin, la paix vint rendre inutiles ces petites forteresses isolées, et les propriétaires s'empressèrent de remplacer par des hôtels plus somptueux et plus élégants, ces sombres et imposants manoirs.

La tour de Villers-Châtel qui résista tant de fois aux ennemis, abrita les plus nobles seigneurs. En effet, nous y voyons successivement arborer les bannières des familles de La Comté, de Lens, d'Egmont et d'Habarcq. Plus tard, les Delannoy de Frétin, près Lille, Hennequin de Berneuil, Delahaye, chevalier de Villers, et Mazelles, trésorier provincial des guerres au département d'Arras, en firent leur résidence de prédilection. Renversé par les démolisseurs à l'exception de la tour qui subsiste encore, le château de Villers-Châtel fut acheté par M. Duquesnoy, qui le vendit ensuite à M. Develle; il est aujourd'hui la résidence de M. de Florimond, qui nous a fait le plus gracieux accueil lors de notre visite archéologique.

Ce château était autrefois vaste et redoutable, composé d'un corps de bâtiment en forme de rectangle, avec une cour large et spacieuse, qu'entouraient des fossés et d'épaisses murailles. Il était en outre flanqué de deux grosses tours qui le défendaient. L'une était ronde, c'est celle qui existe encore; l'autre au contraire, était carrée, n'avait ni crénaux, ni machicoulis, et ne pouvait être ainsi que d'un faible secours en temps de guerre. Aussi, dans les moments de danger, était-elle abandonnée par ses maîtres qui allaient s'enfermer dans l'autre, dit *le fort*, pour s'y mettre à l'abri des attaques ennemies. Toutes deux avaient trois chambres superposées, comprenant tout le diamètre de la tour : la première y conduisait par sa tourelle, dont le faîte était sans doute la loge du guetteur. Enfin, elle était seule excavée et sa voûte était soutenue dans le milieu par un pilier de maçonnerie.

La tour ronde de Villers fut donc seule conservée sur l'un des flancs du nouveau château et vit tomber autour d'elle ses anciennes compagnes de gloire; ses murailles et ses ponts-levis, que la suppression des fossés rendait inutiles. Elle date du xvie siècle; on le reconnaît à sa forme ronde et à sa ceinture de machicoulis. Les machicoulis de pierre indiquent notoirement un travail de la fin du quatorzième siècle ou du commencement du quinzième. On connaissait déjà ce genre de fortification ; mais généralement il consistait en échafaudages ou balcons de bois, servant de support aux soldats, qui, par les ouvertures desdits échafaudages, jetaient toutes sortes de projectiles, pierres, poutres, plomb fondu, eau, huile et poix bouillante, sur les assiégeants. Les ouvertures de ces balcons étaient même assez grandes à l'occasion, pour qu'on put précipiter de gros blocs de pierre, de fer ou de plomb, retenus par des chaînes solides; ce qui permettait de les retirer et de les utiliser de nouveau après avoir écrasé les assaillants et brisé leurs échelles.

Ces balcons de bois, ou *hourds*, comme on les appelait, avaient cependant des inconvénients dont un des plus graves était, qu'avec le perfectionnement des engins de guerre, ils devenaient faciles à incendier. On les remplaça donc par des encorbellements de pierre qui sont les machicoulis ; ce mode de construction devint fréquent à partir de la seconde moitié du quatorzième siècle; mais à lui seul il ne suffirait pas pour donner la date d'une tour; car on en installa sur des tours d'une époque antérieure pour se mettre au niveau des nécessités du temps.

Les tours offrent une disposition très-originale et très-pittoresque que nous remarquons, du reste, dans notre château de Villers-Châtel; les machicoulis forment une ceinture ou galerie d'un fort relief vers le haut des tours, qui s'élèvent encore au-dessus de cette galerie, jusqu'à une certaine hauteur, avant de recevoir le toit conique qui couronnait et abritait le tout.

M. Maurice de Florimond vient de faire bâtir dans cette paroisse une église qui est un vrai bijou d'architecture, et dont l'ornementation est d'une grande richesse et d'un goût exquis.

VILLERS-SIR-SIMON

Harbaville attribue le surnom de ce village à une suite de seigneurs du nom de Simon, dont le premier fut un brave chevalier croisé au XIIe siècle.

Ce village dépendait du bailliage d'Avesnes-le-Comte et de la gouvernance d'Arras. C'était un démembrement de la paroisse de Pénin, dont la dîme appartenait à l'abbaye d'Etrun.

Il y avait à Villers trois seigneuries : la 1re relevait d'Aubigny et fut vendue en 1582 par Blondel, baron de Quincy, seigneur d'Ablain à Jean-Baptiste Boucquel de Beauval, la 2e relevait de

Berlette et fut vendue en 1673 par Hélène Le Petit, fille de Georges, gentilhomme d'Artois à Charles Borromée Boucquel, chanoine d'Arras et oncle du président; enfin la 3ᵉ, dite de Grincourt appartenant à la famille de Belvalet d'où elle passa à Venant, seigneur de Famechon.

L'église de Villers-Sir-Simon est très-petite et n'offre aucun intérêt.

A. DE C.

CANTON
D'AUXI-LE-CHATEAU

AUBROMETZ

Aubremetz, 1420, (Bailliage d'Hesdin).

Cette commune, située sur les bords de la Canche, et traversée par la route départementale de Frévent à Hesdin, dépendait autrefois du bailliage de cette dernière ville.

L'église, annexe de Conchy-sur-Canche, est sous l'invocation de saint Thomas de Cantorbéry. Suivant la tradition, ce saint personnage se rendant de Saint-Omer à l'abbaye de Dommartin, aurait séjourné dans ce village, en 1166.

Depuis plusieurs siècles, cette église possède deux petits tableaux en bois, dont la peinture à fresque représente des circonstances de la vie de l'apôtre anglais. Sur l'un, il parait à cheval, accompagné de quelques cavaliers; un groupe d'individus, parmi lesquels on remarque des femmes, s'avance à sa rencontre. Saint Thomas, fuyant les persécutions de Henri II, aurait-il, pendant son séjour dans notre province, traversé le village d'Aubrometz, soit pour aller à Hesdin, soit pour aller à Dommartin? Et l'église de cette commune, en faisant peindre ce tableau et prenant le saint pour son patron, aurait-elle de son côté voulu transmettre à la postérité la mémoire de ce glorieux événement? C'est un problème historique, dont nous n'avons pu obtenir la solution; en sorte que l'on ne sait pas de quelle ville il s'agit dans l'inscription qui se trouve an bas du tableau, laquelle a probablement été faite depuis l'événement. Cette inscription est ainsi conçue :

> Saint Thomas passant par cette ville,
> Plusieurs femmes trouva en chemin,
> Leur disant qu'il serait utile
> Construire un temple au Roi divin.

Sur l'autre tableau, de la même grandeur, on voit la basilique de Cantorbéry, vers laquelle se dirigent quelques soldats à l'air menaçant. Dans l'intérieur, on aperçoit deux soldats la hache à la main, commettant les plus horribles profanations. Deux clercs, portant une relique de la vraie croix, cherchent à convertir ces furieux. Enfin l'on voit deux pèlerins portant le bourdon sur l'épaule, marcher vers le temple. (Lambert, Puits Artésiens).

Un aveu et dénombrement de la terre d'Aubrometz, tenue de la comtesse d'Artois, à cause de sa châtellenie d'Hesdin, fut présenté par Jehan de Wail, écuyer, le 2 juin 1372, au nom de son fils, sire d'Aubremetz. (Ch. d'Artois, A. 98).

Wistace, écuyer, sieur d'Aubrometz, mourut en 1420, laissant une veuve, Jeanne de Lannoy. (Reg. Bailliage d'Hesdin). On trouve dans les mêmes archives que Jeanne Cornille était *Demoiselle d'Aubrometz par Achapt,* 1421.

En 1654, Marie Sennelar, dit Coqueries, femme de Philippe Lefebvre, seigneur d'Aubrometz, fonda une messe journalière dans l'église de Saint-Aubert d'Arras (P. Ignace mém. t. V.)

Au XVIIIe siècle, la terre d'Aubrometz appartenait à la famille de Servins d'Héricourt.

Avant la révolution de 1789, Aubrometz avait pour annexe Haut-Maisnil et faisait partie du district de Fillièvres, diocèse de Boulogne. L'église, démolie pendant la tourmente révolutionnaire, a été reconstruite en 1826.

Lefebvre, sieur d'Aubrometz, est l'auteur de l'épitaphier des églises d'Arras, manuscrit reproduit par le P. Ignace dans le tome VI de ses mémoires, et souvent consulté par les auteurs de notre histoire locale.

La commune se divise en grand et petit Aubrometz.

AUXI-LE-CHATEAU

Alsiacum.
Alciacum.
Auxi.
Auxi-Miaquère (xii° siècle).
Auxi-Château, 1178.
Aussi, 1604, (arrêt du 7 août).
Auxi-la-Réunion. Ans XII et XIII.

L'ancien Alciacum était traversé par la grande voie d'Amiens à Boulogne par Helenum (Vieil-Hesdin). Cette position et le grand nombre de médailles romaines de divers règnes découvertes sur le territoire et dans l'intérieur du bourg, ne permettent pas de douter que ce lieu ne fut une *mansion* dès le iii.° siècle.

En effet, dans un canton dépendant d'Auxi, appelé la Templerie, on a fait la découverte d'un établissement romain assez important ; on a recueilli des fragments de tuiles et de vases, et des médailles qui embrassent la série des empereurs romains, pendant environ quatre cents ans, débutant par Auguste et aboutissant aux fils de Constantin.

Vers le centre, à mille mètres environ de Hiermont, on a reconnu un lieu de sépulture et les traces d'un incendie, et les habitants des environs racontent qu'en extrayant de la tourbe dans le Grand-Marais, situé au pied de cet établissement, on trouva des fondations sans ciment ni mortier, que les romains désignaient sous le nom de *maceria*, des cadavres humains et des ossements d'éléphants, un casque romain, des médailles de Vespasien et d'Antoine-le-Pieux, et une chaussée en pierres calcaires, (A. Dinaux, les hommes et les choses p. 286).

Au temps de la domination franke, le comte Sigefroy, l'un des leudes de Clovis II, fut le premier *ber* (baron) d'Auxy. Il habitait cette résidence en 642, lorsque son frère Adalbald, duc de Douai, et son épouse, Sainte Rictrude, étant venus le visiter, cette dernière y donna le jour à Saint Maurant. Sigefroy épousa Sainte-Berthe en 658 (Malbrancq. Vie de Sainte-Berthe).

Après les dévastations des Normands qui n'épargnèrent pas Auxy, ce domaine appartenait en 900 à Jacqueline, épouse de Théodoric de Saùsay. Puis on perd toute trace de l'histoire de ce bourg et de son château jusqu'au temps des croisades. (Harbaville).

Aux XIIe et XIIIe siècles, les sires d'Auxi étaient bannerets d'Artois et pairs des comtes de Saint-Pol. Leur domaine était très étendu, ils avaient le droit de battre monnaie. En septembre 1131, le *ber* (1) d'Auxi, à la tête de ses hommes d'armes et de ses vassaux, suivit l'aventureux comte de Saint-Pol, Hugues II, dans sa cruelle expédition contre la ville de Saint-Riquier.

On attribue à un rendez-vous de chasse l'origine du château d'Auxi qui s'élevait à l'extrémité du bourg. L'illustration que ce château reçut de l'histoire et de ses nobles possesseurs; l'a rendu célèbre dans nos annales. Philippe d'Alsace, comte de Flandre, le fit construire en 1178, afin de n'être plus obligé de chercher un asile chez les seigneurs voisins, chaque fois que le plaisir de la chasse l'attirait entre la Canche et l'Authie. Ce château formait un carré long de 60 pas, flanqué de quatre grosses tours avec fossés : c'était une belle et imposante forteresse sous les illustres bers ou barons d'Auxi. (Dusevel). Dès

---

(1) « Les anciens auteurs Flamands, dit M. Warnkœnig (Histoire de » Belgique) se sont donné beaucoup de peine pour expliquer, d'une ma-» nière raisonnable, le nom de *ber* ou *beer* que portèrent comme titre » d'honneur, quatre des plus puissants vassaux des comtes de Flandre. » On a trouvé que l' mot *beer*, en langue tudesque, signifie ours, c'est pourquoi on a fait de cet animal l'emblème de la dignité dont ils étaient revêtus. Dans un tableau allégorique de la Cour de Baudoin 1er, les quatre bers du comté sont représentés chacun dans la figure d'un ours, portant une bannière avec leurs noms et leurs armes. Mais ce n'est là qu'un de ces jeux de mots dont l'abus était si fréquent au moyen-âge. A l'aide de l'étymologie du mot germanique ber, bar, baro on arrive à une solution plus raisonnable.

En effet, dans tous les monuments de l'époque mérovingienne, rien de plus fréquent que la terminaison bert des noms d'hommes, Childe-bert, Hilde-bert, Dago-bert; le radical signifie puissant, protecteur. Land-bert dans l'idiome flamand veut dire défenseur du pays.

C'est donc par allusion à leur qualité de grands vassaux, que les seigneurs de Paruelle de Cisoing, de Boubers et de Heyne, en Flandre, de même que le seigneur d'Hische, en Brabant, et le seigneur d'Auxi, en Artois, étaient appelés bers (Messager des sciences de Belgique, Gand 1836, tome 2, page 36).

lors, ce bourg, qui s'appelait Auxi-Miaquère (1) prit le nom d'Auxi-le-Château.

Mathieu de Montmorency et Marie de Ponthieu, son épouse, pour se libérer de leurs dettes, vendirent à Robert comte d'Artois, en novembre 1244, les deux prairies d'Auxi-le-Château, consistant, la première, dans les fiefs et hommages de la rive gauche de l'Authie, vers Abbeville, à partir du point-milieu de la rivière; la seconde, dans les fiefs et hommages de la rive droite, vers Hesdin, depuis Wavrans jusqu'au Saulchoy de Maintenai. L'acte de vente énonce treize objets principaux savoir : le fief que le comte de Saint-Pol tient du comte de Ponthieu ; 2° le fief du vicomte de Pont-Remy, avec l'hommage du seigneur de Wavrans; 3° l'hommage du seigneur d'Auxi ; 4° l'hommage de Jean d'Amiens pour la ville de Buires avec ses dépendances, ainsi que la foret de Graast auprès de Labroye; 5° l'hommage de Thibaut d'Amiens à Buires; 6° l'hommage de Bernard d'Amiens à Regnauville; 7° l'hommage de Hugues Quiéret, chevalier pour la ville de Dourriers et ses dépendances; 8° l'hommage de Rougefay auprès de Buires; 9° l'hommage de Guillaume de Bouberch, sieur de Bernatre, pour la ville Thun et Willencourt, lequel hommage comprend le fief de Guillaume des Bardes; 10° le fief de Viz-sur-Authie avec deux vavassseurs; 11° le fief de Henri de Guînes, pour ce qu'il tient à Ivergny, du chef de sa femme; 12° le fief de Mathieu de Roye à Ivergny ; 13° enfin l'hommage de Hugues de Caumont à Tollent. (Coutumes locales du Bailliage d'Amiens, t. 2, p. 7.)

Le châtelain Eustache, seigneur de Rimboval, et allié aux puissantes maisons de Créquy et de Mailly, partit en 1269 avec son fils Philippe et son épouse Eléonore de Saint-Simon, pour la funeste croisade de Tunis. Il revint en 1271, après la mort de Saint-Louis.

Le faste des cours féodales, les dépenses des expéditions guerrières et des voyages d'Outre-mer qui partout ruinaient la noblesse, avaient insensiblement appauvri la famille d'Auxi. Le

---

(1) Ce dernier nom est encore celui d'un canton voisin, où l'on découvrit de nombreuses fondations.

sire Philippe se trouva, en 1282, dans la dure nécessité de vendre sa châtellenie-berrye, à Colart d'Egmont. Le bourg fut redevable de quelques franchises municipales et d'un hospice à cette noble famille, qui, pendant le xve siècle jouit de la plus haute illustration. Trois de ses membres, Philippe d'Auxi, Réginald et Guilbert de Griboval, succombèrent avec l'élite de la noblesse française dans les champs d'Azincourt en 1415.

Cependant il se trouva de nobles coeurs qui n'acceptèrent pas l'humiliation de l'étranger ; ils avaient noms : Jacques d'Harcourt, de Rambures, de Saveuse, etc. D'une main vigoureuse ils relevèrent le drapeau français et recommencèrent la lutte; Saint-Riquier fut repris. Le duc de Bourgogne, Philippe, y vit un danger pour sa cause. Cédant encore à la haine, il courut à Amiens lever des hommes, obtint des promesses de secours des villes voisines, et passant par Doullens, s'en alla à Auxi-le-Château où il fut rejoint par Jean de Luxembourg qui venait de s'assurer de la fidélité de Domart-en-Ponthieu. (Delgoves, Hist. de Doullens).

Il est probable que le château fut ruiné ou démantelé sinon entièrement, du moins en partie, soit en 1415, lorsque Henri III maître de Calais, entreprit à la tête de trente mille hommes, de recouvrer le Ponthieu ; on sait qu'il se dirigea vers ce comté en passant par Hesdin et Domart, ravageant les campagnes, pillant et brûlant les villes qui se trouvaient sur son passage ; soit en 1422, où il dût subir le même sort qu'éprouvèrent plusieurs autres pays du Ponthieu et de l'Artois, tour à tour attaqués par les Armagnacs et les Bourguignons, par les soldats de Henri V et de Charles VII. (A. Dinaux, les hommes et les choses).

En temps de guerre, les habitants avaient coutume de se retirer dans le château d'Auxi, quand ils craignaient d'être assaillis dans le bourg, malgré les larges fossés qui l'entouraient. C'est ce que l'on voit par des lettres patentes du duc de Bourgogne du 8 mai 1433, portant permission au sire d'Auxi, son chambellan, « de percevoir, pendant six ans, trois deniers sur chaque lot de » vin qui se vendait en ce lieu, pour l'aider à réparer et à forti- » fier son château ruiné lors des dernières guerres, afin d'as-

» surer sa conservation et que les bonnes gens du païs pussent
» continuer à s'y retraire au besoin. »

Jehan d'Auxy fut gouverneur du Ponthieu et maître des arbalétriers de France, en 1447. Il fut très en faveur sous les princes de la maison de Bourgogne, Philippe-le-Bon et Charles-le-Téméraire. Des lettres de Philippe le-Bon, données à Arras le 29 septembre 1435, l'établissent maître des eaux et forêts situées dans le comté de Ponthieu et dans tous les pays de Picardie cédés par Charles VII au duc de Bourgogne, aux termes du traité de paix d'Arras. Le 28 novembre 1435, il le nomma capitaine de Saint-Riquier aux gages de cent livres parisis par an.

De son côté, le roi Charles VII, par ses lettres données à Arras le 4 Octobre suivant, lui conféra les mêmes fonctions dans ses pays de Picardie. Son fils, Jean, fut nommé chevalier de la Toison d'or dans le premier chapitre de l'ordre, en 1468, par Charles-le-Téméraire.

La famille d'Auxi portait *échiqueté d'argent et de gueules de onze pièces.*

En 1437, après que les Bourguignons eurent levé le siège du Crotoy, les Anglais se répandirent dans le pays et mirent le feu en la ville d'Auxy qui était un *moult bel et grand village* (Monstrelet, chroniques, liv. 3) En 1461, un incendie accidentel dévora 130 maisons des plus belles de la ville et la plupart neuves. (Duclercq.)

En 1466, le comte de Charolais écrivit au ber d'Auxi la lettre suivante :

Très-cher et bien ami.

« Tout présentement avons été adverti qu'il descent environ
» quatre cens lances des ordonnances du Roy et certain nombre
» de francs archiers, en tirant vers la rivière de Somme ; et pour
» ce qu'il est nécessaire de pourvoir et prévenir à toute dili-
» gence à ce que les dits gens d'armes et francs archers ne
» facent quelque nouvelleté à nous préjudiciable, en nos villes
» et terres de la dite rivière de Somme, nous escripvons à ceulx
» dont nous envoyons les noms par escript ou billet ci-dedans
» encloz, que incontinent et diligemment ils mettent sus le nom-

» bre de gens dont leur avons baillié charge, selon qu'il est
» déclairié au dit billet et se tirent prestement à tous leurs dits
» gens vers la dite rivière de Somme, ès-lieux et ainsi que leur
» ferez savoir de par nous, pour soutenir le fait des dits gens
» d'armes et francs archiers du Roy, en actendant nostre venue
» par delà qui sera bien briefve; car, incontinent que arons tenu
» la journée pour laquelle faisons icy assembler les trois estats
» du pays, notre intention est, s'il plaist à Dieu, de retourner par de
» là l'eau, pour avoir advis et conseil de pourveoir plus amplement
» à tout le surplus qui sera nécessaire. Et cependant, ferons dili-
» gemment avancer et aprester notre armée, pour s'en ayder
» selon que besoin sera. Si voulons et vous mandons expres-
» sément que faites incontinent assembler devers vous le sei-
» gneur de Saveuse et le seigneur de Crévecoeur, nostre bailly
» d'Amiens, le sieur d'Esquerdes son frère, le seigneur d'Yau-
» court, votre lieutenant et autres, pour aviser sur tout ce qui
» sera à faire en actendant notre dit retour près de là. Et de
» votre part mectez sus hastivement le plus grand nombre de
» gens que pourrez recouvrer pour, avec les autres, entendre à
» la garde et défense de nos dites terres de la rivière de
» Somme, etc. »

L'empressement du sieur d'Auxi à exécuter les ordres de son maître lui fut fatal; car pendant qu'il guerroyait sous sa bannière, les Anglais, ces éternels ennemis de la France, dévastèrent son château sous divers prétextes, et brûlèrent la ville d'Auxi; on lit dans les lettres données au château d'Hesdin, le 14 novembre 1470, par Charles de Bourgogne, que ce duc ordonna au receveur de Flandres de payer à Auber d'Auxi sa pension de 400 francs pour se relever des dommages soufferts des Anglais, qui lui avaient *ars et destruit sa ville d'Auxi.*

Au mois de mai suivant, le comte de Charolais chercha à indemniser le seigneur d'Auxi des pertes qu'il avait essuyées, en lui conférant l'office de capitaine des ville et chateau d'Abbeville. Après avoir prêté serment de cet office, au grand échevinage de la ville, entre les mains du maire et des échevins, en présence des maieurs de bannières et des principaux officiers du comte, le sire d'Auxi se hâta de faire remettre son château en état. Il employa des sommes immenses : la tradition rapporte qu'il fit replacer les ponts-levis, relever le haut des tours et renouveler la décoration de presque tous les appartements. Cette décoration qui avait été gâtée par les gens de guerre, fut alors remplacée par de magnifiques boiseries dues aux plus habiles *huchiers* d'Auxi et de riches tapisseries, que le seigneur de ce bourg se procura à Arras et à Beauvais. L'intention du ber d'Auxi était, ajoute la chronique, de rendre son château un des plus remarquables de France ; mais il ne put réaliser ce louable projet, ayant été forcé de s'absenter de nouveau pour le service de son maître, dès le mois de juillet 1465. A cette époque, Jean d'Auxi fut nommé *lieutenant-général des bailliages d'Amiens, de Saint-Quentin et ès-villes, prévôtés et châtellenies de Péronne, Montdidier et Roye*. A ce titre, il dut veiller à la *garde, tuicion, municion et deffences desdits baillages, prévôtés et châtellenies*, c'est-à-dire négliger ses propres intérêts pour servir ceux du comte et répondre aussi à sa confiance. Le château d'Auxi se trouva mal de l'éloignement momentané de son noble possesseur ; malgré tous les efforts que fit la dame d'Auxi pour empêcher sa ruine, il éprouva des dégats considérables, faute d'être convenablement entretenu (H. Dusevel).

Le 12 août 1472, 500 lances françaises de la garnison d'Amiens ne pouvant emporter le château, jetèrent la torche sur les habitations. Lous XI s'empara du château d'Auxi en 1475, le bourg fut encore en partie brûlé pendant l'atttaque.

Après la mort de Jean d'Auxi, Jeanne de Flavi, sa veuve, céda en 1474, tous ses biens à Philippe de Crévecœur, conseiller et chambellan du duc de Bourgogne, capitaine général de Picardie, qui avait épousé Isabeau d'Auxi, fille aînée de ce seigneur. On voit par les lettres qui constatent cette cession, qu'elle eut lieu « *afin que la dame d'Auxi put employer plus librement le de-*
» *meurant de sa vie, à prier Dieu pour son mary*, et à condition
» que cette dame conserverait devant elle, pour son usage, la
» vaisselle d'argent et le linge qu'elle avait eu en six coffres, la
» chapelle, les livres et les ornements d'église venant du chas-
» tel. »

Philippe de Crévecoeur une fois entré en possession du château d'Auxi, employa une partie de sa fortune à l'embellir. Il y venait ordinairement passer la saison de la chasse et s'y reposer des fatigues que lui causaient les fréquentes expéditions guerrières, auxquelles il prenait part, comme maréchal de France. On ne voyait partout, dans les vastes salles de ce château, dit la légende, que dressoirs chargés de champs d'or et d'argent, de plats émaillés aux armes du maréchal et d'Isabeau d'Auxi, sa compagne. Ce brave guerrier ne balança pas, au reste, à faire le sacrifice de cette riche vaisselle pour secourir l'état, un jour qu'il était urgent de lui venir en aide.

En 1494, Charles VIII se montra reconnaissant envers Isabeau d'Auxi *des grans et louables services que Philippe de Crévecœur, son mary, lui avait rendus au fait de ses guerres et autrement, en plusieurs manières*; l'illustre châtelaine ayant, en effet, perdu une notable partie de sa fortune, et ne pouvant plus subvenir à l'entretien de son gothique Castel, le monarque l'autorisa par des lettres patentes du 14 août, à lever un *aide de trois deniers tournois sur chaque lot de vin qui serait vendu en broc ou détail, au bourg d'Auxi et sur chaque brassin de Cervoise (bière) jusqu'à son trespas*. A la mort d'Isabeau, le château d'Auxi échut à sa sœur Marie d'Auxi, qui prit soin de le faire réparer, en 1494, de concert avec Jean de la Gruthuse, prince de Stenhuse, conseiller et chambellan du roi, capitaine de la ville et château d'Abbeville, son mari.

A l'exemple du fameux Louis de la Gruthuse, son père, le capitaine d'Abbeville avait commencé à rassembler dans le château d'Auxi, une précieuse collection de manuscrits et de peintures sur émail, que ses successeurs laissèrent malheureusement disperser. En 1516, le sire de Fiennes, au nom et comme ayant *la garde noble de Jacques, Monsieur de Luxembourg, son fils aisné et de ses autres enfants héritiers de défuncte Madame Marie d'Auxi, en son vivant compaigne de Monsieur de la Gruthuze, grand père desdits enfants*, entreprit d'importants travaux au château d'Auxi. Il en fit rétablir les portes et le pont qui était vieil et caducq, puis il manda à Auxi un peintre habile, appelé Jean de Falentin, qui traça par ses ordres, *sur deux feuilles de papier*, le dessin d'un nouveau pont et d'un *bolvert*. Quelque temps après, le même seigneur fit venir de Thérouanne, Florent Planchon, maître des ouvrages de Picardie, pour avoir son avis sur la construction de ce pont qui reposait sur *cinq pilliers de blanches pierres et grez, au fond des fossés.* Vers cette époque on donna aussi une nouvelle distribution au jardin seigneurial, on travailla aux *parquetz, chariots et treilles* qui s'y trouvaient, et l'on y replanta les romarins et violiers dont il était précédemment orné. Des haies furent faites en même temps, au *jardin des Dames,* qu'on appelait ainsi, parce que c'était là que la châtelaine d'Auxi, ses filles et les femmes nobles qui venaient la voir, avaient coutume de se livrer à de joyeux ébats, pendant la belle saison.

Par le registre aux comptes de la terre d'Auxi, de 1510 à 1517, on voit qu'on paya, cette année là, à Nicol David et Enguerran Caron, merciers, le prix de quatre cierges de cire qui avaient été employés à dire des messes dans la chapelle du château. Cette chapelle était ornée de charmants vitraux peints ; les seigneurs d'Auxi s'étaient plu à l'enrichir de vases précieux et de quelques reliquaires, contenant des parcelles d'os des saints les plus révérés dans le pays. Les livres étaient décorés de belles miniatures aux armes des seigneurs qui les avaient donnés : ces armes étaient aussi brodées en or et en argent sur les chasubles et les étoles, dont se revêtaient les prêtres pour offrir le saint sacrifice. A certaines époques de l'année, lors par exemple, que l'on disait les messes de Sainte-Barbe, le chapelain était tenu d'aller prévenir les habitants du château de l'heure à laquelle il devait les célébrer, afin qu'ils y assistassent, s'ils le jugeaient à propos.

Pendant la guerre qui avait éclaté entre Charles-Quint et François I, les Espagnols poursuivis par les troupes du duc de Vendôme, vinrent loger a Auxi-le-Château. En 1837 et 1838, la comtesse d'Egmont fit de vains efforts pour conserver le chateau d'Auxi. Les Français, aux ordres du seigneur de Canaples, attaquèrent et prirent cette forteresse, malgré les *tuoires* et les fossés qu'on avait percés à l'intérieur, au pied de ses épaisses murailles, pour arrêter les soldats qui seraient parvenus à les escalader. Le duc de Vendôme, à qui le Roi donna le château d'Auxi, par droit de confiscation, le remplit de gens ce guerre. Cent huit livres de chandelles à 20 deniers la livre, avaient été employés par les vasseaux de la dame d'Auxi à y faire le guet, lorsque le duc s'en mit en possession. De grands dégats furent commis dans le château et aux environs tandis que les Français en restèrent maîtres. La justice du lieu fut elle-même renversée par les soldats, et peu s'en fallut que l'antique résidence des Bers d'Auxi ne pérît par le feu. (Dusevel).

Assiégiée en 1554 et en partie brûlée par les troupes impériales du prince de Savoie, cette forteresse eut à subir d'autres maux. En 1553, Philippe II roi d'Espagne, vint camper près d'Auxi, et les maraudeurs de son armée ravagèrent entièrement ses jardins, ses alentours. Philippe resta longtemps dans son camp et l'historien nous a transmis une lettre fort curieuse, qu'il écrivit d'Auxi à ses ambassadeurs occupés aux négociations de Cercamp, afin de les prévenir du danger qu'il courait d'y manquer de vivres et de fourrage, et les inviter, en conséquence, à consentir une suspension d'armes, qui pût le tirer promptement du mauvais pas où il se trouvait.

» En 1565, une partie de la galerie du château d'Auxi, donnant vers la ville, étant tombée, le comte d'Egmont s'empressa de la reconstruire, et plusieurs créneaux dont les testes étaient rompues. Le même seigneur donna ordre d'achever la cuisine, de couvrir la montée et de mettre des volets aux fenêtres beauvaisiennes, afin d'empêcher la pluie de pénétrer dans les appartements. On plaça aussi, par les soins du comte, des barrières devant le château et près du colombier. » Ces réparations coûteuses étaient à peine achevées, qu'il fallut songer à en faire d'autres plus considérables encore. Un chef de Huguenots, le capitaine Cocqueville, surprit en effet le château d'Auxi, et ses soldats habitués au meurtre et au brigandage, dévastèrent, pendant le court séjour qu'ils y firent, tout ce qui tomba sous leurs mains avides. Ils rompirent les poutres, brisèrent les fenêtres et percèrent les couvertures de ce château avant d'en sortir. Le seigneur d'Auxi fut obligé, en 1567, de payer à des charpentiers et à des couvreurs, des sommes assez fortes pour réparer le dommage.

Le xviie siècle vit consommer la ruine du château d'Auxi. Un corps de partisans de l'armée espagnole dans laquelle servait le comte d'Egmont, s'y installa et mit tout le pays voisin à contribution (1). Pour faire cesser ses ravages, le duc de Chaulnes résolut de marcher contre le château ; il l'attaqua avec quelques pièces de grosse artillerie, s'en rendit maître et détruisit ses principaux ouvrages, afin que l'ennemi ne put désormais s'y réfugier. Le duc ne conserva que ses murailles et ses tours, dont le plan offre un carré long, après les avoir percées en divers endroits (1635).

Les souterrains existent encore, ainsi que la cage de l'escalier qui est fort remarquable ; mais le beau pont de six arches par lequel on arrivait à la porte d'honneur du gothique castel, a été détruit.

Le 18 mai 1655, l'armée française fut concentrée à Auxi-le-Château sous les ordres du lieutenant-général marquis de Roncherolle (P. Ignace, add. aux mém., t. II). Deux ans après, le maréchal de Turenne y réunit ses troupes avant de marcher vers Hesdin (1657).

Une ferme et quelques pièces mal réparées survécurent seules à la ruine du château d'Auxi, après sa confiscation et celle de la seigneurie qui eut lieu en 1674 et 1687, sur le comte d'Egmont, alors au service dans les trouoes d'Espagne et habitant en pays ennemi.

Un arrêt de 1604 ordonne que « le village d'Aussy ne sera compris (tant qu'il demeurera sans clôtnre et murailles), au nombre des villes closes ni sujet à la subvention, entrées du vin et autres charges et subsides, excepté les nouveaux cinq sols par muid de vin qu'ils seront tenus de payer pendant le bail du fermier dudit impôt, lequel expiré, ils en demeureront déchargés, ainsi que des autres subsides » (H. Cocheris, mss. de Picardie).

Auxi-le-Château eut à subir les déprédations des armées

---

(1) Manuscrit de Pagès, tom. IV. — « La garnison d'Auxi-le-Château, « dans ses courses continuelles, dit M. Louandre, dans son Histoire d'Abbe-« ville, se livrait à de si affreux ravages, qu'on ne trouvait dans la cam-« pagne (vers Saint-Riquier, Domart, etc.) ni terres labourées, ni terres « semées. »

alliées en 1708. Voici comment M. Dusevel rapporte le fait dans ses notes manuscrites sur Doullens.

« Déjà le détachement de l'armés du duc de Malborough, généralissime de la reine d'Angleterre, occupait la ville, lorsque les bourgeois, réunis à la garnison du château, l'en chassèrent et le forcèrent à abandonner, sur la place, une cloche qu'il avait enlevée à Auxi-le-Chateau. Les Doulennais s'étant emparés de cette cloche, la firent suspendre dans leur beffroy, en signe de victoire, et sans s'inquiéter si elle ne leur serait pas réclamée. Bientôt une députation d'Auxi-le-Château vint la redemander ; mais les Doullennais s'obstinèrent à la vouloir conserver, ce qui détermina les premiers possesseurs à intenter une action contre eux. Pour la faire écarter, les Doullennais soutinrent que cette cloche leur appartenant par droit de conquête, ils ne pouvaient être assujettis à la rendre ; mais ce système de défense fut proscrit, et l'intendant de Picardie les condamna à en payer la valeur approximative aux habitants d'Auxi-le-Château. Cette décision fit moins de peine aux Doullennais que leur en eût causé l'ordre de rendre la cloche elle-même ; désirant la conserver, afin que, par ses sons, elle rappelât sans cesse à leurs descendants le conrage avec lequel ils avaient repoussé les soldats de Malborough, qui passaient d'ailleurs pour très-vaillants. »

Dès ce momsnt, la splendeur du bourg s'éteignit insensiblement : ce n'était pas, en effet, le château seulement que les seigneurs d'Auxi se plaisaient à embellir et décorer. Tout en ce lieu se ressentait de leur munificence, de leur générosité. Le grand pont sur leqnel ils percevaient des droits de péage assez importants, étalait, au XVIe siècle, un luxe d'ornementation vraiment remarquable. On y voyait plusieurs personnages tenant des écussons aux armes d'Auxi et de Luxembourg, et diverses figures de saints, telles que celles de Saint Adrien, de Saint-Martin, etc ; ces figures avaient été sculptées par Bastien Leprebstre entre-tailleur d'images, (registre aux comptes de 1532 à 1533) demeurant à Auxi, moiennant huit livres tonrnois. (Dusevel)

Les anciens bers d'Auxi, ne montraient pas pour la chasse un goût moins grand que les nobles châtelains de Lucheux. Pour se livrer à cet exercice, ils faisaient souvent conduire sur des chars tantôt à *Maiserolles*, tantôt à Cercamp, les toiles et filets dont on se servait au XVIe siècle, pour prendre le gibier. En 1568, « on mena ces toiles à Hesdin, de crainte des Huguenots et pour estre en plus grande seureté. »

Comme les seigneurs d'Auxi remplissaient de hautes fonctions qui les forçaient souvent de s'absenter de leur château, il y avaient établi un gouverneur dont les appointements ou gages étaient, en 1532, de 50 livres, 4 journaux de pré et 20 cordes de bois par an. Il s'y trouvait aussi un *portier* ou concierge, qui était chargé du soin de nourrir les prisonniers, et de leur fournir du pain et de la bière moyennant 10 deniers chaque jour.

Le receveur de la terre d'Auxi, dont les gages n'étaient pas très-élevés, ne passait pas toujours des heures paisibles et tranquilles dans le chef-lieu de sa recette. On voit en effet par les registres aux comptes que, souvent, l'huissier de l'empereur venait d'Hesdin à Auxi, pour le forcer de verser ès-mains de sa majesté catholique les sommes qu'il pouvait avoir reçues pour les seigneurs d'Auxi, et que, sur son refus de se dessaisir de ces sommes, cet huissier le constituait parfois prisonnier. Souvent aussi ce receveur était obligé à fuir de ville en ville, pour échapper aux vexations et aux rapines des soldats ennemis (Dusevel).

Aux-le-Château eut sa coutume locale rédigée en 1507.

Parmi un grand nombre de droits qu'avaient les seigneurs d'Auxi, on remarquait ceux-ci : 1° Ils pouvaient élever un pilori à quatre piliers près du bois de Parc ou de la Justice, pour la punition et *cohertion* des malfaiteurs dans l'étendue de leur seigneurie ; 2° il leur était permis de prendre dans chaque cabaret, deux lots de vin, mesure du lieu, pour le besoin de leur hôtel ou de leur château, en le payant un denier moins qu'il n'était mis à prix ; 3° à eux seuls appartenaient les droits honorifiques dans l'église d'Auxi, comme seigneurs fonciers du terrain sur lequel elle était bâtie.

Certains tenanciers leur devaient aussi, à diverses époques de l'année, les deux tiers, les trois quarts, la moitié, le tiers, le quart, la huitième partie et même la seizième d'un chapon ou d'une poule; d'autres étaient obligés de leur fournir un miroir, une paire de gants blancs, un peigne, trois aulnes de rubans de soie, une bourse à femme, un verre à pied, un éteuf, un château de fleurs tous les trois ans, et les deux tiers d'un autre chapeau, chaque année, le jour du Saint-Sacrement.

Ils avaient, de plus, la ferme des jeux de boulle, de *brelène* et de paulme, et le *cholage* le jour du carnaval. La ferme des moulins aux armures et à draps leur rapportait des sommes assez fortes. Chaque drap tissé à Auxi leur devait une obole. La recette de ce droit était faite par les *Ewars* commis pour visiter et marquer toutes les pièces que l'on fabriquait dans ce bourg. Le nombre en était grand, car nous voyons par les registres aux comptes, qu'en 1532, il s'éleva à plus de mille. (H. Dusevel).

Beaucoup de terres et fiefs étaient tenus noblement des bers d'Auxi.

LISTE DES FIEFS DÉPENDANT D'AUXI-LE-CHATEAU

Le fief de Buygnes, nommé Cuignes dans un certificat sur l'importance de la dîme, daté du 17 février 1689, et Buignes en un bail de 1760. Le fief de Buignes, ceux de La Motte et de Tuncq furent achetés 18.000 livres par l'abbaye de Willencourt au sieur de Tofflet, le 23 novembre 1579.

La terre et seigneurie de Maizicourt en deux fiefs en Ponthieu, tenus par Messire Nicolas de la Houssoye, et Monsieur Langlois.

La seigneurie de Miaquères sur plusieurs mazures, cent cinquante-cinq journaux de terre mouvans, douze livres de censives et un domaine dudit fief. Miaquaires ou Miaquères était un village à deux kilomètres d'Auxi, sur la rive de l'Authie, en face du hameau de Drucat. Il a été détruit pendant les guerres de la fin du règne de Louis XIII. Il n'en reste plus d'autre trace que le nom du canton où il était situé. Il est à présumer que la section de la commune, qui porte le nom d'Auxi-Picardie, s'est formée principalement de la réunion, en cet endroit, des habitants de Miaquères. (A. Bouthors p. 167). Nicolas Destrées était seigneur de Miaquaires.

« Le fief de Hellier à Boubers-Bernatre à Auxi et environs, consistant en censives et champart de deux cents livres au moins ;

» Le fief Hues, sis à Auxi et environs, ayant presque point de censives.

» Trois fiefs à M. de Beauvarlet-Drucat, écuyer, lequel les a vendus au sieur de Lannoy, lesdits fiefs sis à Auxi et environs, nommés les fiefs de Haneau, du verger de la Haye le Cat ou de Vaux et le fief de la Boissière, lesquels s'étendent sur douxe mazures et sur deux cent vingt deux journaux de terre, qui en relèvent par censives et rentages ; il y a même un arrière-fief.

» Trois autres fiefs sis à Auxi et environs, à l'abbaye de Wilencourt, nommé Planti, Buiret et Neuville, consistant en domaines et censives, et s'étendant sur deux cent soixante-douze journaux de terres ;

» Le fief de la Motte, y séant, de vingt-cinq journaux de censives par ladite abbaye ; fief relevant de la seigneurie d'Auxi, et consistant en une maison, 75 journaux de terre, 14 de prè set un champart de 25 livres.

Seigneurs : 1320 Jean de Boubers, écuyer. — 1734-1675, Nicolas de Licques, écuyer, gouverneur et capitaine de la châtellenie de Noyelles, capitaine au régiment de Montcavrel, cavalerie. — 1700, les dames de l'abbaye de Willancourt.

» Deux fiefs à Bonnelle par les hoirs de François de Saint-Blimond.

» Un fief à Neuilly-le-Dieu, par Jean de Montmorency ;

» Un fief sis à Acquest ;

» Un fief sis à Romiette, tenu par Antoine Palhay, sur soixante journaux de terre ou environ ;

» Un fief à Miaquères de dix livres de censives par le sieur Villeman ;

» Un fief y séant, par l'abbaye de Saint-Riquier.

» Un fief à Saint-Pierre d'Abbeville.

» Un fief y séant, à la veuve Balesdent ;

» Un fief au sieur Trancart ;

» Trois fiefs y séant au prieur de Biencourt, aux Moreaucourt et à l'abbaye de Cerçamp ;

» Le fief de Florence, séant au terroir d'Auxi, tenu par J. Hyver Bouillencourt, écuyer, sur une maison et vingt-six journaux de terre ;

» Le fief de Falentin, consistant en domaines et en censives. Colart de Falentin en servit l'aveu au roi le 18 septembre 1380. Au commencement du xviiie siècle, ce fief appartenait à Antoine Cambray qui le vendit à Jean Duflos d'Abbeville, 1680. Il passa ensuite dans les mains de Claude Meurice, ancien juge des marchands, 1763, et à ses descendants (de Bussy).

» Le fief de Monchaux, près d'Auxi, consistait en censives à prendre sur une maison et cent cinquante quatre journaux de terre. Il relevait de la seigneurie d'Auxi et a eu pour seigneurs : 1614-1640, Daniel de Boubers, chevalier. — 1659-1691, Daniel de Boubers, vicomte de Bernatre, capitaine au régiment d'Esquancourt, cavalerie. — 1691-1730, Henri-Louis de Boubers, vicomte de Bernatre, colonel au régiment de Lannoy. — 1730-1770, Marc Daniel Hyacinthe de Boubers, vicomte de Bernatre. — 1770-1789, Charles-François de Boubers, vicomte de Bernatre, capitaine au corps royal des carabiniers de Monsieur. (René de Belleval, fiefs et seigneuries du Ponthieu).

» Le fief de David, sis à Auxi, sur vingt-quatre journaux ;

» Le fief de Picquigny, sis entre Gueschart, Neuilly, Maison-Ponthieu et Noyelles, tenu par M. de Belhostel, au lieu du comte de Bours. (Il s'étend sur plus de deux cent soixante-huit journaux de terres, dont partie est en son domaine de Gueschart. On n'avait jamais pensé que ce fief fût en Ponthieu; mais M. de Belhostel l'a évidemment montré).

La terre et seigneurie de Lannoy relevait d'Auxi comme il se voit par l'aveu servi en 1280 ; elle appartenait au ber et relevait du Roi, ce qui lui valut le nom de comté. Elle s'étend à présent sur plus de 439 journaux de terres et environ 30 manoirs.

Le seigneur de Lannoy et ses hommes pouvaient étendre leur

lin ou chanvre sur le bord de la riviére de l'Authie, quand il leur plaisait, sans payer aucun droit de rouissage aux seigneurs d'Auxy; mais il fallait, pour cela, qu'ils en demandassent une fois l'an la permission qu'ils ne pouvaient leur refuser.

« Le fief de Bernatre ou Maucourt, sis à Lannoy sur une maison et trente-trois journaux, par le sieur Morel d'Abbeville.

« Le fief Mercier, y séant, tenu par J. Jndecy sur quinze journaux de terre;

« Le fief de Mons, y séant, maison et vingt-six journaux de terre et censure;

« Trois fiefs sis à Romanie, sur trois maisons et quatre-vingt-huit journaux de terre;

» Le fiief de Manchicourt, sis à Auxi-le-le-Château tenu de Wavans, par M. le comte de Lannoy. »

Le sire de Montmorency, seigneur de Bours, devait aux bers d'Auxi l'hommage de bouche et de plus une paire d'éperons dorés et les plaids trois fois l'an à leur cour. Gilles de Wavrin, possesseur du fief des Helliers, était assujetti envers eux au service à Ronchin, avec 60 sols d'aide et 20 sols de chambellage.

Le curé d'Auxi devait lui-même aux seigneurs du Bourg une paire de souliers de femme, qu'il remettait le mardi de la pentecôte à leurs officiers, pour être distribuée avec un balai et la ceinture de ruban, la fleur, le peigne et le miroir, dont nous avons parlé plus haut, aux jeunes filles trouvées à la danse qui avait lieu ce jour là sur la place n'Auxi. (H. Dusevel.)

L'entrée principale du château d'Auxi, située entre le nord et l'est, était formée d'un pont en briques composé de cinq arches, d'une arcade en ogive sous laquelle se trouvait un pont-levis et une herse dont on voyait naguére encore les coulisses. On pratiqua il y a quelques années, des fouilles dans son enceinte: elles provoquèrent la découverte d'un aqueduc, des restes d'une chapelle ou d'un oratoire, d'un éperon remontant aux premiers temps de la chevalerie française, de fragmens de vases du XIIIe siècle, offrant des arabesques; de quelques médailles de la même époque marquées au coin des comtes de Flandre, des ducs de Bourgogne et d'Autriche, et enfin d'un cachet très-ancien qui furent communiqués à M. Rigollot d'Amiens. (A. Dinaux, hommes et choses.)

Les anciens seigneurs d'Auxi apportaient un soin particulier à faire de sages réglements pour l'administration de la justice dans leur seigneurie. En 1723-1725, le comte et la comtesse d'Egmont en publièrent deux par lesquels ils recommandaient à tous les officiers et suppots de leur justice :
1° d'avoir chacun un inviolable attachement à leurs devoirs, sans pouvoir entreprendre sur les offices les uns des autres et de vivre entr'eux dans une subordination convenable, ayant l'un pour l'autre le respect et la déférence dus à chacun, suivant les prérogatives de sa charge.

2° De tenir les plaids tous les jeudis dans la maison de ville, séante sur le marché d'Auxi et non pas au chateau, ainsi que cela se pratiquait par le passé ;

3° De garder le secret sur tout ce qui serait traité en fait de justice, sans qu'ils pussent révéler à qui que ce fut, sous peine de parjure et de privation de leurs offices ;

4° Et de n'entendre que ceux de leurs vasseaux, censitaires ou justiciables qui comparaîtraient en jugement, assistés d'un procureur postulant, ne pouvant, pour la plupart, s'expliquer assez clairement et n'ayant pas assez de connaissances, assez de lumières, pour déduire leurs raisons et soutenir leurs droits.

LISTE DES SEIGNEURS D'AUXI

1152, Hugues d'Auxy, chevalier. — 1170, Hugues d'Auxy, chevalier, — 1200, Hugues d'Auxy, chevalier. — 1224, Hugues d'Auxy, chevalier. — Philippe d'Auxy, chevalier. — 1285-1302, Jean d'Auxy, chevalier, mort à Courtray, en 1302. — 1302-1346, Jean d'Auxy, chevalier, mort à Crécy, en 1346. — 1346-1380, Jean d'Auxy, chevalier. — 1370-1415, David d'Auxy, chevalier, tué à Azincourt, 25 octobre 1415. — 1415-1418, Philippe d'Auxy, chevalier, a pour héritier son frère puîné. — 1418-1474, Jean d'Auxy, chevalier de la Toison-d'Or, grand-maître des arbalétriers. — 1474-1490, Isabeau d'Auxy, dame dudit lieu, femme de Philippe de Crévecœur, seigneur d'Esquerdes, maréchal de France. — 1490-1498, Marie d'Auxy, sœur de la précédente, hérite d'elle Auxy, et l'apporte à son mari, Jean de Bruges de la Gruthuze.

prince de Steenhuyse, maréchal de France. — 1598-1512, Marguerite de Bruges, leur fille, dame d'Auxy, femme de Jacques de Luxembourg, conseiller et chambellan du roi des Romains, chevalier de la Toison-d'Or. — 1512-1530, Jacques de Luxembourg, chambellan de l'empereur, gouverneur des Flandres et chevalier de la Toison-d'Or, mort en 1530, sans postérité.— 1530-1540, Françoise de Luxembourg, comtesse de Gavre, femme de Jean, comte d'Egmont, chevalier de la Toison-d'Or, hérita Auxy après la mort de son frère. — 1540-1568, Lamoral comte d'Egmont, prince de Gavre, chevalier de la Toison-d'Or. mort en 1568. — Auxy fut mise en décret sur ses successeurs et achetée par le suivant : — 1610-1646, Nicolas de Lannoy, seigneur de Dameraucourt gouverneur d'Eu, mort en 1646, sans postérité, léguant Auxy à son neveu. — 1646-1690, François de Lannoy, chevalier. — 1690-1721, Charles, comte de Lannoy, gouverneur d'Eu. — 1721-1739, Louis-Auguste. comte de Lannoy colonel de cavalerie.—1739-1780, Louis Charles-Antoine, comte de Lannoy, maréchal-de-camp, gouverneur d'Eu. Il vend Auxy, le 22 juillet 1680, moyennant 132,000 livres au suivant.—1780, Jean-Baptiste Thomas, marquis de Panges, grand-bailli d'épée de la ville de Metz. — 1787, Louis Thomas, marquis de Panges, colonel en second du régiment de Berchem, hussards. (Réné de Belleval. les fiefs et les seigneuries du Ponthieu et du Vimeu.)

Le premier janvier 1871, à une heure de l'après-midi, 50 uhlans arrivèrent à Auxi-le-Château ; ils furent bientôt suivis par 350 lanciers et 2500 fantassins, appartenant au 70e et au 73e de ligne. Quelques coups de fusil ayant été tirés sur les premiers qui apparurent, par les sapeurs-pompiers, le capitaine, le sergent-major et un autre habitant, accusé de faire partie de la compagnie de francs-tireurs, furent garottés et retenus prisonniers jusqu'au lendemain matin à neuf heures. Une heure après, l'ennemi quittait Auxi-le-Château, se dirigeant vers Domart. (Invasion allemande).

La maison de ville, joli petit bâtiment du xvie siècle, flanqué de 2 tourelles, fut réparée en 1757 et 1768. Cet édifice, qui appartient à M. le duc de Luynes, comme successeur des seigneurs d'Auxi, La Gruthuse et d'Egmont, a conservé au-dessus de la voûte de la principale porte d'entrée, une vaste chambre dans laquelle le bailliage d'Auxy tenait autrefois audience. Pour l'exercice de leur justice, les anciens seigneurs de ce bourg avaient établi dans leur seigneurie un bailly, un lieutenant, un procureur fiscal, un substitut, un greffier et plusieurs sergents. Le bailli ou son lieutenant, assisté d'hommes de fief, donnait audience tous les jeudis dans la maison de ville qui était le lieu plaidoyable. Les détenteurs du fief de la prévôté devaient y faire le service à pied, tenant à la main un glaive, et ajourner les hommes, quand il en était besoin.

La rivière d'Authie divise Auxi-le-Château en deux parties. Avant la division de la France en départements, la partie d'Auxi-le-Château, située au-delà de l'Authie, dépendait de la Picardie, et la partie en deça de cette rivière, était de l'Artois. Cette dernière ressortissait au bailliage d'Hesdin. Le comte d'Egmont était le propriétaire de la partie située en Artois à la droite de l'Authie ; le comte de Lannoy était le seigneur de l'autre partie, située en Picardie. Elles avaient *l'une et l'autre leur justice disticte et séparée.* Celle de la partie Artois ressortissait au bailliage royal d'Hesdin et se composait d'un bailli, un lieutenant, un procureur fiscal un greffier, plusieurs hommes de fiefs, huissiers et sergents. Celle du côté de Picardie, se composait aussi d'un bailli, un lieutenant, un procureur fiscal, un greffier, etc.

Le chef-lieu de la *bérie* était au-delà de l'Authie, en Artois, dont elle était la première pairie ; elle dépendait du bailliage d'Hesdin et comptait 277 habitants. La partie en Ponthieu, Bailliage de Crécy et élection d'Abbeville, avait 140 feux.

Auxi-le-Château et quelques communes du canton actuel firent, pendant plusieurs années, partie du district de Montreuil-sur-Mer ; mais, en vertu de l'arrêté des consuls du 9 brumaire an x, le nombre des communes du canton fut augmenté, et elles furent, ainsi que le chef-lieu, réunies à l'arrondissement de Saint-Pol.

De 1791 à l'an XIII, ce bourg porta le nom d'*Auxi-la-Réunion.*

De nos jours, Auxi-le-Château, chef-lieu de canton de l'arrondissement de Saint-Pol, compte environ 3,200 habitants, dont les relations avec Abbeville, Amiens, Frévent, Saint-Pol et Arras, sont facilitées par l'établissement d'une gare sur le chemin de fer de Béthune à Abbeville, livré à l'exploitation depuis le mois de juillet 1879.

Auxi-le-Château dépendait du diocèse d'Amiens, archidiaconné du Ponthieu et était chef-lieu d'un doyenné formé d'un démembrement de celui de Labroye, dans le xviie siècle (Darsy).

Selon le pouillé de l'archidiaconné (f° 36), la dime appartenait au prieur de Saint-Pierre d'Abbeville, aux religieux de Saint-Riquier, au prieur de Biencourt, à l'abbesse de Villancourt, à celle de Saint-Michel de Doullens, aux dames de Moreaucourt, à l'abbé et aux religieux de Cercamp, au chapelain de Saint-Laurent d'Auxy, à l'hopital du même lieu, à un chapelain de la cathèdrale (celui de Saint-Augustin, à la collation du chapitre), à l'abbesse de Bertaucourt et au doyen de Longpré-les-corps-Saints (ou plutôt à la chapelle de Saint-Nicolas de Long ?) La part du chapelain ne serait-elle pas celle donnée à l'Université des chapelains de l'église d'Amiens par Hugues d'Auxi (de Auxiacho) et ratifiée par son fils Hugue, chevalier, au mois de septembre 1225 ? (Cartulaire du chapitre d'Amiens, ii, f° 231.)

Les baux de l'abbaye de Moreauconrt disent que celle-ci avait sur Auxi-le-Château, côté de France, *de 7 gerbes venant à dime un tiers et* le prieuré de Biencourt les deux autres tiers ; que sur les terroirs de Neuville, Tuncq et Buignes, ladite abbaye prenait 2 gerbes de 7, les dames de Villencourt, 2, le prieuré de Biencourt autant, et le titulaire de la chapelle de Saint-Nicolas-en-l'hôpital-de-Long.

Regnault curé d'Auxi, fonda dans l'église la chapelle Saint-Laurent, y affectant 19 journaux de terre et en attribua la présentation au seigneur ; ce que confirma Hugues d'Auxi au mois d'avril 1263 (Darsy, bénéf. du diocèse d'Amiens.)

L'église, dédiée à Saint-Martin, fut reconstruite telle qu'on la voit aujourd'hui, au commencement du xvie siècle. Pierre Danel, très-habile maçon du temps, travaillait à cet édifice en 1516 et 1517. Suivant un ancien usage, il demeurait auprès, afin de mieux surveiller ses ouvriers. Il fallut, au reste, qu'à cette époque la construction de l'église d'Auxi fût déjà assez avancée, car on voit par les registres aux comptes, qu'un Abbevillois, accusé d'homicide, y avait cherché un refuge et qu'il s'y tenait en franchise. Au mois de décembre 1533, Daniel Wanier, maître verrier, demeurant à Abbeville, posa dans le chœur de cette église, la vitre principale et seigneuriale qu'il avait été chargé de faire selon le pourtraict à luy baillié et moyennant 8 sols tournois le pied carré; un autre verrier d'Abbeville, François Lardé, reçut alors 30 sols pour être venu à Auxi prendre la mesure de deux verrières aussi au chœur et avoir fait ung patron en papier de la remembrance de la passion, envoyé à Françoise de Luxembourg, dame d'Auxi. En 1577, on fit les voûtes du choeur et des chapelles avec le montant de la fondation d'un nommé Colart Blanchart. Le clocher fut reconstruit alors : l'église d'Auxi essuya de grands dégats, elle fut même ruinée presque complètement à cette époque par les gens de guerre, ainsi que le constate un ancien compte de la fabrique de 1582 à 1583. Le portail est moins ancien que le reste du monument : il porte la date de 1697. L'extérieur de l'église d'Auxi n'est pas comparable pour la beauté à l'intérieur. Les piliers qui soutiennent les voûtes sont en grès. Ces voûtes offrent un très-joli coup-d'oeil; elles sont semées de franges et de festons. On y voit encore plusieurs des écussons qui l'enrichissaient autrefois. Parmi ces écussons, on remarquait ceux aux armes des quatre familles principales, qui avaient possédé successivement la terre et seigneurie d'Auxi, à savoir, celle d'Auxi, celle de la Gruthuse, celle de Luxembourg et celle d'Egmont.

L'église d'Auxi le Château, dévastée en 1793, ne fut ni vendue ni détruite. Elle servit tantôt de grenier à fourrage, tantôt de salle pour les clubs, les danses, fêtes et assemblées nationales.

Le mobilier avait été saccagé. On n'a pu conserver que les orgues qui avaient été fabriquées à Arras, en 1539 par Adrien Carpentier, les bancs qui datent de 1537, la cloche de 1783, le maître-autel et les boiseries adjacentes achetées, à Amiens en 1790 et provenant de l'église abbatiale de Saint-Jean de cette ville. Les démolisseurs ont laissé une fresque qui existe encore, sur le mur de la chapelle du bas-côté droit. Cette peinture murale représente dans le haut le monogrammme de Jésus-Christ et de Marie, environné d'une auréole et devant lequel quatre anges se prosternent pour l'adorer. On lit ces mots au centre :

In nomine Jesu domine
Genuflectantur coelestium, terrestrium et
Infernorum (ad. Philip. ii, cap. v.)

A droite et à gauche sont placés quatre écussons; puis, paraissent Guislain Dubus, en prières, accompagné d'un pape, d'un cardinal, d'un évêque, d'un religieux, de quatre chevaliers etc; la femme de Guislain Dubus, suivie d'une autre dame, d'une abbesse couronnée et de divers autres personnages. Enfin, vient l'enfer avec ses flammes vengeresses et ses réprouvés ; cette peinture offre l'inscription suivante :

Guislain Dubus, escuyer,
Sgr. de Magnicourt-sur-Canche,
Langhvebelek et Cakwane,
En son temps gouverneur et Bailly-général
D'Auxi-le Chasteau, tant du côté de France
Que d'Arthois, avecq appendances et
dépendances ;
Et damoiselle Marie-Lescuyer, sa femme,
Ont faict faire cette peinture
En l'honneur du nom de Jesu
Anno 1594.

La chaire a été exécutée en 1681, par un habile menuisier des environs, on la trouve assez belle.

Quelques usages assez étranges existaient au xvi° siècle dans l'église d'Auxi ; le fermier du prieuré de Saint-Pierre d'Abbeville avait droit de prendre *deux parts des offrandes* qui s'y faisaient, et le curé la *tierche partie* seulement. Ainsi, lorsque l'on célébra dans ce temple, le service du feu comte de Gavre, au mois d'août 1532, ce fermier reçut 15 s. pour les deux tiers des offrandes qui avaient été faites à la messe, pareille somme fut payée aux sonneurs pour avoir sonné les cloches selon la coutume, pendant deux jours entiers, et Jean Pottier, peintre à Auxi, reçut 12 s. pour six grands blasons aux armoiries du comte qu'il avait faits. (Dusevel).

En 1827 on fit de grands travaux de réparation à l'église ; mais ils furent conçus et exécutés contre toutes les règles de l'architecture. C'est ainsi qu'en supprimant les clochetons ornés de franges et de festons qui s'élevaient gracieusement au-dessus des fenêtres latérales du côté de l'épître, ils furent remplacés par une corniche lourde et écrasée. On ne fit qu'un seul toit grossier, tandis qu'elle en comptait trois qui se développaient jadis sans aucun effort. La voûte de la grande nef en bois peint sculpté fut détruite et on y substitua un plafond de mansarde.

En 1848, un autre maçon de Saint-Riquier, appelé Daullé, a réparé presqu'en entier la belle et intéressante église d'Auxi. Les fenêtres de l'abside et du bas-côté gauche ont été refaites avec beaucoup de goût et suivant l'ancienne forme. Cependant ce travail de restauration laisse bien à désirer: le curé fit malheureusement disparaître dans la nef latérale du côté de l'épître une voûte en bois sculpté; celle du choeur fut badigeonnée suivant le mauvais goût de l'époque.

Auxi eut un couvent de Brigittins. En 1875 on voyait encore un petit bâtiment, derniers vestiges des constructions de cette maison. Quelques cellules et un étang dans la propriété qui en dépendait, sont les seuls souvenirs qu'il nous en reste.

Les archives de la commune renferment une pièce intéressante : Ce sont les édits de mars, avril et août 1693, dans lesquels Louis XIV ordonne la réunion à l'hospice d'Auxi-le-Château, des maladreries et léproseries de Labroye, Villeroy, Gennes et Caumont.

La population d'Auxi-le-Château était de 3,800 habitants avant 1800. Elle s'est successivement élevée à 2,975, en 1861, et 3,275 d'après le recensement de 1876.

Auxi-le-Château a pour dépendances les hameaux de Lannoy, et La Neuville ; les écarts dits, la maison du garde, la Grâce de Dieu, la Tourbière; les fermes isolées, Le Planty, Huleu, le Mont-Louis.

Nous signalerons encore les fossés Bouchons, les Quatre Cavées, le camp la Violette, les Nonains, Vallée de Bernatre, Vallée de Buire, fond Vignier, la vallée de Drucas.

Bois de la Justice, le Poirier, la Cumehaie, Bois de Lannoy,

Bois de Mézicourt, Bois de l'Épinette, Bois de la Sablonière, le Ruisseau, dit la *Fontaine*, se jette dans l'Authie.

BIOGRAPHIE

Wallart Nicolas Guislain, ancien officier supérieur, maire d'Auxi, 1840, chevalier de la légion d'Honneur. Hulo Antoine, ancien lieutenant de la grande armée.

BOFFLES

Boves, 1214-1311

Ce village est situé entre Frévent et Auxi-le-Château, à peu de distance de la route qui relie ces deux villes entr'elles.

La terre de Boffles a donné son nom à une maison de race chevaleresque très-illustre en Artois et Picardie. Jehan de Boffles fit partie de la croisade de Damiette, comme le prouve une charte originale datée de juin 1217. Godefroy et Jean de Boffles, fieffés de la prévôté de Saint-Riquier, sont convoqués pour la guerre en 1337. (D. Grenier). Jean de Boffles, écuyer, reçoit ses gages et ceux de 10 écuyers de sa compagnie le 16 août 1415. (M. de la Bibliothèque royale.)— Romage de Boffles, écuyer.

Rasse de Boffles, écuyer, conseiller du duc de Bourgogne, prend sa pension sur la recette de Ponthieu en 1450. — Romage, chevalier, sieur de Boffles, allié à Marie d'Ailly, d'où Agnès, dame de Boffles, femme, vers 1450, de jean Gargan, et mère de Jean Gargan, sieur de Boffles et d'Authieulles (D. Lepez), Rasson de Boffles, écuyer, 1448 (Cart. de Saint-Valéry). — Quillin de Boffles, homme de guerre sous messire Charles, seigneur de Rubempré, en 1491. Pierre, Adrien et Frédéric, hommes d'armes sous le duc de Vendosme en 1519. N., homme d'armes de messire Oudard du Biez, en 1523. Jean, homme d'armes sous M. d'Humières, en 1522. Le bâtard de Boffles, archer des ord sous M. de Pont-Remy en 1525, maréchal-des-logis, en 1536. Louis et Roboan, archers sous M. d'Humières en 1529. Roboan, Antoine et Lois, archers sous Monseigneur le Dauphin en 1534. etc., etc. (Fiefs du Ponthieu),

Au mois de Septembre 1472, les Français de la garnison d'Amiens mirent le village de Boffles à feu et à sang. (Harville).

An XVIIIe siècle, le prieuré de Saint-Georges-les-Hesdin possédait la seigneurie de Boffles. (Roles de 20°, 1757.)

La commanderie des Templiers de Fieffes, percevait entièrement la dîme de Boffles (Mannier).

Le chevalie Clérét de Boffles, enrôlé comme simple soldat dans un régiment de cavalerie, dut ses épaulettes de colonel à de nombreux éclats pendant les conquêtes de l'empire. Il mourut à Boffles, son lieu natal, en 1853.

BONNIÉRES.

Bunaria (Harbaville).
Boniras XIe siècle (Cart. d'Aubigny).
Boneris XIIe siècle (Cart d'Aubigny).

Les antiquités que recèle le territoire de Bonnières prouvent assez son antique origine. En effet, en creusant des puits à marne, on a découvert sur divers points des tombeaux en pierre. La tradition locale rapporte l'existence d'une maison de Templiers : un puits, dit des Templiers, et quelques fondations anciennes semblent corroborer cette opinion ; mais nous avons souvent vu dans nos campagnes donner le nom de Motte des Templiers, château des Templiers, à des substructions gallo-romaines ou celtiques. Il arrive souvent, en effet, que, ne sachant à quel peuple ou à quelle époques attribuer les monuments qu'il rencontre, le paysan leur donne pour constructeurs ceux dont l'histoire a frappé son imagination ou a été le sujet de vieilles légendes. Voila pourquoi nous trouvons si souvent les noms de Brunehaut, de Fées, de Templiers ou de Sarrasins, accolés à des monuments qui leur sont tout-à-fait étrangers (Terninck).

Nous n'avons du reste trouvé aucune trace de l'existence d'une maison de Templiers à Bonnières, dans l'ouvrage de Mannier sur les commanderies. Quand au bois de l'abbaye, ce nom lni a été donné comme ancienne possession du monastère d'Anchin

En 1334, un conflit s'éleva entre le comte d'Artois et l'abbaye d'Anchin au sujet de la justice de Bonnières. L'affaire fut déférée au conseil de Philippe VI (Trésor des chartes A. 76).

En 1411, Thierry d'Hireçon possédait une maison et des terres à Bonnières tenues à cens par Thomas Lostelier (Trésor d'Artois A. 57).

Henri V, roi d'Angleterre, poursuivant l'armée française, se dirigea le 21 octobre 1415 vers Albert et passa la nuit è Acheux, son avant-garde étant à Louvencourt.

« A l'aube, au lieu de continuer son mouvement vers le nord,
» comme on aurait pu le supposer, il obliqua, laissa Doullens à
» une lieue sur la gauche, traversa Lucheux et se rejetant fran-
» chement à l'ouest, se logea à Bonnières, où devait s'arrêter
» l'avant-garde, et où le roi se rendit par erreur, car ses loge-
» ments étaient marqués dans un village plus bas. Quand on lui
» en fit l'observation, il répondit : — jà, Dieu ne plaise, entendue
» que j'aie la cotte d'armes vestue, que je dois retourner en
» arrière,—et il refusa de revenir sur ses pas. Le duc d'Yorck qui
» devait coucher à Bonnières avec l'avant-garde, alla jusqu'à
» Frévent, sur le bord de la Canche, et les deux ailes se disper-
» sèrent dans les villages voisins, Ivregny, Sus-Saint-Leger,
» Villers-L'Hôpital et le Souich. » (Hist. de la ville de Doullens. Delgove.)

Henri VIII voulant continuer la guerre s'empara de Boulogne, et ce fut dans ces circonstances, que l'archevêque d'Amiens ordonna que 1,500 pains seraient chaque jour transportés à Doullens, d'où on les ferait parvenir au camp des Italiens, établi à Bonnières (9 Xbre 1544.).

La famille de Bonnières descend des anciens comtes de Guînes dont elle avait les armes et dont elle releva le nom en

1650. Guillaume de Bonnières était capitaine de Cambrai en 1221. (Le Carpentier).

Guillaume de Bonnières, sieur de Thieulloy, gouverneur d'Arras et de Bapaume en 1414, chevalier, chambellan du roi et du duc de Bourgogne, allié à Jeanne de Fiennes, dame de Loches, puis à Isabeau de Guistelles, veuve de Hugues de Neuville, d'où Jean, chevalier, sieur de La Thieulloy, marié en 1454 à Jeanne de Bayne, dame de Souastre et du Mesnil, fille de Jean et d'Anne de Vignacourt ; d'où etc, etc (Le Carpentier).

Charles de Bonnières, seigneur de La Thieulloye fut gouverneur d'Arras en 1444 ; Charles de Bonnières, baron d'Auxi, fut député par les Etats d'Arras vers Charles Quint et Philippe II. Le dernier rejeton male de cette maison, gouverneur général d'Artois en 1787, lieutenant général des armées du roi et chevalier de ses ordres, fut créé duc de Guines, non pair. Armes : vairé d'or et d'azur (Borel d'Hauterive, page 450).

La seigneurie de Bonnières appartenait à l'abbaye d'Anchin qui y possédait une ferme considérable de 11,640 livres de revenu. (Rôle des 20es, 1757.) Elle était située à la jonction de la rue d'Auxi avec celle de l'Abbaye.

Bonnières est situé sur le vaste plateau qui sépare les deux vallées de l'Authie et de la Canche. Cette commune, l'une des plus importantes de l'arrondissement de Saint-Pol, est traversée par deux chemins de grande et moyenne communication, donnant un accès facile aux gares de Frévent et d'Auxi-le-Château, de Fortel et de Bouquemaison.

Son territoire, qui comprend 2368 hectares, 97 ares, 68 centiares, est généralement argileux et productif, aussi l'agriculture forme-t-elle la seule richesse du pays.

Ce vaste territoire, avant 1789, était en grande partie le domaine des abbayes. Les belles fermes de Beauvoir et de Croisettes appartenaient à l'abbaye de Cercamp.

L'abbaye d'Anchin possédait plus de 500 hectares et la belle propriété de la famille Bulté, comprenant au moins 300 hectares provenait, dit-on, des Templiers. En effet, au lieu même où a été construite la ferme actuelle, qui existait avant la révolution, on a retrouvé une belle cave, des fûts de colonnss et des chapiteaux en grès de l'ordre composite, vestiges de constructions anciennes et importantes. A peine le quart de ce territoire était-il la propriété d'anciennes familles qui sont presque toutes disparues.

Bonnières, qui compte aujourd'hui mille habitants, aurait en anciennement une population d'au moins douze cents âmes. Les registres de catholicité, remontant à 1600, accusent en effet un mouvement de population plus important que ne les constatent lesregistres d'aujourd'hui. (Communication de M. Godet, officier d'académie).

Bonnières faisait autrefois partie du diocèse d'Amiens. Une partie de l'église date du xive siècle, la tour et le choeur sont de construction récente. Ruinée pendant la guerre d'Espagne, elle fut réparée en 1665 par les soins des religieux de Cercamp et d'Anchin. Convertie en club révolutionnaire et en fabrique de salpêtre en 1793, elle vit brûler une partie de son mobilier sur la place publique. Rendue au culte en 1803, cette église ne fut restaurée qu'en 1847; à cette époque, le choeur et le sanctuaire reçurent de belles boiseries en chêne. Enfin une transformation complète, opérée en 1866, a rendu l'église de Bonnières une des plus belles des environs.

La dîme de Bonnières appartenait, d'après le pouillé de l'Archidiaconné d'Amiens à l'abbaye d'Auchy. Cependant il est constant qu'elle en avait fait cession au profit du prieuré de Saint-Georges à Hesdin, par échange contre un tiers des Dames de Fontaine-le-Sec et de Flamermont, selon titre du mois de juillet 1218, qui est rappelé dans des lettres de l'official d'Amiens du mois de juin 1279 (Cartul. d'Auchy, p. 100 et 257.) (Darsy.).

Les dépendances de Bonnières sont :

BEAUVOIR. — Des nombreux fossés et retranchements semblent indiquer l'existence d'un ancien camp romain, dans ce hameau situé près de la route de Frévent à Doullens. — Dès 1380, les religieux de Cercamp possédaient la ferme de Beauvoir. Une charte de Walleran de Luxembourg, comte de Saint-Pol, la cite au nombre des possessions de l'abbaye, sur lesquelles elle a tous droits de justice. La seigneurie de Beauvoir dépendait de la prévôté de Doullens et appartenait en 1507 à

Ferry de Saveuses. Il y eut autrefois une chapelle à Beauvoir desservie par les religieux de Cercamp. Ses fondations furent retrouvées vers 1700.

CROISETTES écart situé sur les confins du département de la Somme. Une sentence de 1221 attribue à Cercamps la terre de Croisette.

Les fermes de la Croix Trempez ou maison Leblond, sur la grande route de Frévent à Doullens.

L'ancien hameau du bois Choquet renfermait 15 maisons en 1708 et dépendait des bois de l'abbaye de Cercamps, dont une partie fut donnée en arrentement à divers particuliers, à charge d'y bâtir et de rendre les terres labourables. Toutes ces fermes furent brûlées pendant la guerre de 1631 entre la France et l'Espagne.

BOUBERS-SUR-CANCHE.

Bobert, XIe siècle (Cart. d'Aub.).
Botbercium, XIe siècle (Cart. d'Aub.)
Budbers XIe siècle (Cart. d'Aub.)
Butberz, 1179 (Chartes).
Butbert XIIe siècle (Cart. d'Auchy)
Bubert XIIe siècle (Cart. d'Auchy).
Bobers XIIe siècle (Cart. d'Auchy).
Boberc XIIIe siècle.
Bobiers 1266.
Bouberch, 1301, Pouillé.

Ce village est situé sur la Canche, à peu de distance de Frévent, sur la route qui relie cette ville avec Hesdin.

En 1847, des ouvriers sous la direction de M. Tiroloy l'un des gérant de l'usine de Boubers découvrirent dans une prairie située sur la Canche, un cimetière gallo-romain, renfermant des squelettes très-bien conservés, entourés de fers de lances, vases en grès et en verre, etc..etc. (Lambert. Puits artésien).

Les anciens sires de Boubers, dont la postérité se fixa en Ponthieu, bâtirent un château au pied des monts saint Inglevert, dont il ne reste aucun vestige depuis plusieurs siècles. Ils établirent plus tard leur résidence à Boubers-sur-Canche.

Willaume de Boubers fit partie de l'expédition d'Oisy en 1254. Un de ses descendants fut au nombre des ôtages livrés pour la rançon du roi Jean, 1360, (Herbaville).

Les coutumes de Boubers furent rédigées le quinze septembre 1507, en présence de Clément Martin, lieutenant du Bailly, représentant Jehan de Nœuville, chevalier, seigneur et propriétaire de la terre. (Bouthors, coutumes locales.)

Le prince de Rache, allié à l'ancienne famille d'Ollehain, possédait la seigneurie de Boubers en 1701, conjointement, avec les religieux d'Auchy

Des lettres patentes du roi, enregistrées le 30 mars 1702, érigèrent en principauté la terre de Rache y compris celle de Boubers, en faveur de messire Philippe Ignace de Bergues. Le comte de Nassau mourut au château de Boubers, le 17 jan. 1798 (P. Ign. add. mém. t. v.)

Le voisinage de cette commune avec celle de Ligny-sur-Canche fit naître entr'elles certaines difficultés au sujet des marais communaux. En 1770, un jugement du conseil provincial d'Artois, déclara la partie du marais nommée la *petit marais* DE BOUBERS, appartenir aux habitants, corps et communauté de Boubers, sans aucune servitude de pâturage, ni autres envers la communauté de Ligny (Inv, des chartes d'Artois. B. 152).

Quatre ans après, un accord eût lieu entre les communautés de Boubers et de Ligny-sur-Canche au sujet du droit de pâturage commun dans le PETIT MARAIS (Inv. B. 156).

Au commencement du xixe siècle, Boubers n'avait d'importance que par son château, appartenant au comte de Lasteyrie du Saillant, chambellan de l'empire et préfet de Munster. M. Ternaux y établit en 1828 une filature de lin avec fabrique de toile, mais une mort inopinée l'empêcha de poursuivre les développements qu'il avait conçus pour son établissement. A la dissolution de la société, la fabrique de Boubers fut vendue au baron de Fourment, qui la transforma en filature de lin et métiers de tissage.

On remarque aussi à Boubers une pépinière très-importante dirigée par M. Hoez.

Le premier janvier 1871, Boubers eut la visite des Prussiens qui mirent le feu à une grange dans laquelle un cuirassier avait été tué par un mobilisé.

Il y eut autrefois un prieuré à Boubers. (Pouillé de l'archid. f° 45). Le pouillé de 1736 le nomme, mais vaguement, et sans aucun détail ; il ne figure pas dans celui de 1682, ce qui fait supposer sa disparition. Une chapelle fut fondée, au mois d'avril 1272, par Robert, chevalier, seigneur de Tilly et de Bouberch-sur-Canche, dans son château de Bouberch, la collation réservée pour lui et ses héritiers. On trouve jointe à ce titre une charte de l'année 1285, portant fondation d'une autre chapelle. Mais il est à croire qu'il s'y agit de Boubers au doyenné de Mons. (Titres de l'évêché d'Amiens).

Cette cure (altare de Budbers) et les membres en dépendant alors (membra subjacentia), savoir : Vacquerie (Vacaria), Fleirs, Escoivres (Escuavias) et Flamermont (Frodmermunt), furent donnés à l'abbaye d'Auchy, du temps de l'abbé Norbert par Ingebran (Ingebrannus), comte de Hesdin, en 1099. L'évêque d'Amiens Gervin, ratifia cette donation par charte donnée à Amiens en chapitre (in consilio) le 8 des ides de novembre 1099. Elle fut ensuite confirmée en l'année 1112, aux Ides de février, par Gautier, comte d'Hesdin, et vers 1220 par Charles, comte de Flandre. — Au mois de juillet 1255, l'évêque d'Amiens reconnut le droit de patronage de l'abbaye d'Auchy (cart. de l'abb. Saint-Silvin d'Auchy fait en 1680, par D. Bertin Thiembronne, religieux de la dite abbaye, p. 1, 62 et 180. Bibl. communal d'Abbeville).

La dime appartenait à l'abbaye d'Auxi-les-Moines (Pouillé de l'arch.) (Darsy).

Le prieuré de Boubers était situé près du cimetière, vers la rue haute.

La paroisse dépendait du diocèse d'Amiens; l'église desservie par les religieux, et placée près de l'endroit, appelé le *Cimetière Saint-Léger*, fut démolie avant le XVIIIe siècle. Celle qui la remplaça, fut renversée pendant la révolution de 1789. La tour seule fut conservée. On y lit l'inscription suivante : « Me, Jacques Tel-
» lier, curé de Boubers a tenu la main à ère cette tour en mai
» 1621. » Les lieux dits le *Te deum* et les Berri rappellent les anciennes propriétés de l'église de Boubers.

En 1813, grâce aux largesses des habitants et aux soins du curé, on construisit une nouvelle église. On lit encore aujourd'hui au-dessus du portail les noms des maire, curé, et seigneurs de cette époque, ainsi que des ouvriers qui travaillèrent à son rétablssement. La cloche porte l'inscription suivante : « L'an 1813, j'ai été
» nommée Charlotte par M. Charles Victor de la Steyrie du Sail-
» lant, représenté par M. Charles Crevel, maire de Boubers, et
» Dlle Charlotte de la Steyrie du Saillant, représentée par da-
» me Reine Potier. J'ai été baptisée par Jacques Joseph Lepreux.

En 1848, les deux chapelles latérales et la sacristie furent construites en style gothique (Notes de M. Gérard curé de Bonnières).

Quelques maisons situées à l'extrémité du village portent le nom de Petit Boubers. Deux fermes isolées forment un écart à environ un kilomètre du centre du village vers Hautecote.

BOURET-SUR-CANCHE

Bourech, 1137-1149, (titre de Cercamp.)
Bourrech sur Canche 1507 (coutumes.)
Bouretz, 1757, (rôle du 20°)

Bouret, situé sur la rivière de la Canche, est traversé par la route départementale n° 11 d'Arras à Frévent ; il en est fait mention dès le xii° siècle dans les chartes de l'abbaye de Cercamp. Ce village fit partie de la dot de Jeanne de Châtillon, comtesse de Saint-Pol en 1376. (Turpin, hist. des comtes de Saint-Pol). C'est à cette époque que M. Harbaville fait remonter l'établissement de son échevinage. Les coutumes locales furent rédigées en 1507.

Cette terre entra par mariage dans la noble famille de Hamel, de Bellenglise, vers l'an 1550. Cette maison, originaire de Picardie a produit d'illustres rejetons : Simon de Hamel, chevalier qui servait sous le roi Jean, 1348 ; Antoine de Hamel, maréchal de camp sous les ordres du duc d'Aumale, 1588; Claude de Hamel, lieutenant-général de Picardie et gentilhomme de la chambre du roi 1595.

« La chapelle de Notre-Dame de Bon-Secours de Bouret-sur-
» Canche, fut fondée au commencement du XIVᵉ siècle, pour rece-
» voir la statue de la mère de Dieu que des bergers de ce village
» venaient de trouver dans un buisson, à l'extrémité du terroir,
» vers Bouquemaison. Le seigneur de Bouret, qui était alors un
» sire de Châtillon, comte de Saint-Pol, la fit construire en
» 1317, sur le haut de la côte qui domine la vallée de la Canche,
» lui donna un chapelain et pourvut à son entretien en lui concé-
» dant, à titre de fondation : 1° un manoir qui servit de presby-
» tère ; 2° une partie de bois ; 3° quelques arpens de terre sur
» Bouret (un terrier de la seigneurie de ce village pour l'année
» 1747, qui est aujourd'hui la propriété de M. G. Cappe, nous
» apprend que la chapelle ci-dessus possédait 14 mesures de
» terres et bois aux marquois, vers le bois de la Haie-le-Comte)·
» Un pèlerinage s'y établit alors, et malgré les guerres des XVᵉ,
» XVIᵉ et XVIIᵉ siècles, il est parvenu jusqu'à nous. Ruinée dans la
» guerre de 1635, la chapelle de Notre-Dame de Bon-Secours fut
» reconstruite en 1644 par un sire de Hamel, nouveau proprié-
» taire de la seigneurie, et depuis elle servit toujours de sépul-
» ture aux membres de cette famille. Bien des fois la mère de
» Dieu y manifesta sa puissance, et les béquilles et les autres ex-
» voto qui ornent le sanctuaire, en disent davantage que nous ne
» pourrions le faire.

» Or, au XVIᵉ siècle, l'hérésie tentant à pénétrer dans notre
» beau pays de France, les pèlerins vinrent plus nombreux à la
» chapelle de Bouret invoquer celle qu'on n'a jamais priée en
« vain. On fit alors fabriquer des souvenirs de Notre-Dame de
» Bon-Secours qui, vendus aux pèlerins, étaient emportés par
» eux, après avoir reçu la bénédiction du chapelain. L'un de ces
» souvenirs vient d'être trouvé, en abattant un arbre sur le che-
» min des *Pélérins*, entre Frévent et Bouret. Il est en étain, se
» compose d'une niche gothique surmontée d'un fronton trian-
» gulaire, orné de crosses végétales ; ce couronnement est sou-
» tenu par des colonnes corinthiennes plates, qui elles-mêmes

» contiennent des niches ovales renfermant des statues; celle de
» droite un ange, et celle de gauche saint Jacques. La statue de
» Notre-Dame de Bons-Secours portant l'Enfant-Dieu, occupe
» la grande niche de ce souvenir. La base est formée par des
» feuilles d'acanthe repliées et terminées par une écaille. »
(G. Cappe de Baillon).

Il existait à Bouret une léproserie, due à la munificence des seigneurs qui dotèrent la riche abbaye de Cercamp.

Avant 1789, l'église de Bouret était annexe de la paroisse de Saint-Hilaire à Frévent. Elle fut vendue en 1799 et la démolition était commencée, quand elle fut rachetée par la commune, et restaurée en 1804 et 1805. Bouret fut érigée en paroisse en juin 1852.

La commune se divise en grand et petit Bouret. La *haie le comte* était un bois qui, ainsi que ce nom l'indique, était destiné à la conservation du gibier, par conséquent interdit à l'usage commun des habitants. (Bouthors, Coutumes de Picardie).

BUIRE-AU-BOIS

Buræ, xiie siècle (Cart. d'Auchy)

En 1237, « Li Quens de Flandres eut la seigneurie à Buire près Hesding. » (B. de Calonne, Abbayes de Dommartin), Mathieu, comte de Ponthieu, vendit l'hommage de Buire à Robert comte d'Artois, en 1244. (Harbaville). A cette époque, une partie de la seigneurie appartenait à Jehan d'Amiens, chevalier. (Ch. d'Artois, A. 10).

Jehanne, reine de Castille et de Léon, comtesse de Ponthieu et de Montreuil, ratifia solennellement, en janvier 1256, les donations de sa mère, la comtesse Marie, à l'abbaye de Dommartin, dont elle se déclara la protectrice envers et contre tous, notamment à Hestruval, Cobroy, Buire et Tigny, etc., etc. (Petit cart. de Dommartin).

En 1343, Adam de Buire était sergent du Bailly d'Hesdin. (Chartes d'Artois, A. 81).

La terre de Buire-au-Bois entra, au XIIIe siècle, dans la maison de Mailly, par le mariage de Gilbert de Mailly, avec Jeanne d'Amiens, dame de Talma, de Lorsignol et de Buire. Jean de Mailly, dit Maillet, seigneur de Buire-au-Bois, vivait en 1340 ; il épousa Marguerite de Fiennes, 1350. (Généalogie de Mailly). Un de ses descendants fonda, en 1425, la chapelle de Notre-Dame dans le château de Buire-au-Bois. Elle fût détruite en même temps que la maison seigneuriale. (Darsy, Bénéf. du dioc. d'Amiens). Les revenus des 30 mesures de terre appelées *le fief et camp de Lannoy*, étaient affectés à son entretien.

Les Français dévastèrent ce village au mois de septembre 1472, ainsi que le hameau et le domaine de Bachimont.

Les barons de Vaux possédaient la terre et la seigneurie de Buire dont le revenu s'élevait à 3,060 livres en 1757. (Rôle des 20es Un sieur Hémart de Saint-Pol y possédait un autre fief. (Notes Godin).

Il est fait mention du bois d'Orimont, près la grange de Buire, dans une donation du mois de mai 1224, faite aux moines de Valloires, par l'abbé Thomas de Dommartin. (Cart. de Valloires, B. de Calonne).

Les décimateurs étaient : l'abbé Auchin le chapitre de Vinacourt, l'abbesse de Willencourt, celle de Bertaucourt et les dames de Moreaucourt (Pouillé de l'Archid). — Selon les baux, le droit décimal était de 7 du cent sur tous les grains. De 12 gerbes venant à dîme, les dames de Moreaucourt en prenaient 4. — Celles de Willencourt 5, et le chapitre de Vinacourt, 3. — Une enquête faite en 1602 constatait que la dîme de Buire était inféodée et se percevait par les chanoines, les religieuses de Willencourt et celles de Moreaucourt. — Les autres décimateurs nommés au pouillé n'avaient sans doute que des branches. — Par charte de l'année 1203, noble homme Hugues d'Auxi (de Alsiaco) avait donné aux religieuses de Moraucourt, 2 muids de blé et 2 muids d'avoine, à la mesure d'Hesdin, sur la dime de Buire qui lui appartenait. — Invent. de l'évêché, f° 242. — Titres de Moreaucourt, 2° carton. Archiv. départ.)

Buire-au-Bois faisait partie du diocèse d'Amiens et dépendait du doyenné de Labroye. L'archidiacre de Ponthieu présentait à la cure. Dépouillée de tous ses ornements, l'église fut transformée en temple de la Raison, en 1793. Elle fut rendue au culte en 1801 et entièrement restaurée de 1853 à 1861. La tour avait été construite en 1753 et l'église en 1772 par les dames de Willencourt.

Bachimont est un hameau dépendant de Buire-au-Bois, Jacques de Bachimont, vulgairement nommé Jacques d'Amiens, religieux profès de Dommartin, succéda à Jean Evrard, comme général de l'ordre (1512), et devint si illustre par son éloquence et son érudition, que le Roi le nomma officier d'Etat, grand aumônier et prédicateur ordinaire de sa chapelle. (P. Daire, Hist. litt. d'Amiens. — De Calonne).

La seigneurie de Bachimont a appartenu aux Lamiré.

Jean de Lamiré, écuyer, seigneur de Nouvion, Caumont, Bachimont, Auchery et Ribeauville, fut mayeur d'Abbeville en 1571; son père, fils de Gilles, avait rempli cette charge avec celles de conseiller du Roi et de lieutenant criminel. Cette terre passa par mariage dans la famille de Gaillard. (Réné de Belleval, Noblesse de Ponthieu).

Il existe sur la route de Frévent à Auxi-le-Château, une ferme isolée, appelée Mamur.

CANTELEU

Cantileu, 1122. (Ch. de Saint-Eloy).
Cantilupus, 1198. (Ch. de Saint-Eloy).

D'après Harbaville, ce nom indique qu'au XI° siècle, époque de la fondation de ce village, les bois voisins étaient infestés de loups. Baudouin, sire du Troncquoy, était seigneur de Canteleu, en 1125, (Godefroy, Invent. chron., tom. I. — Harbaville).

Le grand et le petit Canteleu ont donné leur nom à la maison de Canteleu qui porte *d'argent à la fasce de gueules, chargée d'une gerbe d'avoine d'or liée de gueule*. La Morlière dit que c'est une des plus nobles et plus anciennes de Picardie et Artois ; selon Villehardouin, Eustache de Canteleu, vaillant chevalier, se croisa avec le comte Hues de Saint-Pol, Pierre d'Amiens, Nicolle de Mailly, Anseaux de Cayeux, Emery de Villeroy, et périt à la croisade en 1204 ; Simon, son fils, épousa Frescende de Marcoing. Baudoin de Canteleu, chevalier, sire du Tronquoy en Cambraisis, 1125. — Hugues, 1165, et Baudoin, Sénéchal de Béthune, 1206. — Geffroy sert comme écuyer sous Monseigneur Thibaux de Chépoix, dans l'expédition de Roumanie, en 1306 (Chambre des Comptes). — Pierre, trésorier des guerres du duc d'Orléans en Italie, 1392. (De la Gorgue-Rosny). Agnieulx de Canteleux, écuyer, seigneur de Warlincourt, mourut à la bataille d'Azincourt. (La Morlière et D. Lepez). Il fut inhumé en l'église de Notre-Dame de Doullens. Robinet ou Binet de Canteleu, fils de Pierre et de Marie d'Ollencourt, fut père de Jean qui suit, et Nicolas, allié à Marie Durand, échevin d'Abbeville en 1527, 1536. Led. Jean, fameux huissier d'armes à Abbeville, 1500, 1535, avait son épitaphe à Saint-Vulfranc, près la chapelle de Barbafast, (Mss. D. Grenier) il paraît avec la qualité de sergent-royal dans un titre du 9 juin 1494. — Messire Jean de Chantelu, chanoine de Saint-Wulfran à Abbeville, en 1340. (Cœuill. de Saint-Pierre). — Jean arch. des ord. sous messire Oudard du Biez en 1529 (Gaign.) — Marguerite de Cantelue, fille du seigneur de Huranville, mariée vers 1530 à Antoine Galbart, écuyer, seigneur de Courcelles (Mss. de Vander-Haër). — Louise, femme, vers 1580, de François de Bernemicourt, seigneur de Thieulloy. — Agnieulx, écuyer, seigneur de Warlincourt, père de Nicolas, arch. des ord., allié le 22 décembre 1566, à Antoinette de Jambourg, fille de Ambroise, écuyer, seigneur de Planteognon, et de Madeleine du Chemin. — Jean, écuyer, capitaine du château d'Airaines, reçoit ses gages, le 29 novembre 1589. — Charles, capitaine de la grosse tour dn Plouy, prés Abbeville. — Louis, chevalier, seigneur de Planteognon, allié à Madeleine de Serre, d'où Claire, femme, en 1688, de Pierre de la Grenée, chevalier, seigneur de la Motte, et Marie-Madeleine. — Antoine, vice-gérant de l'officialité de l'abbaye de Corbie, en 1602. Cette maison s'est éteinte vers 1740. (Borel d'Hauterive.)

CONCHY-SUR-CANCHE

Concelum, xie siècle, (Cart. d'Auchy)
Cozi, id. (id.)
Conzi, id. (id.)
Conci, xiie siècle (id.)
Concii, id. (id.)
Concis id. (id.)
Conchium id. (id.)
Conchi xiiie siècle (id.)
Conciacum, (Harbaville).
Conchiacum (id.)

Nous signalerons en première ligne les nombreuses trouvailles de silex taillés et polis, faites sur le territoire de Conchy. Ce lieu paraît avoir existé au temps de la domination romaine; à diverses époques, en travaillant à la terre, on a découvert des médailles et des objets remontant à la plus haute antiquité. (Lambert, Puits artérien.)

Les archives de Conchy, en parlant de cette commune, lui donnent toujours le titre de ville : M. Harbaville conteste l'importance que lui attribuent les rédacteurs de l'Annuaire du Pas-de-Calais, pour 1814. Il ne lui accorde même pas le titre de mansion, parcequ'il est éloigné de la grande voie d'Amiens à Boulogne par Auxi et Helenum, et de celle d'Amiens à Thérouanne par Nuncques et Laires. Quoiqu'il en soit, les différentes chroniques s'accordent pour faire remonter la destruction de cette bourgade à l'an 421, pendant l'invasion des Huns. Elle est ensuite mentionnée dans les chroniques de Saint-Bertin de l'année 650.

Le premier seigneur connu de Conchy est cité dans les titres de Saint-Eloy, 1080, comme étant propriétaire foncier du terrain qu'occupait l'abbaye. (Harbaville.)

L'importance donné à cette localité et qui la faisait considérer comme une petite ville, provient de son château-fort et des anciens fossés que couronnait une enceinte murée. Cette forteresse, située sur une élévation, près de la Canche, formait au moyen-âge un poste redoutable. On en retrouve encore quelques vestiges ainsi que des fortificatians qui l'entouraient. *Le fossé de la ville* est le seul souvenir de l'ancienne splendeur de la ville de Conchy.

Hugues de Conchy seconda les voeux des habitants qui réclamaient des franchises municipales; à sa sollicitation, Louis, fils de Philippe-Auguste, leur accorda, en 1209, une charte de commune selon la loi et les coutumes d'Hesdin, en réservant les droits du seigneur sur son domaine privé. De là vint qu'une partie de Conchy n'était pas tenue en échevinage.

Robert, comte d'Artois, confirma cette charte en novembre 1268. (Harbaville. — Godefroy. Invent. chron., t. Ier.)

Les religieux de Corbie partageaient, avec le comte d'Artois, les droits de relief à Conchy. Ils y possédaient une ferme de 70 journaux de terre à la sole, avec un enclos appelé le *pré Saint-Pierre*, et 7 journaux et demi de bois à coupe, faisant moitié de 15 journaux indivis avec le seigneur de Conchy, plus des dîmes, champarts et censives.

Le plus ancien titre de l'abbaye de Corbie, relatif à Conchy, est une déclaration de Philippe, comte de Flandre, de l'an 1225 environ, par laquelle il reconnaît « que la terre et seigneurie de
» Conchy, avec toutes ses dépendances, est commune entre lui
» et l'abbaye de Corbie par indivis, de telle sorte que celle-ci a
» droit à la moitié du produit des eaux, des terres, des bois et
» du moulin, sauf le travers de Conchy, qui appartient exclusivement au comte de Flandre. (A. Bouthors, Cout. loc.)

Une charte de 1274 concerne un différend qui s'était élevé entre l'abbé et les religieux d'Auchy et Hugues, dit Bodore, curé de Conchy. On y voit que Blangizel, objet de la contestation, était à cette époque le secours de Conchy. (Cartul. d'Auchy).

Le 11 août 1298 est la date de la ratification par le comte d'Artois du partage, fait par les arbitres, des terres qui lui étaient communes avec l'abbaye de Corbie, au terroir de Conchy. (Trésor des Chartes d'Artois, t. II).

En 1421, les Français, sous la conduite du sire d'Offrémont pénétrèrent jusqu'à Conchy, *grand village*, dit Monstrelet, et brûlèrent l'église après en avoir fait sortir les habitants qui s'y étaient réfugiés. Ils les enmenèrent prisonniers à Saint-Riquier, d'où ils ne sortirent qu'en payant rançon. (Monstrelet, chron.)

Les coutumes de l'échevinage furent rédigées eu 1507. (Harbaville).

En 1669, le Conseil d'Artois eut à juger un différend qui s'était élevé entre le prince Philippe de Savoie, abbé commandataire de Saint-Pierre de Corbie, et d'Ostrel, chevalier, seigneur de Conchy (Arch. cons. d'Artois, sect. B, 246). Nous voyons dans un procès de 1716, que la seigneurie appartenait alors à Lamoral de Landas, dit Mortagne, chevalier. (Ibid. B. 918).

Sous l'ancien régime, Conchy avait un mayeur et deux échevins : le Roi était seigneur d'une partie de la commune, il avait un lieutenant qui rendait la justice en son nom ; ses jugements ressortissaient du bailliage royal d'Hesdin. Les limites de cette juridiction étaient indiquées par quatre bornes de grès que l'on nommait *la banlieue*. (Leduc et Alexandre, Annuaire 1814).

Conchy avait un hôpital ; une prairie située non loin de l'emplacement du château s'appelle le *Pré de l'Hôpital*. On y trouve des débris de fondation et de nombreux fragments de colonnes. (Comm. de M. l'Instituteur). Une ordonnance de Marguerite, duchesse de Parme, gouvernante des Pays-Bas, réunit les biens de l'hôpital d'Artois, de Saint-Jean-l'Evangéliste, à Hesdin, à ceux de l'hôpital Saint-Jean-Baptiste, de la maladrerie de Vieil-Hesdin et de l'hôpital de Conchy. (1551). (Invent. des ch. d'Artois. B. 756).

Cette commune avait aussi autrefois deux marchés par semaine et une foire annuelle le 21 juin.

Des lettres de chevalerie, en faveur de Jeanne-Joseph Grenet, écuyer, seigneur de Conchy, furent enregistrées le 21 juin 1748.

Le role de 20me de 1757 nous montre la terre et seigneurie de Conchy divisée entre 1° : le baron de Flers, propriétaire d'une maison seigneuriale avec droit de terrage sur le fief d'Agencourt-en-Conchy ; 2° l'abbaye de Corbie qui y possédait une ferme avec droit de dime et champart ; 3° L'abbaye d'Auchy, propriétaire d'une partie de dime ; 4° Enfin B. de le Bucaille qui possédait le fief de la prévôté de Conchy.

La paroisse de Conchy faisait partie du diocèse d'Amiens, doyenné d'Auxi-le-Château ; elle fut réunie au diocèse d'Arras après le concordat. L'église ne fut pas vendue à la Révolution, mais elle tomba en ruine et ne fut entièrement restaurée qu'en 1844. La cure de Conchy fut comprise dans les mêmes donations et confirmations que Boubers ; le droit de patronage de l'abbaye fut aussi reconnu en 1255. Les décimateurs étaient l'abbé d'Auchy-les-Moines et celui de Corbie. Le presbytère était tenu de l'abbaye d'Auchy. Un ancien curé du lieu, Hugues Manchion, ayant légué à la paroisse, pour être uni au presbytère, son courtil avec ses cressonnières (curtilium cum carsonaria), l'abbaye n'en consentit la saisine qu'à la condition que chaque titulaire lui paierait, à son installation, (in novitate sua), 2 sols parisis de droit de relief, c'est l'évêque d'Amiens, Gérard de Conchy, qui constate le tout en l'année 1251, (Darsy, Benef. du dioc. d'Amiens). L'évêque Gérard de Conchy qui fonda dans l'église d'Amiens la fête de saint Juste et de saint Arthémis, martyrisés près de là, pourrait bien avoir été originaire de ce lieu ; sa dévotion aux martyrs que nous venons de citer, le ferait supposer (Decourt, mém. chron. pour l'histoire d'Amiens, Ms. 1. 374.)

ERQUIÈRES

Escuras, xi° siècle (Cart. d'Auchy)
Herkuères. 1262, (id.)
Erquiriacum, 1344, (Chart, d'Artois)
Herkières, xv° siècle, (Darsy)
Herkiaires, id. (Darsy)

Ce village est situé à l'extrêmité du canton, à peu de distance d'Hesdin. M. Terninck a signalé une hache polie en silex noir, longue de seize centimètres, trouvée sur son territoire et à laquelle il donne une origine gauloise.

En l'année 1202, sous le sceau de Hugues, seigneur de Caumont, Iugelran, surnommé Blaris, chevalier, fit don au couvent d'Auchy de toute sa dîme sur Herkueres et Emelinbuch, du consentement de sa femme Emma et de ses fils Robert, Simon et Ourson (Urso). L'évêque Thibaut confirma la donation par lettres sous la même date, où les noms sont ainsi écrits : Herkières et Emelinpuch (Cart. d'Auchy, p. 68 75 77, 100 et 257. — Pouillé de l'archid. f° 76.)

Le seigneur du lieu en vendit les droits féodaux au comte d'Artois en 1236. Les habitants obtinrent ensuite un échevinage (Harbaville).

La terre d'Erquières dépendait de la seigneurie de Caumont appartenant au sieur d'Antoing.

Louis de Erquières était prévôt de Lille, conseiller du roi et de la reine en 1344 (Trésor d'Artois, A. 82).

En 1757, Madame la Maréchale de Duras en était propriétaire (role de 20°),

Il existait à Erquières un château fortifié dont on retrouve encore quelques vestiges (communication du maire).

La coutume locale de cette commune fut rédigée en 1507.

Le moulin d'Erquières, situé près de la route d'Hesdin à Auxi-le-Château, est un écart de cette commune. Nous citerons encore, comme dépendances, les bois et ravins du Plouy et du mont Riquet.

FONTAINE-L'ETALON

Fontainas. xie siècle, (Cart. d'Auchy)
Fontanas, xiie siècle, (id.)
Fontaine, xviie siècle, (Id.)
Fontane-les-Talon, (Harbaville).
Fontaine-le-Sec. (Darsy).
Fontaines-le-Secques (Id).

Selon Harbaville, le surnom de Talon vient du tudesque, Tahl, vallon, et indique la situation de ce lieu, dont on ne trouve du reste aucune mention avant l'an 1000.

La seigneurie de Fontaine appartenait en 1757 à Madame la maréchale de Duras (role de 20e); elle produisait en censives et droits seigneuriaux 432 liv. 14 s. (notes Godin).

Le château de Fontaine a été démoli en 1786; il était habité par le sieur Cuinghem, écuyer, seigneur de Capelle, Regnauville, etc., etc. (ibid.)

Il y avait en outre plusieurs fiefs.

Avant la Révolution, la paroisse de Fontaine l'Etalon dépendait du diocèse d'Amiens, décanat de Labroye. Ainsi que l'indique une date placée au frontispice du grand portail, l'église fut bâtie à la fin du xviie siècle et le clocher au commencement du xviiie. Elle était dans un état de délabrement complet lorsqu'elle fut rendue au culte en 1802; elle fut relevée en 1815 par les soins du curé Vaillant. L'église de Fontaine a été complètement restaurée dans le style gothique en 1869.

Construits en pierre, les murs sont appuyés extérieurement par des pilliers carrés en briques. Le toit du choeur est beaucoup plus élevé : un porche précède l'entrée principale.

Le village d'Erquières dépendait de la paroisse. Il y avait une chapelle fondée par le seigneur de Caumont, qui nommait; l'abbé d'Auchy présentait et l'évêque conférait, ainsi qu'il est reconnu en une charte de l'année 1202 et en une autre du mois de juillet 1255 (Pouillé de l'archid. f° 76. — cartul. d'Auchy, p. 70 et 181).

Cette cure et ses membres Moncels, Neuville et Emelinpuz (Le Lambuz), étaient compris dans la donation de 1070. Le droit de patronage fut reconnu à l'abbaye par l'évêque d'Amiens au mois de juillet 1255 (Cartul. d'Auchy p. 381).

L'abbé d'Auchy-les-Moines prélevait 5 gerbes de blé, les dames de Willencourt une gerbe et demie, et la fabrique de l'église aussi une gerbe et demie. Au xiiie siècle, la dîme était autrement répartie. Des lettres de l'official d'Amiens du mois de juin 1279, constatent que dans les dîmes de Fontaine-le-Sec, (de Fontanis siccis), le couvent d'Auchy, prenait 1/3, au lieu du couvent de saint Georges de Hesdin, les dames de Willencourt ou l'église de saint Firmin de Fontaine 1/3. Les religieux de saint Georges avaient cédé leurs droits aux dîmes de Fontaine et de Flamermont au profit du couvent d'Auchy, en échange des dîmes de Bonnières et de Flers, au mois de juillet 1258.

FORTEL

Fortel-le-Fort, xiiie siècle, (Harbaville)

Fortel tire son nom d'un fort considérable qui existait dans cette commune; cette position devait être assez redoutable, puisque ce lieu était surnommé *Fortel le fort* au commencement du xiiie siècle.

La seigneurie appartenait à M. de Bonneval; elle fut vendue en 1715 au comte d'Humbecq (Arch. conseil d'Artois B. 96). La coutume fut rédigée en 1507. Le prieur de Raches figure comme seigneur de la paroisse de Fortel au rôle de 20e de 1757.

Le Pouillé de l'Archid. dit,(fo 64),qu'il y avait un vicaire à Fortel, que cependant le curé y venait tous les dimanches et fêtes et le curé de Ligny, les jours de Pâques et de Noel.

La dîme se prenait à 6 du cent. Le commandeur de Fieffes avait 5 gerbes de 8, excepté sur les fiefs de Hauchy et du Jardin, où il avait 7 gerbes de 8, le surplus était au prieur de Pont-Rémy (Cauchy). A Fortel les décimateurs étaient : le prieur de Ligny pour 3/4, le prieur de Framecourt, celui de Pont-Rémy et le commandeur de Fieffes pour l'autre quart. — Une partie de la dîme parait avoir été donnée à la Maison hospitalière de Villers, par Mahieu de Rollepot, en 1233; et une autre partie vendue audit hôpital par Andrieu du Gardin, en 1243 (M. Cocheris, ibid. n° 563; Cartul. de Fieffes, f° 10 et 11; et n° 564, Reg. cueilloir. — Pouillé de l'archid. f° 64). (Darsy, bénéf. de l'égl. du dioc. d'A'm).

Ce village est la patrie de Joseph Valart, grammairien et critique, éditeur de beaucoup de livres classiques : né le 25 décembre 1698, il mourut à Fortel le 2 février 1781.

FRÉVENT

Ferventium, (Harbaville)
Ferven, (Harbaville)
Frévenc, 1112 (Mirœus op. dipl.)
Frévench, 1218.
Fréveng, 1376 (Turpin, hist. des comtes de Saint-Pol),
Ferving, (Harbaville).

Une voie gauloise rattachait Frévent à Arras passant par Estrées, Beaufort, Avesnes, Hauteville, Warlus et Dainville. (Terninck, Atrébatie). Ce même auteur signale un tumulus gaulois sur le territoire de cette bourgade.

Une médaille romaine, moyen bronze de l'époque de Vespasien, a été trouvée près de la grande route de Paris à Dunkerque enfouie à une certaine profondeur dans la terre. C'est une preuve déjà probante, selon nous, de l'existence de Frévent avant le XVII° siècle. Mais nous en trouvons une autre d'une valeur incontestable, dans l'introduction à l'histoire générale de la province de Picardie, par Dom Grenier.

Nous y lisons, page 490, édition de 1856; au chapitre CC LIV où il parle des voies romaines :

» Vingt-troisième branche de la voie militaire.

» La cinquième chaussée qui se détache de son tronc à Amiens, est dirigée sur Poulainville, où, suivant un dénombrement fourni en 1300 à l'abbaye de Corbie, par le seigneur de Picquigny, était une pierre levée, c'est-à-dire une colonne militaire. On y avait bâti une cense à la place; là elle se trouvait avec le titre de *Via publica*, dans la forêt de Vicogne à Beauval, comme porte la charte de fondation de l'abbaye de Corbie, de l'année 660 ou 661. Elle passe dans la gauche de Talmas; il y avait en cet endroit un temple dédié à Mars; sur la droite de Vicogne; à Beauval, où elle s'éloignait tant soit peu du chemin actuel de Doullens pour s'approcher de Bagneux, lieu destiné à des bains, comme nous l'avons déjà dit, et pour traverser la rivière d'Authie, vis-à-vis la citadelle de Doullens. Malbrancq dans sa carte du pays des Morins l'a fait passer plus bas, savoir : entre Remesnil et Outrebois. Au reste elle allait gagner de là à *Frévent*, dont l'église est sous l'invocation de Saint-Vaast, passait à peu de distance du lieu dit Mont-Joie et arrivait à la capitale du pays Ternois De Saint-Pol, elle va à Hestrus, (Stratum); à Febvin; à Estrée-Blanche, où elle joint la chaussée de Saint-Quentin à Thérouanne. Malbraucq, (de Morinis page 596), lui fait traverser deux fois la rivière de Laquette et l'éloigne par conséquent de la chaussée qui se trouve tracée dans la grande carte de France. »

Cette branche de la voie militaire est encore visible en divers endroits et il est facile d'en suivre le tracé dans la traversée de Frévent et aux alentours. Les voies romaines étaient essentiellement droites et dédaignaient les détours; les romains n'ont fait qu'un certain nombre de grandes routes militaires ou stratégiques. Pour les autres communications, ils empruntaient les chemins qui existaient avant eux, les rectifiaient, les amélioraient au besoin, mais ce n'est pas le cas ici, car les restes accusent une largeur et une solidité qui ont résisté aux dégradations des riverains, dans quelques endroits et donnent bien l'idée de ce que devaient être ces travaux remarquables. A trois kilomètres de Frévent, près du hameau de Beauvoir, dépendant de la commune de Bonnières, on voit encore un chemin gazonné, d'une largeur d'au moins 8 mètres qui se maintient en assez bon état pendant quelques hectomètres. En avançant sur Frévent, ce chemin a été entamé, rétréci en beaucoup d'endroits, de manière à perdre sa physionomie primitive. Il arrive à Frévent par une cavée large, en partie comblée et boisée à présent, qui servit pendant longtemps d'amorce au chemin dit de Bonnières à l'extrémité sud de la rue de Doullens.

Cette rue d'une longueur inusitée doit être la continuation de la voie romaine qui traversait la Canche, au pont de Saint-Vaast, et se dirigeait à travers la place et la rue des Lombards vers les communes de Séricourt et de Sibiville, en suivant la vallée de la petite rivière des Airs, qui se jette dans la Canche près de ce pont, laissant le village de Sibiville à droite, vers Saint-Pol, en passant à l'endroit qui a conservé le nom de Mont-Joie, (Mons Jovis), où se trouve encore une ferme de quelqu'importance. Il y a une trentaine d'années, nous avons constaté au milieu d'une pâture de cette ferme, l'endroit où la voie romaine avait existé; il était remarquable à cause de la stérilité relative du sol dont se plaignait alors le fermier, sans en soupçonner la cause.

C'est le long de cette voie qu'étaient bâties la plupart des habitations de Frévent, vers Séricourt. La partie la plus populeuse de la ville occupait une bande de terre dans le fond de cette petite vallée, jusqu'à mi-chemin de Séricourt. L'église de Saint-Hilaire, qui se trouve maintenant à l'extrémité du pays, était au centre de la paroisse qui a été ravagée et détruite à plusieurs reprises par les espagnols, notamment pendant la guerre sanglante entre François Ier et Charles-Quint, et par les anglais qui la traversèrent aussi plusieurs fois. (Histoire manuscrite de Frévent par M. Liane).

Frévent est plus important que plusieurs petites villes de l'Artois; Turpin lui donne même le titre *d'oppidulum*, en 1280. Il est situé dans une vallée sur la Canche, rivière qui prend sa source à Magnicourt, à deux lieues de Frévent, passe à Hesdin, à Montreuil et va se jeter dans l'océan près d'Etaples. Ce bourg devint au XIIe siècle, une des sept châtellenies du comté de Saint-Pol. Il était dès lors partagé en deux paroisses, Saint-Hilaire et Saint-Vaast. L'autel de la première fut attribué au prieuré de Ligny, en 1182, par Jean évêque de Thérouanne (1). Le comte Roger accorda l'autel de la seconde, *(cum terrâ comitis)*, à l'église collégiale de Saint-Sauveur de Saint-Pol, en 1050 (2).

Gaucher de Châtillon, comte de Saint-Pol et Élisabeth de Campdavaine, son épouse, voulant confirmer les priviléges accordés par leurs prédécesseurs, accordèrent aux bourgeois de Frévent une charte de commune (mars 1218).

« Moi Gaucher de Châtillon, comte de Saint-Paul, fais sçavoir aux présents et à venir, que, de l'aveu et consentement de mon épouse Élisabeth de Campdavesne, comtesse, et de mes enfants Guy et Hugues, chevalier, j'ai donné et accordé à perpétuité à touts mes vasseaux de Frévench, les mesmes franchises, lois et coustumes qu'à la communaulté de Saint-Paul, ainsi qu'il est coûtenu plus amplement dans la charte que je lui ai donnée, de sorte que dans toutes mes forests appartenant au bourg de Frévench, les habitants de la communauté pourront arracher l'herbe de la main seulement, sans autre instrument, sauf à moi et à mes hoirs la justice que j'avais auparavant dans ces forests.

» Quant aux fours et moulins, lesdits vasseaux n'en pourront construire.

» Et moi ou autre seigneur ou dasme du milieu, nous ne pourrons prendre conte (3), sinon de l'aveu du mayeur et eschevins ou de leur envoyés. Mais, autant de fois que je profiterai de la conte, je m'oblige de payer un denier pour chaque nuit.

» Les eskevins toutefois ne pourront refuser ce droit à mes envoyés qui le demanderont de la manière susdite. Et pour celui qui viendra loger aux hostelleries, on n'exigera pas plus d'un denier pour la conte de chaque nuit.

» Cependant, personne ne pourra demander ce droit de mes

---

(1) Jean évêque des Morins, donna l'église de Frévinc à Pons, abbé de Cluny, pour le prieuré de Saint-Martin de Campis. — « Factum publice apud sanc-
» tum Michaelem de Wasto, anno Dominicœ incarnationis MCXII, regnante
» Ludovico rege Francorum. » Morrier et Du Chesne, Bibliotheca cluniacensis, col. 555. — Turpin, comitum Tervanensium annales historici, p. 55. Mirœus et Foppens, opera diplomatica. T. iv, p. 354.

(2) Locrius. Chron belg. — Turptn.

(3) Droit de gîte.

» vassaux de la manière susdite, sinon de l'aveu de Mayeur et
» eschevins, sauf le seigneur ou la dame de ce présent bourg.

» Pour jouir de ces franchises et coustumes (ainsi qu'il est
» écrit), mes dits vassaux seront obligés de payer à moi ou à
» mes hoirs, chaque année, le lendemain de la naissance de
» Notre-Seigneur Jésus-Christ, quatre boisseaux d'avoine, à la
» grande mesure de Saint-Paul, sauf les revenus qui m'étoient
» dûs avant que d'accorder ces lettres d'octroye, sçavoir en ar-
» gent, chapons et avoine, sauf encore les revenus sur les étran-
» gers, qui, dans la suite, viendront demeurer dans le bourg de
» Frévenck ; sçavoir en argent, chapons et avoine. Sauf aussi
» le droit de lever des troupes et de la cavalerie, que je me suis
» réservé et à mes héritiers.

» Quant à moi, Gaucher de Châtillon, et mon successeur héri-
» tier, je ne pourrai mener les vassaux du mesme bourg, en
» troupe ou cavalerie, sinon pour mes propres affaires.

» Et nous vassaux du bourg de Frévenck avons juré d'obser-
» ver de bonne foi, en tout et partont les droits du seigneur et
» de la comtesse, son épouse, et de ses héritiers.

» Et moi Gaucher de Châtillon comte, et la comtesse, mon
» épouse, et Guy et Hugues, mes fils, chevaliers, avons juré sur
» les évangiles d'observer de bonne foi et à toujours le contenu
» de la présente charte, et pour donner plus grande autorité aux
» présentes lettres, nous y avons apposé nos sceaux.

» Fait, l'an de l'incarnation de N.-S. mil deux cent dix-huit, au
» mois de mars » (1).

La copie de cette charte reposait dans les archives de Frévent
elle avait été collationnée sur l'original, le 14 mars 1597, par A.
Carpentier et J. Lempereur, notaires d'Artois, à la résidence de
Frévent. D'après la lettre qui précède, il paraîtrait que déjà la
commune de Frévent existait avant 1218 ; néanmoins, selon Duchesne, dans son ouvrage ayant pour titre, preuves de Châtillon,
ce serait à Guy II de Châtillon que l'échevinage de ce bourg
devrait son établissement.

Cette charte, une des moins libérales que l'on connaisse, octro-

(1) Extrait des mémoires inédits de Turpin.

yée selon les us de Saint-Pol, et moyennant un cens annuel de quatre boisseaux d'avoine par feu, fut jurée par les bourgeois. Le comte se réserve la banalité ; il consent à payer le droit de gîte, loger et défrayer le roi, ou le comte et sa suite, selon l'avis du mayeur. Les habitants ne pourront être menés à la guerre que pour la défense du comté. Le droit d'herbage à la main dans les forêts du comté leur est conservé. L'échevinage se composait du mayeur et de six échevins : il fut maintenu en 1690 dans tous les droits vicomtiers, lesquels consistaient dans la police des rues, flégards et chemins, l'afforage des liquides, la surveillance des poids et mesures, etc.

Un siècle plus tard, la ville de Frévent ne put se refuser aux désirs d'agrandissement manifestés par ses seigneurs et leur céda une partie de son patrimoine, par l'acte dont voici le texte :

« Nous, mayeur et échevins, toute la communauté de la ville
» de Frévenck et habitans, à tous ceux qui ces présentes lettres
» verront et orront, salut. Comme nostre très-chere et amée
» Dame Madame Marie, comtesse de Saint-Pol, et nos chers et
» amez, sire Jehan de Châtillon, ses fils, comtes de Saint-Pol,
» eussent volonté d'acheter les prez que nous avions entre Fré-
» venck et Ligni sur Canche aboutans et près la Dame de
» Rolepot, etc. pour la nécessité de leur chastel de Frévenck, le-
» quel pré fut prisé et évalué à dix-neuf livres parisis chascun
» an, etc. etc. Ce fut fait l'an 1317, le dimanche devant le jour
» Saint-Luc, évangéliste. (Turpin. Ann. hist.)

La maison de ville qu'on voit aujourd'hui, date du siècle dernier. C'est une maison particulière qui a été achetée pour remplacer celle communale, détruite à plusieurs reprises pendant les guerres. Celle-ci occupait le couchant de la place et était contigue à l'établissement des soeurs de la sainte famille. (Liane, ouvrage précité).

Les maieur et échevins avaient la police de la commune ; ils exerçaient ce droit à l'exclusion de tous seigneurs vicomtiers, ce qui leur fut confirmé contre les prétentions du sieur de Thibauville, qui avait un fief vicomtier dans Frévent, relevant de la baronie de Rollencourt, par arrêt du conseil supérieur d'Artois,

du 8 mai 1690, par lequel : « lesdits mayeur et eschevins furent
» maintenus dans la possession de visiter les flots et flégards
» ès-metz de l'eschevinage de Frévent et ceux de Thibauville, et
» afforer et mettre le prix aux boissons qui se vendent audit es-
» chevinage et tènement de la seigneurie de Thibauvilie, et pren-
» dre à cet effet, égard aux poids, pots et mesures, de marquer
» et calenger d'amende les deffaillants. Condamnant ledit dé-
» fendeur en la réparation du trouble à liquider pardevant le
» conseiller Lefebvre, rapporteur, en l'amende de soixante sous
» parisis, et à tous despens du procès. (Puits artésien, N. Lam-
» bert).

Le sceau de Frévent représentait une tour, du moins telle est l'empreinte que nous avons vue sur de vieux actes émanés de l'échevinage de cette ville.

Quoiqu'il en soit, c'étaient les bourgeois qui nommaient les magistrats municipaux, au nombre de sept, savoir : un Maïeur et six échevins, lesquels avaient, comme à cette époque, dans toutes les communes du Ternois, droit de rendre la justice. L'appel de leurs jugements était porté devant les officiers de la châtellenie.

La châtellenie de Frévent est celle qui demeura la dernière en propriété aux comtes de Saint-Pol ; ce qu'on voit par le jugement rendu, le 8 mai 1690, par le conseil d'Artois, dans le procès survenu à ce sujet entre le comte Charles Paris d'Orléans et le sieur de Thibauville.

En 1620, les revenus de la châtellenie de Frévent consistaient en plusieurs rentes et droits seigneuriaux, etc., et se divisaient d'après Turpin, ainsi qu'il suit :

1° En censives, lesquelles montent environ à la somme de	400 liv.
2° La prévôté du bourg, affermée avec quelques menues parties.	» »
3° Les près Le Comte audit Frévent	65 »
4° Les avoines, gaves, et droits d'ouverture d'huis et fenêtres	200 »
5° Le moulin au drap, affermé	316 »
A REPORTER	981 »

REPORT	981 »
6° Le moulin au blé, affermé à sept septiers de blé par semaine, porte à l'avenant de ceux de Saint-Pol par an.	1830 »
7° Vingt-deux mesures de bois à coupe par an au bois la haye-le-Comte, valant cent livres la mesure, annuellement la somme de	2200 »
8° Les bois de la Garenne, Grand et petit Hayon, pouvant valoir par an	100 »
9° Les droits seigneuriaux des fiefs seulement étaient affermés à	1300 »
Total :	6411 »

En ce non compris les droits de rotures, reliefs, amendes, confiscations et autres casuels qui rapportaient encore une somme, qui s'élevait quelquefois à plus de trois mille livres.

De 1704 à 1727, un registre contient les actes de foi et hommage dus à la duchesse de Nemours, à cause de la châtellenies de Frévent.

En 1757, M. le prince de Soubise était propriétaire de la châtellenie de Frévent, consistant en une maison seigneuriale, dite le château Bis et en bois d'un revenu de 3513 livres (rôles de 100es.

Frévent avait une maladrerie dont les revenus furent annexés à l'Hôtel-Dieu de Doullens, par suite de l'arrêt du Conseil d'Etat du 13 juillet 1695 et des lettres patentes de Louis XIV en date du mois de janvier suivant. Il y avait dans ce bourg marché chaque vendredi de la semaine, franc-marché le premier vendredi de chaque mois, et deu foires franches d'un jour, le 3 juillet et le 3 novembre.

La mairie de Frévent conserve encore actuellement dans ses archives une copie collationnée des lettres du mois de juin 1493, par laquelle le roi Charles VIII concéda à cette ville le droit de deux foires par an.

« Charles par la grace de Dieu, roy de France, savoir faisons
» a tous présens et à venir, nous avoir reçu l'humble supplica-
» cion de nos bien amez les manans et habitans de la ville de

» Frévench, au comté de Saint-Pol, contenant que la dite ville
» est assise sur la rivière de Canche, en bon pays et fertil, entre
» bonnes villes come Doullens, Saint-Paul et Hesdin, bien habi-
» tées; et, en icelle, a chastel et chastellenie, bailly, deux
» églises paroichiales et un hostel-Dieu, pour recueillir les
» pauvres; mais au moyen des guerres et divisions qui, par chy
» devant, ont long-temps régné et en cours au pays, la dite ville
» est tombée en ruyne et grant décadence, et les dits manans et
« habitants ont souffert et supporté de grandes pertes et dom-
» maiges, tellement qu'ilz ne s'en pourroient bonnement de long-
» temps relever ne remettre sus, sans participation de quelque
» fruict yssant de notre grace et autorité, et a ceste cause ont
» advisé que s'ilz avoient deux foires l'an en ladite ville, quelles
» leur seroient et à toute la chose publique d'icelle et du pays,
» moult et prouffitables, se nostre plaisir estoit les leur octroier
» humblement requérant icelles. Pourquoi, ce considéré, dési-
» rant subvenir auxdits manans et habitants de ladite ville de
» Frévench, et incliner à leur humble supplicacion et requeste,
» afin qu'ilz se puissent relever des inconvéniens qui, par for-
» tune des dites guerres, leur sont avenu; pour ces causes et
» aultres consideracions, à ce nous mouvans, avons créé,
» érigé, institué, establi et ordonné, et par la teneur de ces pré-
» sentes de notre grace espéciale, plein puissance et autorité
» roïale, créons, érigeons, instituons, établissons et ordonnons
» deux foires en ladite ville de Frévench, aux jours qui s'ensui-
» vent, savoir est, l'une et la première au jour de la Saint-Bertin
» d'esté, quatriesme jour du mois de juillet, et l'autre le lende-
» main du jour et feste des Trépassés, tiers jour du mois de
» novembre, pour y estre doresnavent tenues auxdits jours et,
» en icelles estre vendues, achetées, changées, trocquées et dé-
» livrées toutes maniéres de denrées et marchandises licites et
» permises, selon droit, privilèges, franchises et libertés que a
» aultres foires semblables du pays d'environ, pourveu que à
» quatre lieues à la ronde n'y ait autres foires establies auxdits
» jours dessus nommés, auxquelles ces présentes pourroient
» préjudicier. Si donnons mandement au bailly d'Amiens et à
» tous nos autres justiciers et officiers ou à leurs lieutenans

» présens et a **venir**, à chascun d'eux comme il lui appartien-
» dra, etc.

» Donné à Paris au mois de juin d'an de grace mil CCCC.
» quatre-vingt treize, de notre règne le dixième. (Scellé en cire
» verte sur queue de fil de soie vert et cramoisi).

La dernière seule de ces deux foires subsiste encore et est très-fréquentée ; l'autre, celle du mois de juillet, est tombée en désuétude depuis une quarantaine d'années, à cause de sa coïncidence avec la moisson, dont elle gênait beaucoup les travaux. Le jour de sa tenue avait été un peu reculée, car dans les derniers temps, elle avait lieu le quatrième dimanche de juillet qui coïncidait avec la fête de Cercamp.

Frévent possédait jadis un Hôtel-Dieu où les pauvres étaient recueillis, ainsi qu'on le voit par les lettres du roi Charles VIII. Rien ne nous a indiqué son emplacement, son importance, l'époque de sa fondation ni celle de sa destruction. (Liane, ouvrage précité).

Les comtés de Saint-Pol comprirent l'avantage de commander la réunion des routes qui traversent Frévent, et d'avoir près de Doullens, Lucheux et Auxi-le-Château sur lesquels ils étendaient leur autorité, un point fortifié d'où ils pouvaient les surveiller sans cesse. Ils firent construire un chateau-fort dont on voit encore parfaitement les dispositions, mais dont le reste des démolitions précédentes a été complétement détruit pendant la tourmente révolutionnaire. Hugues II, dit de Campdavesnes, y fit de nombreuses constructions qui le rendirent important. L'entrée de la cour d'honneur était sur la route de Paris à Dunkerque, rue de Saint-Pol actuelle. Cette cour occupait l'espace servant aujourd'hui de marché aux porcs. Les bâtiments affectaient la forme d'un parallélogramme bordé au sud par la rivière des Airs, dont nous avons parlé plus haut, et par des fossés profonds; il était de niveau avec le sol qui s'élève par une pente douce jusqu'à Nuncq, mais il dominait complétement la ville bâtie à ses pieds. Plusieurs tours flanquaient le château de Frévent, qui éprouva bien des vicissitudes.

Philippe-Auguste confirma un traité conclu entre Elisabeth, comtesse de Saint-Pol, et Gui de Chatillon, fils de cette dame, par lequel, entre autres conventions, ils s'engagent à la laisser jouir du château de Frévent, avec un revenu de 600 livres parisis et des droits de chasse et de pêche à Lucheux. (B. 1, Chartes provenant de Colbert).

Après avoir fait décapiter le comte de Luxembourg, comte de Saint-Pol, Louis XI fit démanteler les châteaux qui lui avaient appartenu ; celui de Frévent le fut en 1487. Plus tard, pendant la guerre qui désola le nord de la France, de 1635 à 1640, il fut presque complétement démoli ; une partie en ruine et le donjon qui servait de prison, restèrent jusqu'en 1793 et furent alors rasés entièrement. (Liane, ouvrage précité).

Au moment de sa prospérité, Frévent possédait trois seigneuries, savoir :

1° Les comtes de Saint-Pol, qui furent pendant longtemps les plus puissants seigneurs du royaume, parmi lesquels on remarque les Campdavène, les Chatillon, les Luxembourg, les Rohan-Guémenée, avaient le droit de haute et basse justice, châtellenie, etc., et possédaient le château-fort.

2° Les abbés de Cercamp dont les propriétés considérables s'étendaient au-delà de Doullens, jusqu'à Meillard, sur le versant sud de l'Authie, possédaient de nombreux immeubles dans la vallée de la Canche.

3° La seigneurie de Rollepot et de Thibauville.

Frévent renfermait aussi trois paroisses : Saint-Vaast, Saint-Hilaire et Cercamp. La paroisse de Saint-Hilaire dépendait du diocèse de Boulogne; celles de Saint-Vaast et de Cercamp de celui d'Amiens. La Canche, qu'on appelait au moyen-âge *Quantia* ou *Quanta*, servait de limite aux deux paroisses. Les deux églises existent encore aujourd'hui, et ne forment qu'une cure de laquelle dépend en outre l'annexe de Bouret. Chaque paroisse avait un cimetière particulier, situé autour de l'église. Depuis l'invasion du choléra, en 1832, ils furent, pour cause de salubrité publique, transférés hors de l'enceinte de la commune.

Frévent fut témoin de nombreux faits de guerre et servit d'étape à des personnages considérables, à des troupes, à des armées même; il n'est donc pas sans intérêt d'en signaler quelques-uns.

Les comtes de Saint-Pol étendaient leur autorité sur la ville de Doullens et sur celle de Lucheux. Ils s'y rendaient fréquemment pour les besoins de leur administration et pour surveiller les seigneurs voisins qui les jalousaient. Ils passaient donc à Frévent et y séjournaient ; ils entretenaient dans leur château un personnel nombreux et une garnison prête à parer à toutes les éventualités qui pourraient surgir. Ils y recevaient les visites de leurs pairs et de leurs subordonnés, les députations des communes soumises à leur juridiction qui venaient leur adresser des suppliques.

En octobre 1415, Frévent reçut la visite de l'armée anglaise, la veille de la bataille d'Azincourt. Suivant Monstrelet, l'avant-garde de cette armée y aurait même séjourné, éclairant la route dans cette direction, l'avant-veille de la bataille.

En 1417, Jean-sans-Peur, duc de Bourgogne, et Henri V, roi d'Angleterre, qui venaient de Doullens et se dirigeaient vers le Nord, passèrent à Frévent.

Un autre visite royale honora Frévent en 1537. François Ier, guerroyant en Artois, prit Hesdin, Lillers, Saint-Venant, Montreuil, Thérouanne et fit fortifier Saint-Pol qui résista aux troupes de l'empereur Charles-le-Quint. Il vint à Frévent et descendit à l'abbaye de Cercamp.

En 1542, lors de la reprise des hostilités entre Charles-Quint et François Ier, le duc de Vendôme installa ses troupes à Frévent et aux environs.

Le coup le plus terrible que Frévent eut à souffrir, lui fut porté par la guerre qui désola l'Artois de 1635 à 1640, et pendant laquelle les Espagnols ravagèrent si cruellement le pays. Les églises de Frévent furent incendiées : celle de Saint-Hilaire fut la moins éprouvée, car le gros-œuvre put être conservé et restauré ; mais celle de Saint-Vaast fut détruite entièrement et dût être rebatie. Des chapelles furent aussi ruinées, l'Hôtel Dieu anéanti, et toute la partie de la ville située au-delà de l'église de Saint-Hilaire, dans la direction de Séricourt, disparut entièrement; il ne resta plus que des ruines qui ne furent jamais relevées. Rien depuis lors ne paraît avoir éprouvé de nouveau cette cité dont la physionomie change chaque jour, et qui deviendra, dans un avenir prochain, un des centres les plus industrieux du Pas-de-Calais. (Liane, ouvrage précité).

Le 1er janvier 1871, vers midi, une soixantaine de fantassins allemands, appartenant au 69e de ligne, et 90 cuirassiers, précédés de 3 éclaireurs à cheval, parurent sur le territoire de Frévent. Les éclaireurs se rendirent directement à l'Hôtel-de-Ville. Après avoir annoncé la troupe et fixé le nombre de rations, deux d'entr'eux, se choisirent un pied-à-terre, tandis que le troisième resté seul, se mit, la craie traditionnelle en main, à indiquer les logements sur la porte des maisons. A peine avait-il commencé sa besogne, qu'un homme très-robuste vint le saisir par derrière et le désarmer. Le prussien, plus que surpris, veut fuir ; mais son adversaire le tenant comme dans un étau, le transperce deux fois avec son propre sabre et le jette dans la rivière. Ces faits se sont passés en un clin d'oeil, et ils étaient accomplis, quand la troupe annoncée arriva.

Le secret fut scrupuleusement gardé ; l'absence du cavalier prussien n'éveilla les soupçons du colonel qu'au moment du départ. — Trois hommes de mon escadron sont entrés ici de matin, deux seulement répondent à l'appell, dit alors le chef de la bande, en s'adressant au Maire et à la foule. Je vous donne une demi-heure pour retrouver le troisième ; s'il n'est pas rendu dans ce délai, attendez-vous aux plus terribles représailles.

Le Maire (M. de Fourment), bien résolu à ne pas livrer le conrageux meurtrier, qu'il croyait du reste en fuite, feignit de se livrer à une enquête.

Il revint ensuite trouver le commandant prussien, et lui dit qu'il venait d'être informé par la rumeur publique, que le cavalier absent avait été tué et jeté à la rivière ; que, vu l'heure avancée, les recherches, pour découvrir le cadavre, étaient impossibles et que l'on ignorait le nom du meurtrier.

Le commandant répondit que ces explications ne changeaient rien à ses exigences. — «Un des notres a été tué, continua-t-il, il nous faut son cadavre et la personne du meurtrier, sinon j'incendie la ville et j'emmène en ôtages le Maire et les principaux notables de la cité. Vous avez une nouvelle demi-heure pour procéder aux recherches nécessaires. »

M. de Fourment, feignit encore d'exécuter les ordres du chef prussien.

Après ce nouveau simulacre, le Maire venait de se livrer à la merci de l'oppresseur, en lui demandant d'épargner la ville et les habitants, lorsque le meurtrier qu'on croyait bien loin, hors du danger, montra à cette troupe de forcenés un courage do t cette race maudite ne compte, sans doute, pas d'exemple.

A la nouvelle de ce qui se passait, Fleury Edmond, dit Romain, tel est le nom du héros, se déclara hautement l'auteur de la mort du cavalier prussien. — « J'ai commis l'acte, dit-il, j'entends en subir les conséquences. » — Le commandant fit Romain prisonnier, et avant le départ de ses soldats, il exigea du maire le versement de la somme de dix mille francs. La fin de ce drame est connu. Une dépêche du sous-préfet de Saint-Pol, annonça que le pauvre Romain avait été fusillé le lendemain, après une longue torture physique et morale, et que sa maison avait été incendiée (invasion allemande dans le Pas-de-Calais).

En 1790, lors de l'organisation administrative de la France, Frévent devint un chef-lieu de canton du district de Saint-Pol ; mais les communes qui en ressortissaient, furent, d'après l'arrêté des consuls du 9 brumaire an X, incorporées au canton d'Auxi-le-Chateau, d'Avesnes-le-Comte et de Saint-Pol. Les habitants de Frévent ont plusieurs fois adressé des requêtes aux divers pouvoirs qui se sont succédé, pour obtenir une justice de paix ; ils crurent un instant voir se réaliser leur espérance, en 1835, lors du passage de la duchesse de Berry. Une députation des notables de l'endroit, réunis sous un bel arc de triomphe, avait, à cet effet, présenté une supplique à la princesse, qui promit de l'appuyer ; mais le gouvernement d'alors ajourna leur réclamation, et il n'en fut plus jamais question.

Frévent est traversé par plusieurs routes et desservi par une station sur le chemin de fer de Béthune à Abbeville et de Saint-Pol à Doullens ; vivifiée par des usines de la plus haute importance, cette petite ville est depuis quelques années en voie de prospérité. Sa population de 2,300 habitants, en 1,800, s'est élevée à 3,698 en 1861 . t à 4,137 d'après le recensement de 1876.

Frévent à donné le jour à quelques hommes célèbres :

1° Le grammairien, Joseph Vallart, auteur de plusieurs ouvrages estimés, d'une érudition remarquable, que certains auteurs font naître à Hesdin. Il est né à Fcévent. Il s'était fait abbé, mais n'exerça guère son ministère.

2° Adrien Lamourette, 1ᵉʳ évêque constitutionnel de Lyon, député à l'Assemblée nationale, décapité le 22 nivôse an II. Il est né rue de l'Eglise-Saint-Hilaire, dans la maison portant le numéro 24, vers l'année 1742, selon Dezobry.

3° Le général baron Vichery, commandeur de la légion-d'honneur, né à Frévent le 23 septembre 1767, mort à Paris le 22 février 1841; nommé général de division le 30 mai 1813, retraité une première fois le 9 septembre 1815; rappelé à l'activité le 13 août 1830, retraité une dernière fois en 1833.

4° Le conventionnel Ph. Lebas, compatriote et ami de Robespierre, né en 1766. Il fut commissaire de la Convention aux armées de Sambre-et-Meuse. Il défendit Robespierre au 9 thermidor, et se suicida, lorsqu'il vit sa cause perdue. (Liane, ouvrage précité)

5° Christophe-Léon Féroux, né en 1730, prêtre, Barnabite, docteur en Sorbonne et auteur de deux ouvrages intitulés, l'un : *Vers d'un solitaire patriote* ; l'autre : *Une nouvelle institution nationale*. Féroux est mort à Paris, le 30 mars 1803.

Il existe dans le pays une tradition assez répandue qui attribue à l'existence d'un puits situé à l'extrémité du territoire de Frévent, vers Ligny sur-Canche, une ancienne maison de Templiers. Aucun document ne confirme l'existence de cette maison, qui n'est cependant pas invraisemblable. En effet, nous voyons dans l'histoire de Doullens qu'en 1323, les Templiers avaient une maison dans cette ville, et qu'elle était située dans la rue des Maiseaux. Il n'y aurait rien d'extraordinaire à admettre l'existence de celle de Frévent, qui pouvait être une annexe ou un poste avancé de celle de Doullens.

Les dépendances de Frévent sont Cercamp, Rollepot, Thibauville, le nouveau quartier dit de Soférino et les fermes de la Haie-le-Comte.

CERCAMP

A un quart de lieue de Frévent, dans une fraîche et riante vallée arrosée par la Canche, se trouve Cercamp : riche abbaye de l'ordre de Citeaux, qni fut fondée en 1137, par Hugues de Campdavesnes, dans le pays même où le farouche comte de Saint-Pol portait jadis la désolation et la terreur. Son empressement à exécuter la sentence prononcée contre lui par les évêques qui composaient la commission d'enquête, nommée au concile de Reims par le Souverain-Pontife, Innocent II, fut telle que les bâtiments étaient terminés en 1141 et que les moines de Pontigny purent s'y installer.

Toutefois, l'église de l'abbaye de Cercamp ne fut commencée que vers 1150, sous la prélature de Hugues Ier, 2e abbé. Les travaux, un moment interrompus, furent repris avec une grande activité par l'abbé Robert Ier, vers l'année 1205, et furent enfin terminés par Williart, 16e abbé. La dédicace eut lieu en 1262 et la consécration fut faite par les évêques d'Arras et de Thérouanne, en présence de Robert, comte de Flandre et de Guilbert, abbé de Saint-Bertin.

En 1250, la misère fut si grande, et les ressources du monastère se trouvèrent tellement épuisées, que les religieux furent obligés de se séparer pendant quelques mois et de se disperser dans les monastères des Dunes, de Clairmarais et de Longvillers.

L'église de Cercamp était à peine terminée, que l'abbé Gérard l'enrichit de nombreuses reliques qu'il renferma dans de précieuses châsses. En 1415, le passage de l'armée anglaise fut fatale au monastère ; il fut complétement ravagé et eut à subir de nombreuses détériorations.

Soit faute de ressources, soit par suite des maux continuels de la guerre, l'église de l'abbaye n'avait point de clocher qui fut en rapport avec l'importance de cet édifice. Le 32e abbé, Jean IX, en fit construire un très-élevé dont la flèche aigue, de forme gothique, était découpée avec uue admirable délicatesse. Toutes les pierres étaient sculptées et, suivant la chronique du monastère, dans le style de la renaissance. La foudre frappa ce monument et endommagea le toit de l'église en 1558.

Les premiers moines de Cercamp, uniquement occupés de la prière et de la culture de la terre, ne craignaient pas de remuer la bêche et le hoyau de leurs mains sanctifiées. Grâce à leurs travaux, cette partie de la province de Picardie avait dépouillé sa stérilité.

Sous l'administration de Jean X, le sanctuaire s'enrichit d'un magnifique sépulcre et une grande croix fut élevée au-dessus de l'entrée principale. Son successeur, Pierre de Bachimont, doit être considéré à juste titre, comme l'un des principaux restaurateurs de l'église et de l'abbaye de Cercamp. Un des religieux de ce monastère a rappelé dans des vers du style de l'époque, les oeuvres de ce prélat qui consacra toute son administration à embellir, restaurer et agrandir la maison à la tête de laquelle il avait été placé.

Toutes ces magnificences et le grand confortable que réunissait cette habitation, devaient la faire choisir, en 1558, pour le lieu de réunion des conférences qui précédèrent la paix du Cateau-Cambraisis.

La rivalité entre la France et l'Espagne ramena le théâtre de la guerre dans les provinces d'Artois et de Picardie : de 1635 à 1637, l'abbaye de Cercamp et ses environs devinrent le théâtre continuel du combat. En 1638, les Français établirent leur camp dans le monastère. Les religieux durent prendre la fuite et se réfugier dans leur maison d'Arras. En 1640, le désastre était à son comble; tour à tour au pouvoir des Français et des Espagnols, l'abbaye avait eu plusieurs siéges à soutenir. C'est à peine si l'on pouvait retrouver quelques vestiges des bâtiments et de l'église. Les cloîtres, le chapitre, le réfectoire étaient transformés en écuries; les cloitres étaient un hôpital abandonné où 120 lits avaient été entassés. Toutes les cloisons en planches avoient disparu : les boiseries du chapitre, celles du réfectoire enlevées, avaient servi de bois de chauffage; le plomb des toitures était arraché, les tonneaux enfouis dans les caves, les fenêtres brisées. Les fourrages et les grains avaient servi à la nourriture de l'ennemi.

A la suite de tous ces désastres, l'exil des religieux se prolongea jusqu'en 1663. Les abbés, Antoine Géry et Louis le Lièvre, résidèrent à Clairmarais, autre fille de l'ordre de Citeaux. Les visites annuelles et les chapitres généraux furent suspendus et les moines, dispersés dans les villes et les châteaux, oublièrent la règle et tombèrent dans le plus coupable relâchement.

En 1661, on dressa l'état des pertes occasionnées aux bâtiments et le montant des sommes dues par le monastère ; mais le décès du cardinal Mazarin, alors abbé commendataire, survint avant qu'on ait pu faire les réparations nécessaires et acquitter les dettes.

Les moines de Cercamp avaient quitté leur refuge d'Arras pour rentrer au monastère. A peine étaient-ils de retour, que l'intendant, Jean Dechasteau, requit les religieux de se rendre à Frévent, pour assister à l'adjudication des travaux de reconstruction de leur abbaye, qui devait avoir lieu le 31 mars à une heure de l'après-dîner. Des affiches avaient été préalablement distribuées dans les villes d'Amiens, Abbeville, Arras, Saint-Pol, Hesdin, Frévent et Doullens, etc.

Déjà les travaux de démolition avaient été entrepris. L'ancien choeur de l'église ayant été abattu en 1678, les tombeaux des comtes de Saint-Pol furent mis à découvert. Informée de ce fait, la duchesse de Longueville, au nom de son jeune fils, héritier des seigneurs de cette puissante maison, porta plainte au conseil d'Artois, le 21 janvier de cette année. Sa requête ayant été prise en considération, le conseil somma les religieux et les officiers de Frévent d'assister à l'ouverture de ces tombeaux ; puis il fut décidé que les restes des illustres fondateurs de l'abbaye de Cercamp seraient renfermés dans de nouveaux cercueils de plomb que l'on déposerait dans un caveau, construit dans une chapelle lattérale, et au-dessus duquel on élèverait un mausolée (30 juin 1684).

Lors de l'occupation du monastère, en 1710, par l'armée impériale, et ensuite par les troupes françaises commandées par le maréchal d'Harcourt, l'abbaye éprouva de grands dégats ; les religieux durent prendre la fuite et naturellement les travaux furent de nouveau interrompus. En 1714, ils furent repris sous l'administration du prieur Finet de Brianville, qui fit amasser un grand nombre de matériaux dans le but de l'achèvement de la reconstruction. Ce religieux, jaloux des intérêts de sa maison, fit, en 1717, un accord avec l'abbé de Lyonne au sujet de la réédification du clocher qui avait été victime d'un nouvel incendie.

Les premiers jours de 1137 avaient vu naître Cercamp et six cent cinquante sept ans s'étaient écoulés. Maintes fois renversée, tant par le fer et le feu des armées que par la foudre et l'inclémence du temps, toujours réédifiée, grâce aux libéralités des donateurs, l'abbaye de Cercamp venait enfin d'être nouvellement reconstruite dans des proportions magnifiques, lorsque le 11 prairial an III, (30 mai 1795), les bâtiments du monastère furent vendus avec toutes les dépendances immédiates, d'une contenance environ de 32 arpens.

Nous allons essayer de retracer cet ensemble de constructions pour lesquelles on avait enfoui tant de trésors et accumulé tant de patients travaux

Une magnifique avenue, qui existe encore de nos jours, donnait accès de la route d'Arras à Frévent à la porte d'entrée principale du monastère. Avant de pénétrer dans la demeure des religieux, le visiteur était attiré par une autre construction qui se trouvait sur la droite, dans un terrain élevé et non loin des murs qui longeaient la route d'Arras ; c'était le quartier abbatial. Reconstruit, comme nous l'avons dit plus haut, en 1741, ce bâtiment tout en briques, se composait d'un vaste rez-de-chaussée surmonté de mansardes destinées au logement des domestiques ; le faîte de l'édifice se terminait en pavillon dit *à la Française*. Situé entre cour et jardin, il était entouré de murs. De chaque côté de la porte, s'élevaient deux pavillons où se trouvaient les remises et les écuries. Le prélat n'avait qu'une place à traverser pour aller à l'église.

La grande porte d'entrée principale du monastère, avec fronton double et pilastres d'ordre dorique, était encadrée de deux bâtiments à étage, disposés en fer à cheval. Au fond d'une vaste cour qui n'avait pas moins de 92 pieds de large, s'élevait un magnifique corps-de-logis de 19 arcades, surmonté d'un étage avec trois frontispices de trois arcades superposées ; tous les arcs reposaient sur des pilastres doriques. A l'intérieur se trouvait un cloitre d'ordre Ionique : c'était le quartier des étrangers. Trois autres corps de bâtiments semblables et formant le parallélogramme, se déroulaient autour d'une cour intérieure, au milieu de laquelle jaillissait une fontaine, qui de nos jours a été recouverte d'une voûte et procure une eau fraiche et limpide aux habitants du château. Le côté nord donnant sur la basse-cour et le bâtiment parallèle au quartier des étrangers et donnant sur le jardin, étaient réservés aux religieux. On compléta toutes ces constructions en 1775, en achevant le quatrième côté du cloître au-dessus duquel on établit le noviciat, en ménageant une communication du cloître à l'église ; on ferma ainsi le côte du parallélogramme vers le midi. A gauche, en entrant dans la grande cour, et par conséquent vers le nord, on arrivait aux bâtiments de ferme, dont la dimension était en rapport avec l'exploitation des religieux.

L'église de l'abbaye de Cercamp n'avait qu'une seule nef, mais elle était parfaitement orientée ; elle avait 285 pieds de long et 33 de large, formant une croix latine dont les bras avaient chacun non compris la nef, 24 pieds ; son élévation sous la clef de voûte etait de 66 pieds. De chaque côté de la nef, se trouvaient deux chapelles ; la porte d'entrée était placée non loin du quartier des étrangers.

Les moines n'avaient rien épargné pour embellir leur délicieux séjour. Les eaux de la Canche, qui baignaient au nord les murs du monastère, furent, au moyen d'un canal percé de main d'homme, amenées dans le jardin de l'abbaye. Apres avoir coulé parallèlement aux bâtiments faisant face au levant, le canal allait, par une ligne courbe, joindre la partie du monastère située au sud; mais, en cet endroit, l'eau était stagnante, n'ayant pas d'issue, eu sorte que le jardin se trouvait dans une sorte de presqu'île, En outre, chaque moine avait son jardin particulier dans lequel se trouvait un cabinet. Ils avaient été construits par l'abbé Pierre de Bachimont.

L'église abbatiale tomba la première sous le marteau des démolisseurs. Ce n'était plus qu'un amas de ruines en 1837, il ne restait à cette époque que la partie inférieure du portail. Sur le grès du milieu du cintre de la porte, apparaissait en relief la date 1766. La forme du vaisseau était très-bien conservée par la gresserie, s'élevant de tros à quatre pieds au-dessus du sol. Dans l'intérieur, on voyait de distance en distance, et de deux côtés, les bases des colonnes en saillies adossées contre la muraille. Les ruines étaient en partie couvertes de mousse et de gazon. En face du portail, étaient les débris des murailles du quartier de l'abbé.

Le silence des tombeaux ne fut même pas respecté. Nous aurions voulu retrouver quelques restes de ces vénérables abbés, et surtout quelques débris des sépultures des hauts et puissants comtes de Saint-Pol. La tourmente révolutionnaire a arraché, emporté, détruit ces tombes de marbre et de bronze, couvertes de statues et d'insignes féodaux et ornées de titres pompeux. Des mains profanes ont tout anéanti, et un gazon touffu a remplacé les dalles du temple : C'est à peine si deux pilastres en ruines nous indiquent l'ancienne entrée du tabernacle du Très-Haut.

Vendue, en 1822, au baron de Fourment, l'ancienne abbaye de Cercamp fut convertie en manufacture. Le futur membre du Sénat, trouva cette ancienne et splendide maison dans le plus grand état de délabrement. Voici le tableau qu'en fait M. Labour dans sa brochure intitulée : *La Bête Canteraine.*

« La Révolution de 1793 y avait porté la dévastation ; l'église était complètement détruite, il n'en restait plus que les ruines qui se voient encore aujourd'hui : le seul des trois grands bâtiments formant l'habitation qui restait debout, était aussi presqu'en ruines ; les appartements qui sont d'admirables pièces d'un aspect vraiment grandiose, servaient de granges, d'écuries ou d'étables ; les parquets étaient partout défoncés, les croisées démolies, et les oiseaux de proie s'étaient installés dans les greniers.

M. de Fourment eut bientôt transformé la situation de cette belle habitation et rendu le mouvement et l'activité là où il n'y avait plus que silence et désolation. Utilisant les eaux de la Canche qui prend sa source à quelques lieues de Cercamp et passe à ses pieds, il établit une filature de laines peignées, en y installant ses métiers dans les pièces principales de l'ancienne abbaye; mais peu d'années après, de 1828 à 1830, pour donner à son établissement une extension réclamée par le succès, il fit construire sur les fondations de l'ancienne grange de l'abbaye, dont les murs n'avaient pas moins de cinq pieds d'épaisseur, un immense bâtiment à quatre étages, d'une longueur de cent mètres, où il concentra sa filature. A partir de cette époque, le bâtiment principal de Cercamp fut rendu à sa première destination, c'est-à-dire qu'il fut restauré de manière à être exclusivement consacré à l'habitation de son nouveau propriétaire. »

L'incendie qui dévora la filature dans les premiers jours de janvier 1871, a respecté l'habitation de M. de Fourment. Placé au fond d'une vaste cour, en face de la principale entrée, ce corps-de-logis, qui a conservé sa désignation de *Quartier des étrangers*, présente un aspect majestueux: nous en avons décrit plus haut le style d'architecture. Nous nous contenterons de dire que c'est avec un sentiment de muette admiration que nous avons parcouru ces vastes appartements, ornés de superbes lambris de chêne, ces galeries, anciens cloîtres carrelés en marbre noir et blanc, ces caves artistement voûtées et enfin ces immenses jardins, tracés par des célébrités de notre époque, et qui font de Cercamp la plus vaste et la plus belle résidence des environs de Saint-Pol.

En terminant, nous signalerons les bienfaits immenses de l'établissement de Cercamp, dont le propriétaire, M. le baron Auguste de Fourment, grâce à sa généreuse et infatigable activité, a ramené l'aisance et le bien-être dans une région où la misère exerçait ses funestes ravages, depuis la destruction de l'abbaye.

LISTE

des abbés qui ont gouverné l'abbaye de Cercamp de 1140 à 1789

La série des abbés de Cercamp n'est parvenue jusqu'à nous que tronquée et bien incomplète, comme le reconnaissent les auteurs de la Gallia Christiana. Jongelin et les frères de Sainte-Marthe ont manqué sans doute de documents. Pendant toute la durée des xiii° et xiv° siècles, les auteurs de la Gallia Christiana sont continuellement en désaccord avec Ferry de Locre, Turpin et les diverses chroniques du monastère relativement à la suite des abbés de Cercamp : quant à nous, nous avons suivi la série donnée par Dom Laderrière, de préférence et d'autant plus volontiers qu'elle est souvent en concordance avec les noms et les dates mentionnés dans un grand nombre de chartes et de titres que nous ont fournis les Archives départementales du Pas-de-Calais.

1 Abbé. — Jourdain, 1140 - 1141.
2 — Hugues 1er, 1142 - 1154.
3 — Urbain 1er, 1154 - 1166.
4 — Hesselin, 1166 - 1172,
5 — Alban, 1172 - 1173.
6 — Pierre 1er 1173 - 1179.
7 — Artaud, 1179 - 1188.
8 — Hugues II, 1189 - 1203.
9 — Urbain, 1203 - 1204.
10 — Robert I, 1204 - 1209.
11 — Alard ou Arnould, 1209 - 1220.
12 — Adam, 1223.
13 — Robert II 1224 - 1240.
14 — Vaast 1240.
15 — Jean I, 1240 - 1261.
16 — Willard, 1261 - 1280.
17 — Gérard, 1280 - 1287.
18 — Martin, 1287 - 1289.
19 — Jean II, 1289 - 1303.
20 — Nicolas, 1303
21 — Jean, 1303 - 1312.
22 — Jean IV 1312 - 1818,
23 — Guillaume, 1318 - 1319.
24 — Enguerrand I, 1319 - 1335.
25 — Jean V, 1335 - 1339.
26 — Robert III 1339 - 1350.
27 — Alban, aussi appelé Thomas, 1350 - 1359.
28 — Jean VI, 1359 - 1369.

29 — Jean VII 1369-1372.
28 — Jean VIII, 1372-1416,
31 — Robert IV, ou Pierre, 1416-1447.
32 — Jean IX, 1447-1456.
33 — Enguerrand, 1456-1484.
34 — Jean X, ou Laurent Lefranc, 1484-1503.
35 — Louis Vignon, 1503-1512.
36 — Pierre de Bachimont, 1512-1550.
37 — Jean Rouget, 1550-1569.
38 — Philippe de Saulty, 1570-1575.
39 — Germain Pecqueur, 1575-1578.
40 — Eustache de Bayard de Ganteau, 1578-1613.
41 — Philippe Delahaye, 1613-1618.
42 — François Monchiet, 1618-1626.
43 — Jacques Lemaire, 1626-1650.
44 — Antoine Géry, 1650-1658.
45 — Louis le Liévre, 1658-1659.
46 — Le Cardinal Mazarin, 1659-1661.
47 — De Lyonne Jules-Paul, 1661-1721.
48 — Le Cardinal Dubois, 1721-1723.
49 — Louis de Bourbon, 1723-1758
50 — Théodore de Potoki, primat de Pologne et archevêque de Guesnes. 1758.
51 — Claude-Roger-François de Montboissier Beaufort de Canillac, 1759-1761.
52 — Le Cardinal de Colonna-Sciarra. 1761 à 1765.
53 — Le Cardinal Charles-Antoine de Laroche-Aymon, 1765-1777
54 et dernier. Alexandre-Angélique de Talleyrand-Périgord, 1777-1789.

ROLLEPOT

Dom Grenier fait mention d'un Rondelins de Rolepot, chevalier.

En 1221, Mathieu de Rollepot, écuyer, vendit sa terre à Gauthier de Chatillon, comte de St-Paul (Ann. Turpin). Jehan dit Sarrazin, sire de Bétencourt et de Rollepot chevalier, mande à Robert de Marœuil, receveur du Bailliage d'Avesnes et d'Aubigny, de faire fortifier et de réparer le château d'Avesnes, de la part de la comtesse d'Artois, 6 février 1378 (Invent. chartes. d'Artois, A. n° 100).

La Seigneurie de Rollepot appartenait au xv⁰ siècle à la famille de Gargan. En 1420, on trouve un seigneur de Gargan, écuyer, sieur de Rollepot: Julien de Gargan seigneur d'Authieulles et de Rollepot, était prévôt-royal de Doullens en 1541.

Une sentence de noblesse, rendue le 2 avril 1576, au profit de M. de Gargan, écuyer, nous le signale comme seigneur de Rollepot et d'Authieulle (Arch. dép. reg. élect. 1571 à 1587).

La possession de la terre de Rollepot donnait à la famille de Gargan l'entrée au conseil d'Artois ; Philippe de Gargan fut nommé député des Etats, en 1729.

M. Harbaville dit « qu'une filature remplace l'antique château de Rollepot. » C'est une erreur. La filature de lin du Comptoir de l'industrie linière, connue dans le pays sous le nom de Filature de Rollepot, et la maison de gérant qui y est annexée, n'ont aucun rapport avec le château rebâti sur l'emplacement de l'ancien, et occupé actuellement par le pensionnat de M. Bouchendhomme.

Le dernier membre de la famille de Gargan qui ait habité le château actuel avec deux de ses soeurs et sur le sort desquelles on n'a aucun renseignement, fut arrêté comme suspect en 1793 et enfermé dans la citadelle de Doullens ; il n'en sortit que pour être conduit à Cambrai, où il périt sur l'échafaud.

Le château qu'on voit aujourd'hui, remonte à peine à la fin du xvii⁰ siècle. Il a été construit sur l'emplacement de l'ancien qui a subi le même sort que la forteresse des comtes de St-Pol, située à 500 mètres de là. Il serait difficile de dire si le château actuel a la même importance que l'ancien, car il règne une obscurité presque complète sur le passé de cette seigneurie. Cependant il est facile de voir que les communs n'ont pas été relevés, car il n'existe plus rien des écuries, remises, etc. (Liane, ouvrage précité.)

Le 13 octobre 1828, un incendie éclata dans le château de Rollepot, appartenant alors à M. Decroix, qui y avait installé une fabrique de sucre, et détruisit tout l'intérieur et la toiture. Depuis lors, il a été restauré et a servi d'habitation à plusieurs familles. Il est maintenant occupé par le pensionnat Bouchendhomme, comme nous l'avons dit plus haut.

Les habitants de Rollepot jouissaient d'un privilége tout

spécial ; ils étaient exempts de tout impot sur les bières, vins, eaux-de-vie, cidre et autres boissons en général qui se consommaient dans la localité (Arch. du Cons. d'Artois).

Nous citerons encore comme dépendant du territoire de Frévent, les bois de la Bouillère, de Cercamp, de la Garenne, et la fontaine St-Laurent.

GENNES-IVERGNY

Ivriacum. (Harbaville).
Ivrenni, 1138 (Gall. Christ).
Ivrenis. 1192,
Gennes Ivrégny, 1301, (Pouillé, diocèse d'Amiens).
Ivregni 1373.
Iverni, (Harbaville)

Quoiqu'il ne soit pas situé sur une des voies romaines qui traversaient la contrée, Harbaville trouve dans le nom de ce village l'indication d'un cantonnement, d'un quartier d'hiver. — Le nom de *Genne* ou *Géne* est tiré du celtique guen, marais. En effet, il est situé sus l'Authie le long de la route d'Auxi-le-Château. L'autel d'Yvrenni fut confirmé à l'abbaye de St-Michel de Doullens par l'évêque Guarin, le 6 des ides de novembre 1138 (Darsy. Bénéf. du dioc. d'Amiens).

Les décimateurs étaient: les abbesses de St-Michel de Doullens et de Bertaucourt, et le prieur de Biencourt. — Les droits de l'abbaye de Bertaucourt sont constatés en la bulle du pape Alexandre III de l'année 1176, confirmative de ses possessions. Pour raison de ses droits à la dîme d'Ivregny, l'abbaye de St-Michel payait jadis une redevance de 4 setiers d'avoine à l'abbaye de Saint André-au-Bois. Cette redevance fut convertie en 20 sols de rente, au mois de juin 1274. On n'en trouve plus trace dans les titres de l'abbaye (Darsy, bénéf. du diocèse d'Am.).

Le comté de Ponthieu vendit au comté d'Artois en 1244, l'hommage qui était dû pour le fief d'Iverni par Henri de Guines, du chef de sa femme (Harbaville).

Le 14 octobre 1294, Guillaume Boune de Gennes, s'engage à rembourser au comte d'Artois 40 l. petits tournois qu'il a payés pour lui à Guillaume Bolel (Inv. des char. d'Artois. A. 39).

Le 22 janvier 1300, Baudoin, valet de la comtesse d'Artois, donne quittance de 4000 harengs, à 20 sols le mille, reçus d'Henri Le Marquis, chevalier de Genne (Invent. char. d'Artois, sér. A.158).

En 1508, Nicolas de Bours, licencié ès-lois, seigneur de Gennes et Ivrégny était lieutenant-général du bailly d'Amiens à Montreuil.

Au XVIII° siècle, la terre et la seigneurie de ce village appartenaient au sieur Remy de Gennes. Cette famille, de l'ancienne bourgeoisie de Douai, à formé plusieurs branches : celle du Maisnil a eu son entrée au Parlement de Flandre en 1752, et lui a donné deux conseillers ; l'autre, dite de Gennes et de Campeau, descend d'un conseiller secrétaire du roi au siècle dernier. Elle subsiste encore, et s'est alliée aux Becquet de Megille, Béranger, Bodhain d'Harlebecque, Cordouan, la Fare, Imbert de la Phalesque, Tholosé, Wavrechin. Armes : de sinople à l'aigle essorant d'argent, fixant un soleil d'or placé au franc canton de l'écu. (Borel d'Hauterive, Arm. d'Art. et de Picardie.) On ne trouve à Genne-Ivergny aucun vestige de l'ancienne maison des dames de Saint Michel de Doullens. D'après une tradition locale, une tour et des bâtiments sembleraient rappeler l'existence d'une tour et d'une ancienne ferme appartenant aux Templiers. Nous ferons observer que M. Mannier n'en fait aucune mention dans son ouvrage sur les commanderies : ne serait-ce pas plutôt les restes d'un ancien château fortifié ?

Genne-Ivergny dépendait avant 1789 du diocèse d'Amiens et du doyenné de Labroye. L'église, convertie en fabrique de salpêtre fut rendue au culte en 1802. Il existait autrefois un pélérinage très-suivi en l'honneur de Saint-Louis, patron de la paroisse. ZÉLANDRE, *Cellandre*, est un hameau dépendant de Genne-Ivergny.

Nous citerons encore les bois de Genne, de Béguinval, Robert Boistel, la vallée de la Bryanne, le ravin du Vaquignon; la fontaine Saint-Louis et les lieux dits, Maquefer, la Justice, la Maladrerie, etc.

HARAVESNES

Haravesgnes, xiiie siècle, (Harbaville).
Haravesnes, 1194.
Haravesnia, (Darsy, bénéfices du diocèse d'Amiens.)
Haravenne, id. id. id. id.

La moitié de l'autel de Haravesnes fut confirmée à l'abbaye de Bertaucourt par les lettres de saint Geoffroy, de l'année 1108. Elle figure aussi avec l'autel de Wals, dans la bulle du pape Alexandre III, de l'année 1176. Ce monastère et le prieuré de Biencourt étaient les seuls décimateurs. (Pouillé de l'archid. f. 80).

En février 1278, le comte d'Artois confirme la vente faite par Jehan, chevalier, seigneur de Haravesnes, et Leurenche sa femme, à Henri Serevandel et à Paskain, sa femme, bourgeois d'Hesdin, de tout le terrage qu'ils avaient au fief de Lesin, et qu'ils tiennent de Jacques chevalier, seigneur de Fillièvres. (Invent. ch. d'Artois, section A. 26.)

Haravesnes eut sa coutume locale en 1507 ; le village appartenait alors à la prévôté de Saint Ricquier. La seigneurie appartenait à Charles de Gaspanes, chevalier, seigneur de Robercourt Brayelles, Brailly, etc. Il tenait cette terre en fief de Marguerite, dame de châtillon, à cause de sa châtellenie de la Ferté de Saint-Riquier, et partageait avec elle les droits de haute et basse justice (Cout. de Picardie). Une vieille tradition rapporte que le territoire de Haravesnes fut témoin d'une bataille entre les armées anglaise et française, au xve siècle.

Le maréchal de Duras, figure comme seigneur de Haravesnes dans les chartes et les titres divers qui précédèrent la Révolution. On vient de découvrir quelques pans de muraille, restes probables d'un ancien château..

La petite église d'Haravesnes était érigée en paroisse en 1301 (Arch. de l'évêché d'Amiens). Avant 1789, elle faisait partie de ce diocèce et du doyenné de Labroye. Madame de Carondelet, abbesse de Bertaucourt, le duc de Duras et la famille Godart de Duval, qui posédaient dans cette commune de nombreux revenus, contribuèrent à son entretien et à son embellissement. Cette église n'avait à rendre hommage à aucun seigneur laïc ou ecclésiastique. Ce privilége assez rare n'était pas le seul dont la paroisse jouissait avant 1789; elle possédait encore celui de n'être pas sujette à la gabelle et aux impôts sur les eaux-de-vie. Une telle distinction qui conférait au village une supériorité marquante sur toutes les communes voisines, donna jadis naissance à cette expression populaire, savoir qu'*Haravesnes était une terre franche, un pays neutre.*

L'église d'Haravesnes a été restaurée presque de fond en comble en 1768 : les renseignements les plus précis que nous puissions donner à ce sujet, se trouvent dans les registres de Catholicité de la même année.

» En cet an, 1768, à été rebatie notre église, par les soins, sol-
» licitude et industrie du sieur Antoine Desnoyelles de Quoeux
» procureur d'office de la seigneurie et receveur des deniers
» de notre fabrique, du consentement du curé et principaux
» paroissiens. »

» Voila comme on s'y est pris : Comme il y avait des répara-
» tions à faire au chœur qui était presque caduc, (ce qui était
» à la charge de l'abbaye de Bertaucourt et du prieuré de
» Beaucourt, près de Labroye), on a adressé une requête à Mr le
» procureur général du roi à Arras, qui a été répandue.

» L'ouvrage a commencé le lundi de la quatrième semaine
» de carême et de mars. et a duré jusqu'au 25 septembre. Il
» a été bien souvent interrompu par de facheux temps ; savoir
» par des froids aigus dans les commencements, et les pluies
» dans la continuation et sur la fin.

» Cette rebâtisse n'a rien couté aux particuliers propriétaires,
» si ce n'est que quelques corvées; le dit de Noyelles, comme
» étant à son aise peut avoir avancé de ses propres fonds (ceux de
» sa recette étant insuffisants), il ne s'est pas mis en peine pour
» cela, et par ce moyen, on ne sait pas positivement à quoi
» monte la dépense, y surtout pour la nef dont il n'est resté
» d'ancien que le pignon et la muraille du côté du nord qui avait
» été faite en 1760.

» Pour le chœur, madame l'abbesse de Bertaucourt, nommée de

» Caronclelet l'a fait faire par un habile architecte d'Amiens
» qui lui a demandé douze cents livres.

» Le fermier dimeux de Bertaucourt était, pour lors, Nico-
» las Brasseur, laboureur à Vaulx qui, pendant tout le temps
» du travail, a payé les ouvriers, et le fermier du prieuré de
» Beaucourt était Augustin Thélu, laboureur demeurant à
» Bonnières, fils de Bonaventure Thélu, laboureur et de Marie
» Madelaine Billiau, anciens fermiers de la seigneuriale de ce
« lieu.

Le clocher avait été construit sous maître Vallart, en 1754, au compte de l'église, le registre de catholicité de la même année en fait foi. La charpente en chêne étant d'une force peu commune, il est probable que le bois en a été donné par le seigneur, le duc de Duras.

Avant cette époque, la cloche était placée sur le pignon. Les dégradations causées par la corde au fronton de l'arcade qui se trouve dans l'intérieur de l'église, en est une preuve manifeste. (renseignements donnés par le chapitre d'Arras). Une nouvelle restauration eut lieu en 1854.

Nous citerons sur Haravesnes le ravin du Valinjart et, le bois du Calforé.

HAUT-MAISNIL

Altum Manila, (Harbaville).
Manilium-Heutemaisnil, au Pouillé de 1301.
Maisnil-Hautemainil, au Pouillé de 1632.

Cette commune, située à l'extrémité du canton et à peu de distance de la route de Frévent à Hesdin, a une faible importance. Depuis 1240, ce village est annexe de la paroisse de Quœux.

Haut-Mesnil, dont le vocable était Saint-Thomas de Cantorbéry, semble dépendre de la commune de Keus; quoique M. Lambert (Recherches historiques sur quelques communes de l'arrondissement de Saint-Pol), (Puits Artésien, 1840, p. 431); en ait fait une paroisse du doyenné de Fillièvres. Cette paroisse figure au nombre de celles qui étaient à la présentation de l'abbé d'Anchin (Darsy, Bénéf. du diocèse d'Am.)

Nous citerons parmi les dépendances d'Hautmaisnil, le bois et le ravin de Fay; une vieille ferme ayant appartenu aux moines de Saint-Georges et la chapelle du Dieu flagellé. dont le pèlerinage a été supprimé.

LE PONCHEL

Poncel, (Harbaville).

Ce lieu est mentionné dans une charte de 1266, relative à l'église de Willencourt. Il a donné son nom à une famille qui a eu une certaine célébrité en Artois. De cette maison était Guy de Ponchel, écuyer, bailli d'Oisy, l'an 1336, qui procréa de sa femme, Pierrette de Wingles, trois fils savoir : Jean, chanoine à Cantimpré, Simon et Guy du Ponchel. Celui-ci donna dix livres de rentes à l'abbaye du Verger, où il choisit sa sépulture avec sa femme Guyotte de Marville, de laquelle il avait procréé Simon et Agnès du Ponchel, laquelle fut femme de Jean Tenquette, lieutenant gouverneur d'Arras sous Guillaume de Bonnières, l'an 1409. Quand à Simon du Ponchel, il fut sieur de Rutoir, et épousa Alix Morel, d'où sortit Guy Jacques et Marguerite du Ponchel, femme de Pierre de Hente, qui fut père de Henry, allié avec Catherine le Pipre, fondateur de l'hôpital d'Armentière, l'an 1562, etc.

Le Blond met en avant ce qui s'ensuit de cette famille : Alard du Ponchel, écuyer, épousa vers l'an 1312, Ermengarde, fille du sieur de Sombref, de laquelle il procréa Jean du Ponchel, l'an 1333, allié à N. de Hamericourt ; Catherine du Ponchel, femme de Guillaume de le Boe et Jeanne du Ponchel, épouse de Jacque d'Ottignies, chambellan du comte de Flandres. Le dit Jean fut père de Jean du Ponchel, qui prit alliance avec Jeanne de Beaufremez de laquelle il eut un fils de son nom ; Jacqueline du Ponchel, alliée avec Thomas de Haussi ; Marie du Ponchel conjointe avec Pierre du Prest, sieur de Coëne ; et Anne du Ponchel. Jean du Ponchel, leur frère fut sieur de Meurchin et eut de Marie Van Ryne un fils nommé aussi Jean, qui épousa en premières noces Agnès de Clermez et en secondes noces Catherine de Rely, de laquelle il procréa François du Ponchel, etc, etc, (Le Carpentier, hist. de Cambrai, p. 899)

La seigneurie du Ponchel appartenait, au xviiie siècle, à la famille de Rincheval, dont Louis de Rincheval, prêtre religieux, prieur de Saint-Pierre et de Saint-Paul d'Abbeville et frère de Jean-Baptiste de Rincheval, seigneur de Vitz et le Ponchel, fu enterré dans le chœur de l'église, le 18 octobre 1763. Jean de Rincheval, seigneur du Ponchel, était grand bailli d'Hesdin en 1762 ; il était propriétaire d'un fief situé sur cette commune, et consistant en nne maison seigneuriale, jardins et plants d'une contenance de deux mesures (Notes Godin).

La paroisse du Ponchel faisait partie du diocèse d'Amiens, doyenné de Labroye. La dime se partageait entre le prieur de Biencourt et l'abbé d'Anchin (Darsy, Bénéf du dioc. d'Am.)

L'église, placée sous le vocable de Saint-Thomas de Cantorbéry, fut rendue au culte en 1802, après avoir servi de fabrique de salpêtre, pendant la Révolution.

LIGNY-SUR-CANCHE

Ligniacum, Harbaville.

La première commune, en quittant Frévent par Rollepot, qui se trouve sur la route d'Hesdin, l'une des plus agréables et des plus jolies du département, où tour-à-tour se succèdent des villages, des prairies, des plaines, des marais, des vergers, des villages, qui, par leur enchainement continuel, présentent le tableau le plus varié et le plus enchanteur que l'on puisse imaginer ; la première commune, disons-nous, qui se trouve sur cette route, c'est Ligny, dont l'étymologie, vient du mot latin *lignum*, bois. Cette dénomination est parfaitement en harmonie avec cet endroit, s'il est permis d'en juger par les bois immenses qui ont disparu dans ses environs, et par ceux qui, naguère encore, couvraient une partie du sol de ce territoire, et qui ont été, après plusieurs ventes successives, adjugés le 5 août 1828, à la société Alaux, Fauchon, etc, avec faculté de pouvoir les défricher. Ligny existait sous Charles-le-Chauve. Il est fait mention de Ligny dans un accord passé en 1221 entre l'église et Robert de Rebreuve et que confirma Elisabeth de Châtillon, comtesse de Saint-Pol.

Au xve siècle, les Bourbon-Vendôme étaient seigneurs de Ligny-sur-Canche : l'un d'eux, Claude, était gouverneur de Doullens, et mourut en 1495. Il avait épousé Antoinette de Bours, dame de Saint-Michel et vicomtesse de Lambercourt. L'un de ses descendants, Antoine de Bourbon-Vendôme, vicomte de Lambercourt, était gouverneur de Doullens en 1570. Il fut tué en duel en 1594.

Une ordonnance rendue en 1717 par le conseil d'Artois, désigne le baron de Bernieulle et le comte d'Humbecq comme acquéreurs de Ligny-sur-Canche, Fortel, etc. (Arch. cons. d'Artois, sec. B 96). En 1748, cette seigneurie était passée au comte de Raches.

Ligny dépendait en partie de la régale d'Amiens. Sa coutume locale fut rédigée en 1507.

Le 1er janvier 1871, un mobilisé fut massacré par les Prussiens pour avoir tué un cuirassier blanc chez M. Lemaire, débitant.

Dans cette commune existait un prieuré, fondé vers la fin du xie siècle. Turpin présume que les fondateurs ou les bienfaiteurs de cette maison étaient quelques membres de la famille de Brimeux, et la raison qu'il en donne c'est que, dans le chœur de l'église, on voyait encore, au commencement du xviie siècle, le tombeau de Jean de Brimeux, seigneur de Ligny et de Grigny, chevalier de la Toison d'Or. Ce tombeau était en marbre, et assez élevé, mais « quelque peu offensé par les injures et du temps et de guerre », dit Loure. Le prieuré était simple, de l'ordre de saint Benoit et sous l'invocation de saint Vit et de saint Modeste. Il fut fondé par Jean de Grigny, dans l'église paroissiale que donna l'évêque saint Geoffroy à l'abbaye de Saint-Martin-des-Champs, le 11 des Kal. de mars, 20 février 1104.

Godefroy évêque d'Amiens, donna ce prieuré à l'abbaye de Saint-Martin-des-Champs, de Paris, par la lettre pastorale suivante que nous traduisons du latin de Turpin (Comitum Tervanensium ann. hist.)

« Au nom de la sainte et indivisible Trinité Père, Fils et Saint-
« Esprit, ainsi soit-il.

« Frère Godefroy, par la grâce de Dieu, évêque d'Amiens,
« souhaite à tous les enfants de la foi et des œuvres de notre-
« mère la Sainte-Eglise présens et à venir, une continuelle pros-
« périté de salut et de paix en ce monde, et après la sortie de
« cette vie passagère, une félicité interminable.

« Selon la tradition des auteurs orthodoxes et les institutions
« canoniques, il m'est enjoint en qualité d'évêque de dispenser
« avec une paternelle sollicitude ce qui appartient à l'église que
« je suis appelé par l'ordre de Dieu à gouverner. Or, cette dis-
« pensation doit se faire à chaque ministre selon leurs mérites;
« et, après l'avoir faite avec la plus grande circonspection, il
« faut aussi veiller, (autant qu'il est possible,) que la paix règne
« entre eux, en leur donnant de sages conseils, afin de les pré-
« munir contre les tempêtes et les troubles du monde, lesquels
« émanent des embuches des méchans.

« En conséquence, animé par les devoirs inhérens à mes
« fonctions et à mon caractère, j'ai apporté, avec la grâce de
« Dieu, toute la vigilance possible, pour administrer les biens
« que la piété des fidèles avait donnés de mon temps à mon
« église ; et j'ai retiré des mains des laïcs ceux qu'ils possédaient
« injustement, pour les donner à des personnes consacrées à la
« religion, et qui les tiendront de notre église, de nous et de nos
« successeurs. Et, afin qu'ils puissent repousser les traits des
« ravisseurs, je confirmerai cette donation par des priviléges,

« qui seront pour eux comme une espèce de bouclier et de
« rempart inexpugnable.

« En conséquence, moi Godefroy, Ingelran notre archidiacre,
« et les autres officiers de l'église d'Amiens, donnons pour en
« jouir à perpétuité, l'église de Ligny, avec ses appendances, au
« monastère de St-Martin, situé au faubourg de Paris, nommé
« des champs, pour subvenir aux besoins des moines tant de ce
« monastère que de celui de Cluny; sans toutefois toucher à
« notre droit, et diminuer en rien l'autorité que nous avons sur
« cette église. Comme anciennement elle était le propre siège de
« mes prédécesseurs, pour y faire les ordinations, le Saint-
« Chrème, et y administrer les autres sacrements de l'Église, de
« même elle le sera encore présentement et à perpétuité, et les
« moines seront obligés d'y adhérer.

« Cette église paiera l'honoraire synodale, le cens, de tous les
« autres droits qui sont canoniquement exigibles dans les églises
« de notre diocèse, non à cause de l'église de Ligny, mais à cause
« des églises de Vis et de Villers, et pour ce qu'elle pourra
« acquérir canoniquement. Nous accordons encore aux dits frères
« tout ce qu'ils pourront acquérir canoniquement dans notre dio-
« cèse pour eux et pour notre église de Cluny à l'exception
« des honoraires et casuels, dont nous venons de parler, qui
« seront pour notre église et ses ministres. Nous nous réservons
« de connaître des injustes détentions et des discussions, des
« causes criminelles des clercs et des laïcs, lesquelles sont défen-
« dues aux moines par les institutions canoniques. Et pour rati-
« fier cette donation et la rendre inviolable, je supplée par mon
« seing à ma signature écrite, afin que la disposition de ce privi-
« lége suffise de témoignage à la postérité et de preuve à la
« vérité.

« Seing de Godefroy, — seings d'Ingelran et de Foulque, ar-
« chidiacres, — seings de Roger, doyen et Albert, prévost, —
« seings de Reiner, trésorier et de Roger, chantre, — seings de
« Gilbert, de Clary, de Hugues, de Raoul, de Baudoin, prêtres,—
« seings de Standard et de Girard, diacres, — seings de Willem,
« de Hugues et de Salomon, sous-diacres. Fait en l'église
« d'Amiens, l'an onze cent quatre de l'incarnation de Notre-Sei-

« gneur, indiction xii. Philippe I er, roi de France, Louis, son fils,
« commandant l'armée, Ingelran, mayeur d'Amiens, et la pre-
« mière année de l'épiscopat de Godefroy. Ainsi soit-il.

« Contresigné par Gérard, sous-diacre de l'église d'Amiens,
« vice-chancelier, donné à Amiens le deux des calendes de
« mars. »

Le vice-chancelier d'Amiens y donna son consentement le 2 des dites Kalendes. Il devait y avoir six moines, d'autres disent quatre, le prieur compris. — Le prieur avait le droit d'instituer un précepteur pour instruire la jeunesse dans la paroisse de Saint-Hilaire de Frévent, dont il avait le patronage. (Gall. Christ. x, col. 1169, c. — Petit Pagès, p. 118. — Puits Artésien p. 223. — Picardia Christiana, Mss. f° 98. — D. Marrier, Monasterii regalis sancti Martini de Campis historia, p. 349 et 352.— Bibl. Cluniac. p. 1720, c. Harbaville, loc. cit. p. 287 et 342.)

Dom Ambroise Deshaye était prieur de Ligny en 1641. Cette maison était tombée en commande en 1689 et était administrée alors par Jacque Hérieux.

En 1789, nous trouvons dans une procuration faite au sujet de l'assemblée des états provinciaux d'Artois, du 20 Avril, le nom de l'abbé d'Audrezelles, vicaire-général du diocèse de Bordeaux, comme prieur commendataire du prieuré de Ligni-sur-Canche (Arch. gouv. d'Arras, Serie B 217 et 886).

Les revenus du monastère étaient de 4000 livres.

Les Eglises dépendantes de ce prieuré étaient 1° la cure paroissiale du lieu, sous l'invocation de saint Vite, saint Modeste et sainte Crescence ; 2° la cure de St-Martin de Vis (Picardie), et 3° la cure de St-Hilaire de Frévent. Cette dernière cure fut donnée à ce prieuré, l'an 1212, par Jean, évêque de Thérouanne.

Pendant la Révolution, le prieuré de Ligny a été vendu; il était situé près de l'église succursale de cette commune, et occupait jadis l'emplacement de deux fermes, dont l'une appartenait à M. Deslaviers, décédé au commencement de l'année 1838, maire de cette commune et membre du conseil d'arrondissement. (Puits Artésien). Plusieurs des bâtiments du prieuré existent encore aujourd'hui ; on trouve aussi sur les bords de la Canche des ruines, derniers vestiges d'un ancien château-fort.

La paroisse de Ligny était dans la nef de l'église du prieuré.

Sur la muraille, près du grand autel, ou lisait autrefois cette inscription en bouts rimés:

L'an mil quatre cent trente cinq,
Tout ainsi que l'année vingt,
Fit faire tout neuf ce pilier,
En Théologie licentier,
Le prieur Thomas dit Sussanne.
Prié à Dieu qu'il en ait l'ame.

Il existe une chapelle qui porte le nom de Notre-Dame de Montaigu, pèlerinage très-fréquenté en faveur des petits enfants.

Nous citerons encore, à l'entrée du cimetière, l'endroit nommé le pilori, et qui rappelle l'exercice de la haute et basse justice dans cette commune, le lieu dit le Grand Hangar, auquel la tradition locale rattache le souvenir d'une bataille; le bois Jean et le bois haut. L'ancienne chapelle *des larrons* a été détruite en 1793.

Depuis la rédaction de notre travail sur Ligny-sur-Canche, nous avons reçu quelques notes intéressantes qui compléteront cet article.

Le château-fort de Ligny-sur-Canche, situé sur les bords de la rivière, n'existe plus depuis longtemps: on en voit encore la butte entourée de fossés profonds dans lesquels on mettait l'eau à volonté. Aucune race de maçonnerie n'est parvenue jusqu'à nous. Néanmoins, le monument que les sires de Ligny ont élevé à Dieu pour obtenir sa miséricorde, existe encore en partie, je veux parler du prieuré.

Fondé en 1104 par les sires de Brimeux et de Grigny, il fut accordé à l'abbaye de Saint-Martin des Champs de Paris, par saint Godefroy, évêque d'Amiens, vers le milieu du XIIe siècle. Il fut alors habité par quatre religieux. Au XVe siècle, il fut reconstruit en partie et au XVIe siècle, les religieux rebâtirent l'église qui menaçait ruine. On pent encore aujourd'hui établir l'époque de ces différentes reconstructions. Les caves du prieuré ainsi que les débris des cloîtres, et une partie du choeur de l'église, y compris la partie sud de l'ancien transept, sont du XIIe siècle. Le prieuré fut élevé d'un étage à la fin du XVe siècle; et au XVIe siècle, l'église fut rebâtie. Elle est voutée en pierre, avec nervures, arcs doubleaux, etc. Elle n'a que deux nefs séparées par des colonnes sur lesquelles on a remarqué à l'époque où M. l'abbé Delétoille en était curé, et en la restaurant, des traces de peinture polychrome. Le bâtiment principal, ou logement du prieur communiquait avec l'église au moyen d'un cloître qui y aboutissait entre l'avant chœur et la chaire, près de l'autel de la Sainte Vierge. Les vestiges de ce cloître qui sont du XII° siècle, formaient avec l'église et les bâtiments claustraux une cour intérieure au prieuré.

Cette église, qui au point de vue archéologique fut une des plus belles du pays, a pour patrons saint Modeste et ses compagnons, martyrs, possède une belle petite cloche du XVI° siècle dont je donne ici l'inscription et la description : Elle a trois pieds de hauteur sur deux et demie de largeur (à l'endroit ou frappe le battant) : Elle porte l'inscription suivante en caractères gothiques flamboyants :

« Jacqueline suis nommée che nous par de Béthune des
« Plancques escuier seigneur de Hesdignal.

« et Jacqueline le Hibert sa femme en l'an XVCLX. Regnier
« Blondel.

Et en dessous les médaillons avec effigie de Philippe Roy d'Espagne agé de XXVIII ans et de sa femme Ursule Lopes âgée de XVII ans. Sur les côtés de cette cloche on trouve les armes des parrain et marraine.

Avant la Révolution de 1793, on trouvait, à droite en sortant de ce village, sur la route de Nuncq, la chapelle du Bon Larron.

Le moulin de Ligny, qui touche à l'ancien château, possède encore un mur du XV° siècle.

(Visite faite à Ligny-sur-Canche, le 11 novembre 1879.)

G. CAPPE DE BAILLON.

MONCHEL

Moncels xie siècle. — (Cart d'Auchy)
Moncellum apud conchium, xiie siècle (Ibid).

Malbrancq donne à ce village une origine antérieure à 560. Le martyr de saint Juste et de saint Artémie, qui eut lieu vers le viiie siècle, lui a valu une certaine célébrité.

Deux frères, Justus et Artémius, fuyant la persécution d'un parent qui voulait les faire renoncer à leur foi, se retirérent en Morinie en 784. Ils construisirent une cellule au milieu d'un petit bois, voisin du village, appelé le Bois des Vignes, où leurs assassins, les trouvérent occupés à des travaux champêtres. On prétend aussi que Juste, en cherchant à s'échapper de leurs mains, fut poursuivi, atteint et massacré sur le tertre où l'on montre encore un arbre, dit l'arbre saint Juste, à droite du chemin qui conduit à Flers. Leurs corps furent inhumés à l'endroit où fut depuis bâtie l'église de Monchel, qui a toujours reconnu les deux saints pour patrons. Le lieu où ils subirent le martyre, prit le nom de *Mons cœli, Monchiel*. On célèbre leur fête le 18 octobre. Longtemps le pèlerin visita leur tombeau.

Une charte de Théobald, évêque d'Amiens, règle la propriété des religieux d'Auchy-les-Moines, sur quelques portions de dîme à Monchel. Ce titre est du mois de février 1197 (*Cart. d'Auchy*).

Le sire Gérard de Moncels est un des témoins de la charte d'Estrée-Wamin, en 1201.

Le 29 mars 1372, la comtesse d'Artois reçut, à cause de sa châtellenie d'Hesdin, l'avers et le dénombrement de sa terre de Monchel tenue par Adam de Conchy, écuyer, sire de Monchel. (Trésor, ch. d'Artois. Série A, 96.)

Les coutumes locales de la terre et seigneurie de Monchel, baillage d'Hesdin, appartenant à Mademoiselle Isabeau de Monchy, veuve de feu Mgr Jacques de Foucquesolles, ayant le bail d'Ysabeau de Foucquesolles, fille mineure, furent rédigées en 1507 (A. Bouthors, cout. du baill. d'Amiens, t. ii, p. 241).

Avant 1789, la terre de Monchel appartenait à M. de Gargan, seigneur de Rollepot-lez-Frévent. (Puits artésien.)

Les religieux d'Auchy possédaient un petit fief à Monchel, produisant par an environ 18 livres de revenu et une dîme louée 500 fr. au sieur Henquenet, curé de la paroisse. Ce dernier eut de longs démêlés avec l'abbaye, de 1774 à 1785; il fut condamné par jugement du conseil d'Artois à se désister des terres et droits de dîme appartenant à sa cure, et à payer à l'abbaye d'Auchy, par forme de fermage, la somme de 200 livres pour chaque année de jouissance des dits biens. (Arch. dép., cons. d'Art., série B, 729).

Il y a quelques années, en labourant la terre, on a trouvé plusieurs pièces de monnaie, les unes en argent, à l'effigie de Philippe, roi d'Espagne, de Henri IV et de Louis XIV ; les autres, en cuivre, parmi lesquels se trouvait un liard du temps de Henri III. M. Legrand, maire de Monchel, possesseur de ces pièces, en a fait don, en partie, au musée de Saint-Pol.

L'ancienne église de cette commune fut vendue et démolie pendant la tempête révolutionnaire, et avec elle, a disparu un marbre antique d'un mètre et demi de hauteur, sur lequel était gravée la relation du martyre des deux saints. Ce monument archéologique, longtemps délaissé au milieu d'un monceau de pierres, fut enfin vendu pour la modique somme de deux francs. On en voit encore à peu près la moitié, incrustée dans la muraille extérieure du chœur de l'église de Conchy, offrant, sur la face opposée, l'épitaphe d'un individu de cette commune.

La dîme appartenait à l'abbé d'Auchy-les-Moines. (Pouillé de l'Archid.)

Au mois de février 1207, l'abbé d'Auchy racheta de plusieurs vavasseurs des dîmes à Monchel-sur-Canche (Apud Conchiam), lesquelles relevaient du fief de Oylard Haignères, selon charte scellée de Thibaut, évêque d'Amiens, sur le témoignage de Pierre, doyen de Labroye et autres.

Les reliques de saint Juste et de saint Arthémis sont conservées en cette église. (Décourt, loc. cit. 1, 374. — M. Harbaville, Mém. hist. du Pas-de-Calais, 11, 288).

Cette cure était comprise dans la donation de 1099 et dans les confirmations des comtes de Hesdin et de Flandre. — Le droit de patronnage fut reconnu à l'abbaye par l'évêque d'Amiens, au mois de juillet 1255. (Cartul. d'Auchy, p. 181.)

Par un titre de l'an 1255, le 23 juin, l'abbaye d'Auchy institua un curé dans l'église de Monchel, au diocèse d'Amiens, dont elle avait le patronage et lui assigna l'autel, toutes les oblations, les legs, menues dîmes, dimes de laines et d'agneaux, avec 14 journaux environ de terre, nommés La vallée. (Cartul. d'Auchy, p. 66 et 182. — Darsy, Bénéf. du dioc. d'Amiens).

On reconstruisit l'église actuelle en 1828 et la nef, en 1840, ainsi que le clocher. La voûte du choeur est plate, celle de la nef est cintrée, le tout est en plafond. Le clocher, placé à l'extrémité de la nef, consiste en une tour carrée surmontée d'une flèche recouverte d'ardoises.

Il existe sur le bord du chemin de grande communication de Saint-Pol à Auxi-le-Château, entre Monchel et Flers, un monticule appelé la tombe Saint-Just, sur lequel est bâtie une chapelle en l'honneur des saints martyrs Juste, Arthémie et Honneste; elle est l'objet d'un pélérinage très-ancien, supprimé à la Révolution et qui a repris de nos jours une certaine importance. On rencontre une autre chapelle dédiée à Sainte-Hélène et élevée à la bifurcation du chemin de grande communication d'Hesdin à Frévent et de la route de Conchy à Bouquemaison.

Le village est coupé en deux par une vallée, la partie sud porte le nom de Petit-Monchel. Nous citerons encore comme dépendances de Monchel, le bois Lemoine, le bois des Maux, le bois des Vignes, le bois *Richebet et le ravin de Saint-Liéval.*

Au moment de l'impression de cet article, nous recevons la communication d'un travail intéressant, concernant la commune de Monchel. Bien qu'il renferme des faits déjà cités, nous avons cru devoir remercier son auteur en le publiant *in extenso.*

Monchêl, Mons cœli. Monchiel.

Ce nom céleste, pour ainsi dire, semble avoir été appliqué à ce petit village après le martyre des saints Justus et Artémius, alors que le ciel faisait éclater sa puissance en couvrant degloire les lieux de leur martyre et de leur sépulture.

Les saints martyrs qui nous occupent étaient deux frères qui fuyant la persécution du parent qui voulait les faire renoncer à leur foi, vinrent se fixer en Morinie en 784 où ils vécurent tranquilles pendant quelques années, édifiant par leurs vertus ceux qui les approchaient. Découverts par les émissaires de leur persécuteur, (les actes de l'église de Monchel disent leur père,) ils refusèrent de sacrifier aux idoles et eurent la tête tranchée en un lieu nommé le *Bois des Vignes* qui domine le village qui nous occupe. Nos deux saints, en quittant la maison paternelle, avaient encore emmené avec eux une sœur nommée *Constance*, qui vint aussi à Monchel. Dans ce village et dans les environs, on l'honore aussi comme sainte, quoiqu'on ignore le lieu et le genre de sa mort.

Dieu voulant honorer et glorifier le chef de ses martyrs, permit que saint Juste renouvela le prodige de saint Denis l'aréopagite.

Il ramassa sa tête et remonta la côte jusqu'au lieu qu'il avait choisi pour sa sépulture. Les témoins de ce prodige lui donnèrent, ainsi qu'à son compagnon, saint Artemi, une sépulture honorable sur un chemin qui allait de Centule (Saint-Riquier) à Tervana (Saint-Pol). On éleva un tumulus sur leur sépulture et aujourd'hui on vient d'y construire une chapelle, en avant de laquelle ont été plantées trois grandes croix en mémoire des trois saints martyrs, car on prétend dans le pays que saint Honneste, leur compagnon, souffrit le martyre avec eux. Ce lieu que l'impiété a toujours respecté porte encore le nom de *Tombe de Saint-Just*.

Après le passage des Normands, les saints corps ayant été tirés de leur sépulture pour les déposer honorablement dans l'église de Monchel, au moment de l'ouverture de leur tombeau, il en sortit une odeur très-agréable qui remplit de consolation toutes les personnes présentes. Ce fait miraculeux fut gravé plus tard sur une planche d'ardoise qui existe encore dans la chasse des saints. En voici l'inscription :

« Firmissime credendum est quod in apertione hujus tumuli » odor suavissimus erupit qui multos consolavit. »

Avant la Révolution, la relation du martyre de nos saints se trouvait dans l'église du Monchel, ou elle était gravée sur une table de marbre de un mètre et demi. Elle a disparu dans la tourmente révolutionnaire.

Une reconnaissance de ces reliques eut lieu en 1519 et ce fait fut relaté sur une planche en ardoise qui fut déposée dans la chasse des saints du Monchel. Voici cette inscription qui existe encore et que M. le curé de Conchy a bien voulu me communiquer :

« Anno Domini millesimo quingentesimo decimo nono. Sep-
» tima februarii repositæ sunt hæ Reliquiæ, quas, ut audivi-
» mus à patribus, speramus esse de Corporibus sanctorum Justi,
» Arthemii et Honesti, in præsentiâ Dni Philippi Cressent, Ca-
» pellani fratris Joanni Delewarde, priori Caricampi, Domini
» Joannis Mathieu, Joannis Attagnant et Joannoe Dorion et
» aliorum presbyterorum Guillemi Lecointre, Walrini Lecointre
» et Reginaldi Lamiot. »

Une autre reconnaissance eut encore lieu en 1737 par ordre de Monseigneur l'Évêque d'Amiens, de qui relevait l'église de Monchel. Cette reconnaissance fut contresignée par messire de Gargan de Rollepot, seigneur de Monchel qui y appposa le sceau de ses armes.

Enfin, sauvées miraculeusement par M. Legrand, cultivateur de la paroisse, au moment de la Terreur, elles furent reconnues authentiques par M. Robitaille, grand doyen de Saint-Pol, le 16 décembre 1839, et replacées au-dessus de l'autel de l'église de

Monchel. On célèbre leur fête le 18 décembre, et leur fête solennelle le dimanche de la fête des saintes reliques conservées dans le diocèse.

La tombe de saint Just peut avoir de 4 à 5 mètres de haut sur une dizaine de longueur.

Ce village ne possède aucun souvenir historique, son église est moderne, elle fut détruite pendant la Révolution.

Monchel, qui appartient au diocèse d'Arras depuis 1802 était, avant cette époque, une cure du doyenné de chrétienté de Boubers-sur-Canche.

(Notes prises aux archives de l'église de Conchy.)

G. Cappe de Baillon.

NŒUX

Nœuf, xiie siècle (chartes).
Nues, 1301 (Pouillé du diocèse d'Amiens).

Ce village, situé à peu de distance d'Auxi-le-Château, dépendait, en 1270, de la baronie. (Harbaville). Il eut ses coutumes locales en 1507. La seigneurie appartenait alors à Anthoine Maturel, escuier seigneur de Herminville en Normandie, et dudit Noeux en partie.

« Ledit Anthoine Maturel tient sa dite terre de Nœux de la
» chastellenie de Beauval, en laquelle il a toute justice haute,
» moyenne et basse, avec amende quand la cas y eschet, de
» soixante solz six deniers ou la petite amende. » (A. Bouthors, Cout. loc. du baill. d'Amiens, t. II, p. 143).

Un fief important constituait une autre seigneurie à Nœux; elle appartenait à Jehan Bridoul. (Id. ibid).

La dîme de Noeux appartenait au commandeur de Fieffes, à la fabrique de l'église, au chapitre de Saint-Vulfran et au curé du lieu. Elle avait été donnée à l'hôpital de Villers par Audrieu du Gardin, au mois de janvier 1235. (Cocheris, Catalogue des mss. sur la Picardie).

Avant 1789, l'église de Noeux, placée sous le patronage de Saint-Vulfran d'Abbeville, par une charte de 1121, dépendait du diocèse d'Amiens et avait pour annexe la chapelle de Boffles. L'église ne fut pas démolie à la Révolution : elle a été restaurée en 1830.

Nous citerons parmi les dépendances de Noeux, le Ravin des Cavernes.

QUŒUX

Queu, 1240 (Harbaville)
Keus, 1501 (Pouillé de l'évêché d'Amiens)

Des contestations élevées entre les curés de Fontaines et de Quoeux (Keus), sans doute après leur séparation, pour le partage des revenus des deux paroisses, durèrent longtemps et se terminèrent par une transaction sous le sceau de Thibaut, évêque d'Amiens, du mois de février 1201, qui attribua à Hugues, curé de Fontaines, la portion de dîme des anciens jardins et celle des vergers qu'il détenait à tort au lieu et place de la même dîme, de celle des anciens jardins et oblations de Keux, qui lui appartenait de droit, antérieurement. Elle attribua ces derniers droits au curé de Koeux, plus six setiers de blé, à la mesure de Hesding, à prendre sur l'abbaye d'Auchy. De plus, Hugues lui céda de son propre une habitation, la dîme de ses jardins et vergers de Keus et une portion de dîme qu'il détenait à Frosmortier. Cette transaction avait été précédée d'une déclaration de Hugue, seigneur de Caumont, datée du mois d'octobre 1201. Parmi les témoins figurent l'archidiacre de Ponthieu et un doyen de Labroye (de Arborea) désigné, sous la simple initiale

P. (Cartul. d'Auchy, pag. 67 et 74. — Darsy, Bénéf. du diocèse d'Amiens).

En 1240, ce village ne formait avec Haut-Maisnil, qu'une même paroisse. Sa coutume locale fut rédigée en 1507. (Harbaville).

La seigneurie appartenait alors à Jehan Blosset, seigneur de Torcy, du Plessis-le-Parc, et de Doudeville.

La chapelle de Saint-Nicolas-de-Rapoy, à Quoeux, était une chapelle castrale, qui fut fondée en 1202 par noble homme Hugue de Caumont, du consentement de Guy, son fils. Il lui donna toute da dîme qu'il avait à Lesin, la dîme et le terrage de Fontaines, la dîme des jardins et une masure avec jardin à Keus, cinq arpents de terre, la dîme de ses viviers de Caumont et des poissons qui étaient pêchés au moulin de Auconnai. La présentation se faisait par le seigneur de Caumont à l'abbaye d'Auchy, et par celle-ci à l'évêque d'Amiens, ainsi qu'il le reconnaît dans le titre du mois de juillet 1255. (Cartul. d'Auchy, pag. 75, 76, 181. — Pouillé de 1301). — En 1689, il y avait douze ans que l'on ne disait plus la messe dans cette chapelle ; un ermite y demeurait. (Pouillé de l'archid., fol. 90).

D'après Le Pouillé de l'Archidiaconé (fol. 90), le prince de Bournonville était seigneur de Quoeux, au XVIIe siècle.

On voit dans le terrier de l'abbaye de Dommartin de 1580, que le fief de Lezin dépendait de Quoeux, et qu'il appartenait en partie, au XVe siècle, au seigneur de Caumont, terre et mouvance du seigneur de Fillièvres, l'autre partie au seigneur de Quoeux ou Keus et qu'il tenait d'un côté au chemin d'Auxi-le-Château et aux terres d'Haravesnes. d'autre au jardin et bois qui menait dudit Quoeux à Montorgueil, venant au long des terres et de la seigneurie d'Ivergny et allant à la terre de Selandre et venant au bois de la Haye de Lezin et au bois de Vaulx. Nous de Dommartin, y prenons de cent gerbes ou waras deux et demie. (Cart. Dommartin).

Le camp de Wattines était de cette paroisse ainsi que le Val Lambert qui était alors (1580) à usage de prés, les jardins des Hotteux. Les religieux de Dommartin prenaient un tiers de dîme sur ces divers fiefs, contre le seigneur de Quoeux qui en prenait deux, le prieur de Saint-Georges un tiers et l'abbé d'Auchy, et le curé de Fontaines, l'autre tiers.

M. Coffin figure au rôle des 20e de 1757, comme seigneur de Quoeux ; il y possédait une maison seigneuriale. On retrouve encore de nos jours une grande partie des bâtiments et les fossés qui l'entouraient.

Le lieu dit la *Plaine des Anglais* et l'ancien bois de même nom, rappellent le campement des Anglais en cet endroit, pendant la bataille de Crécy, 26 aout 1346.

L'église de Quoeux placée, sous le vocable de Saint-Jacques, dépendait, depuis 1255, de l'abbaye d'Auchy-les-Moines.

Il existe une chapelle, dite *Chapelle de la Sainte-Larme*, sur le territoire.

ROUGEFAY.

Rocheffay. 1244, (Cart. Dommartin).
Rochesfaye xiii° siècle (Harbaville).
Rocqfay xiii° siècle (Harbaville).
Roussenfay 1301, (Pouillé diocèse d'Amiens).
Rossefay, 1415, (Pouillé diocèse d'Amiens).

L'Hommage de Rocheffay, près Buires, est compris dans l'aliénation par Simon de Dommartin au profit du comte d'Artois en 1244. (Cart. Dommartin — baron de Calonne). Ce lieu dépendait à cette époque de la paroisse de Buires.

Mathieu comte de Ponthieu et Marie sa femme, vendent au mois de novembre 1244, à Robert d'Artois pour 2000 liv. par. et 500 pour le quint de tous leurs fiefs et droits depuis le milieu du cours de l'Authie jusque vers Hesdin, divers domaines et hommages parmi lesquels figure celui de Rocayfay (Ch. d'Artois A. 10). Boissart de Rossefay fut tué à Azincourt, en 1415 (Harb.). Au mois de septembre 1472, les Français au nombre de 500 lances, saccagèrent le village et la ferme de Belleville (id.).

Des lettres patentes du 12 juillet 1684 contiennent la donation au profit du sieur de Breteuil de tous les droits seigneuriaux à cause de la vente de la terre et seigneurie de Rougefay, (8 reg. Comm. f° 81), par Eustache de Landas, chanoine de Saint-Omer, et Marie de Calonne, femme d'Antoine d'Oye, qui en étaient propriétaires en 1656. (Cons. d'art. arch. B. 233).

En 1757, de La Marche était seigneur de Rougefay, (role de 20°); les religieux d'Auchy y possédaient une partie de dîme louée en 1749, 36 liv. (Cart. dAuchy). Il y avait jadis à Rougefay une chapelle castrale, sous le vocable de saint Nicolas et chargée de 3 messes par semaine.

La ferme de BELLEVILLE est un écart de Rougefay; la chapelle de sainte Anne est construite au milieu de ses dépendances.

TOLLENT.

Tholent, 1301, (Pouillé diocèse d'Amiens.)

Eudes de Tollent et Enguerrant de Beaurains furent les fondateurs de l'abbaye de Saint-André-au-Bois, 1030. (Baron de Calonne.)

Le comte de Ponthieu vendit, en 1244, au comte d'Artois l'hommage dû par Jean de Caumont, pour son fief de Tholent.

La coutume de ce village fut rédigée en 1507. La terre et seigneurie de Tollent et les marais d'Oconnay estant au dechà de la rivière d'Authie et des arrière fiefs de Ponthieu, tenus en deux pairies du château de Hesdin, appartenaient alors à Jean d'Antoing (A. Bouthors, cout loc. de baill. d'Amiens, t. 2, p. 88).

La maréchale de Duras en était propriétaire en 1757 (Role des 20°.)

La cure de Tollent avait pour présentateur le prieur de Biencourt: ses revenus s'élevaient à 450 livres. L'église est placée sous le vocable de Notre-Dame.

Situé à l'extrémité du canton, sur les confins du département de la Somme et près des bords de l'Authie, le village se divise en haut et bas Tollent. Nous citerons en outre le hameau de Canteraine ; les écarts dits : Moulin Husquin et Moulin d'Oconnay, le ravin dit le Ménuval, et la Fontaine-Riante.

VACQUERIE-LE-BOUCQ

Vacaria, xie siècle, (Cartul. d'Auchy)
Vacaria, xiie siècle, (id)
Vacherie, 1256, (Cart. Dommartin).
Vakerie, 1286, (Godefroy, inv. chron).
Vacquerie-le-Boucq-les-Fortèlle, xviiie siècle, (Cartul. d'Auchy)

Harbaville explique ainsi l'étymologie de ce nom. Vacaria jachère, terre inculte. Le mot Boucq est tiré du Teuton, *Busch* d'où le bas latin, boscus, bois. Les noms de Bouquehaut et de Bouquemaison ont la même origine.

La découverte d'une hache celtique et autres armes en silex au lieu dit le Veau-gras, sur le territoire, dénote une haute antiquité.

Ingelram de Vacquerie, donna en 1137, à l'abbaye de Cercamp récemment fondée, tout ce qu'il possédait sur le territoire du dit lieu de Cercamp.

Odo de Vacherie est témoin de la donation faite à l'abbaye de Saint Josse-au-Bois par Auscher de Saint Riquier (Petit cart. de Dommartin, f° 62)

Le droit de patronnage de la cure fut reconnu à l'abbaye d'Auchy par l'évêque d'Amiens, au mois de juillet 1255. (Darsy, bénéf. du diocèse d'Amiens).

Le sire Hues de Vakerie assiste comme pair aux plaids du comte d'Artois, le 24 juillet 1286 (Godefroy, Inv. chron).

La grosse dîme se percevoit entre l'abbé d'Auchy, le prieur de Ligny et le curé. - Il semble, d'après une charte du mois de septembre 1291, que l'abbaye avait 2[3 de la dime des courtils et jardins (cart. d'Auchy) Il est fait mention dans ce titre, de Mathieu, seigneur de Vaquerie, homme d'armes.

Le 29 mars 1572 est la date d'un aveu et dénombrement du fief de la Vacquerie, tenu par Jehan de Sains, écuyer de la comtesse d'Artois, à cause de son château d'Hesdin (Chartes d'Artois, série A, 98)

Nous trouvons le nom de Mathieu de la Vacquerie, prévot de Montreuil, dans une lettre du bailli d'Hesdin, en date du 16 février 1377. (Ibid. A 100.)

Les français mirent le village à feu et à sang en septembre 1472.

Vacquerie eut sa coutume locale en 1507 (Harbaville). Cette terre était alors tenue du comte d'Artois, à cause de son chastel de Hesdin, appartenant à haut et puissant seigneur monseigneur Jacques de Bourbon, bastard de Vendosme, seigneur de Bonneval, de Ligny-sur-Conche, le Fortel, mari et bail de Madame Jehanne de Rubempré, dame des dits lieux baillistre de mademoiselle Loyse de Crèvecoeur, fille mineure d'ans de deffunct monseigneur Franchois de Crévecoeur. en son vivant chevalier seigneur du dit lieu. (A Bouthors, Cout. loc. du bailli d'Amiens, tome 2 page 159).

Une sentence fut rendue le 7 septembre 1613 par l'élection d'Artois au préjudice de Henri Heuze allié à Anne Dupont, dame de Vacquerie le Boucq (Rég. élect. 1613 à 1619, f° 30. Notes Godin)

En 1749, les religieux d'Auchy avaient à Vacquerie un fief qui relevait de la seigneurie principale du lieu, appartenant à cette époque à Antoine Joseph de Boulongue, écuyer, seigneur de Beaurepaire, Lauwin-Planque, et autres lieux (Dénomb. 4 novembre, cart. d'Auchy). Ce fief portait le nom des Hestroys et des Houpperell ou terres Oudart.

L'inventaire des archives de l'Intendance de Flandre et d'Artois nous signale Mr Dubois de Fosseux comme seigneur vicomtier de Vacquerie-le-Boucq, en 1777; la haute justice de cette terre appartenait au roi.

Quand on va de Frévent à Auxi-le-Château par la route départtementale, en arrivant à Vacquerie-le-Boucq, on remarque sur la gauche, en dehors des haies du village, sur l'accotement d'un chemin vert, dit de Doullens à Hesdin, une sorte de calvaire en grès qui n'est abrité par aucune plantation, qu'aucune grille n'entoure, et qui semble avoir été simplement élevé sur un petit tertre construit de main d'homme et garni modestement d'un gazon aujourd'hui mal entretenu : derrière lui, au nord-ouest, existe une route abandonnée, appelée *le chemin de guerre*, qui va dans la direction de Boubers-sur-Canche ; presqu'en face débouche une rue de la commune de Vacquerie.

Ce petit monument, que sa situation topographique caractérise déjà, a trois mètres cinquante quatre centimètres au-dessus de la faible motte qui lui sert de base. Il se compose : 1° d'un soubassement formé par cinq grès rectangulaires juxtaposés et non cimentés ; 2° d'un fut en grès assez grossièrement travaillé, d'une seule pièce, de deux mètres sept centimètres de hauteur ; 3° d'une sorte de polyèdre octogonal de trente centimètres d'élévation, à trois facettes de bas en haut sur chacun de ses pans ; cette pièce est un peu mieux piquée ; 4° d'une croix de soixante trois centimètres de hauteur dans sa partie perpendiculaire, et de cinquante deux centimètres dans sa partie transversale, de l'extrémité d'une branche à l'autre ; c'est la portion du monument qui a été le mieux soignée.

La partie carrée de ce fût porte sur celle de ses faces qui regarde la route départementale et qui est terminée par une sorte d'arcade en plein-cintre, une inscription en lettres saillantes, formée de caractères modernes.

Les deux dates différentes sont en chiffres arabes, séparées du texte, la plus ancienne, qui est, au-dessous de l'inscription, par une barre en saillie, la plus récente qui se trouve au-dessus, par l'arcade dont nous avons parlé ; elle se compose de quatre chiffres également en relief, écrits le premier et le dernier, chacun sur un pan de l'octogone, les deux du millieu sur un pan intermédiaire.

Cette incription est évidemment commémorative. Elle se rapporterait, suivant une tradition confuse, demeurée sans détail dans la mémoire des plus anciens habitants de la paroisse, à un évènement tragique, assassinat ou bataille, dont un sieur Lardet et peut-être d'autres avec lui, auraient été victimes. Quatre lignes sont indéchiffrables et inintelligibles.

Le ciseleur de cette inscription pouvait être un piqueur habile, mais il n'était à coup sûr ni artiste ni lettré. Il ne s'est occupé que de figurer les lettres qui composent les mots sans en comprendre le sens, car elles offrent un très bizarre assemblage entr'elles, avec des rejets extravagants d'une ligne à l'autre, circonstance qu'on a d'ailleurs plus d'une fois rencontrée dans des monuments de ce genre.

Que signifient les deux dates ? Il est manifeste que le millésime 1678 se réfère à l'évènement, et que celui de 1628 indique l'année de l'érection de la croix. Le caractère moderne de l'écriture et des chiffres ne laisse aucun doute à cet égard.

La croix proprement dite est la partie la plus ouvragée, la plus ornementée de ce petit monument du xviie siècle. La face principale représente Jésus crucifié. Mais l'image du Christ est très grossièrement sculptée. Rien ne révèle ici un travail d'art, tout y est disproportionné. La tête est énorme; les bras démesurément longs se terminent par une digitation incomplète (4 doigts) : les jambes ont le même cachet, le corps étriqué n'a aucun modelé. Au-dessus de la tête droite et rigide du Dieu du calvaire, se trouve figurée, au lieu d'une couronne d'épines, une petite croix à quatre branches égales, méplate et peu saillante. Sur un fond uni, lui-même en relief, avec une petite bande en retraite au-dessus et au-dessous, se détache le monogramme INRI. Les extrémités des branches transversales sont ornementées d'une espèce de moulure plate, perpendiculairement ciselée. Sous les pieds du Christ se trouve un bandeau saillant qui ne se continue pas sur les retours.

A l'avers se voit dans une sorte de niche creusée peu profondément et arrondie à son extrémité supérieure, l'image de la mère du Sauveur, figurée debout, sans auréole, affublée d'une faille et portant les bras, l'un fléchi, la main sur le coeur, l'autre également plié, appuyé sur le ventre. Trois rosaces, une au-dessus de la niche, les deux autres de chaque côté, décorent les bras de la croix et lui donnent une apparence assez élégante et gracieuse. Au-dessus de la tête de la madone, sur un bandeau, sont écrits ces mots en relief : *Ave Maria*.

Sur la section carrée des branches de la croix existent, des deux côtés, des saillies que la mousse ne permet pas de bien déterminer et qui semblent avoir dû être taillées en pointes de diamants.

Telle est la description, aussi complète que possible, de la croix de grès de Vacquerie.

A la Révolution de 93, la pièce qui porte la figure du Christ et de Marie a été soustraite à la mutilation. Elle fut enfouie dans une prairie et ainsi cachée à tous les yeux. Quand les temps furent devenus plus calmes et que le culte de Dieu et le culte des souvenirs purent s'exercer librement et sans danger, la croix a été exhumée et replacée sur son piédestal. Dans l'origine, elle avait été plantée, le Christ tourné vers le couchant, exposé au salut respectueux de ceux qui passaient sur la route de Ligny à Auxi-le-Château, dont elle n'est éloignée que de 60 à 70 pas. Depuis quelques années, pour les besoins de la procession du Saint-Sacrement, on a tourné la face principale de la croix vis-à-vis du village, presqu'en regard d'une rue de Vacquerie, ce qui donne au monument un air étrange, l'inscription se trouvant ainsi sur le côté et le bénitier sur une autre face. (Docteur Danvin. — Bull. de la Commiss. des Antiq. départ., 1862 p. 93).

Pierre Leprestre, né à Vacquerie-le-Boucq, en 1418, commença ses études à Auxi-le-Château, et y reçut la tonsure à six ans, des mains de Jean de Harcourt, évêque d'Amiens. Après avoir été successivement à Hesdin et à Paris, perfectionner son instruction, il embrassa la vie religieuse à Saint-Riquier, et fut promu abbé de ce monastère en 1457. Contraint de quitter son cloître pour échapper aux violences des hommes de guerre qui ravageaient alors le Ponthieu, il se rendit à Saint-Omer, et y fit retranscrire sa chronique et autres livres *pour passer le temps qui estoit bien divers*.

Le manuscrit de cet abbé renferme 317 feuillets, écriture du XVIIe siècle. Il est relié en bois, bissettes de cuivre, et provient de l'abbaye de Saint-Riquier. (Lambert, Puits artésien).

VAULX

Vals, xii⁰ siècle (Darsy, Bénéf. du dict. d'Am.)
Vallis, xii⁰ siècle.
Waulx. xiii⁰ siècle.

Le lieu dit la Motte rappelle l'existence d'un tumulus gaulois en cette localité, Vaulx fut compris en 823 dans les possessions de l'abbaye de Saint-Riquier (Malbrancq, tom. II. — Harbaville).

Le patronage de la terre de Vaulx, fut cédé à l'abbaye de Bertaucourt par les chanoines de Saint-Nicolas d'Amiens, suivant charte interprétative de 1171. (Darsy; Bénéfic. du dioc. d'Amiens).

Ce village ressortissait à la gouvernance d'Arras et au bailliage d'Hesdin. Il eut sa coutume particulière en 1507. La seigneurie appartenait alors à Jehan de Marquais, écuyer. (Bouthors).

Il existe près de l'église un ancien château dont la construction remonte à 1745. Il appartenait à la famille du comte de la Porte, seigneur de Vaulx, Lamotte et Brouilly.

Hugues de la Porte, chevalier, baron de Pesselier, gentilhomme domestique de Jean, duc de Brabant, fut nommé son *grand archier de corps*, par lettres patentes du 7 juin 1404. Il possédait la terre et seigneurie de la court des Bois, dont la possession fut confirmée à son arrière petit-fils, Jean de la Porte, par lettres du comte d'Eu, du 15 juin 1537. François Lamoral de la Porte, chevalier, sieur de Waux, la Motte, Martelois, etc., fut maintenu dans sa noblesse par jugement de l'intendant Bignon, le 26 janvier 1706. (Borel d'Hauterive).

Plus loin et derrière l'église, on voit les restes d'un ancien château féodal, entouré de fossés. Il portait autrefois le nom de château de la Motte, par suite de son emplacement sur l'ancien tumulus, situation choisie de préférence pour ce genre de construction. De vastes caves situées sous le château, le lieu dit *le*

Vieux-Puits, révèlent à l'archéologue l'existence d'anciens et vastes souterrains.

Le château de Vaulx et ses dépendances fut vendu comme propriété nationale à M. Dyvincourt, alors commissaire du pouvoir exécutif; il est occupé de nos jours par un de ses descendants, M. Rosselet-Dyvincourt.

La paroisse de Vaulx était du doyenné de Labroye et du diocèse d'Amiens. Le vicaire résidait à Vaulx. La dîme était perçue au nom de l'abbaye de Notre-Dame de Bertaucourt. Une portion de celle de Vaulx et de celle d'Haravesnes et les terres abandonnées par le curé, par option de la portion congrue, étaient affermées moyennant un rendage de 1,200 livres et pareille somme pour pot de vin, sur quoi l'abbaye payait au curé 648 livres, 5 sols et au vicaire 350 livres; elle avait en outre a sa charge les frais d'entretien et de réparations au choeur de l'église de Vaulx et de celle d'Haravesnes.

La maison vicariale a été vendue nationalement.

L'église fut rebâtie en 1788 et la bénédiction en fut faite le 3 août 1789. Elle est sous le vocable de Saint-Martin. Au moment du rétablissement du culte, la commune de Vaulx a été annexée à celle d'Haravesnes qui avait conservé son presbytère. Le 10 1856, elle fut érigée en succursale; elle possède une école et un presbytère.

La fête communale ou Ducasse a lieu le dimanche après le 4 juillet. (Communication de M. le Maire).

Il existe une chapelle dans le cimetière, au dehors du village, dédiée à saint Roch. Un pélérinage y avait lieu le troisième dimanche d'août un nombre considérable d'étrangers y affluaient et cette chapelle a été vendue nationalement; le sieur Bulté, aïeul maternel du maire actuel l'a achetée et l'a rendue à la commune, au moment du rétablissement du culte. On prétend qu'elle a été construite avec les débris d'une ancienne église.

Nous citerons parmi les dépendances de Vaulx, le lieu dit la Motte, souvenir de l'ancienne seigneurie, le ravin dit le Ruisselet et les bois de la grande et de la petite Corbière.

VILLERS-L'HOPITAL

Villarium, 1245, (Harbaville.)
Vilers-l'Hôpital, xiii° siècle.

D'après des renseignement recueillis à la mairie de cette commune, il existe au sud-ouest du village un monument druidique. On y voyait encore, en 1840, trois pierres levées ; il n'en reste plus qu'une.

Ce village était tenu des chevaliers hospitaliers de Saint-Jean-de-Jérusalem, dès l'an 1245. Il en est fait mention dans une notification par Enguerrand de Beauvoir sur l'Authie, *de Bello visu super Alteiam*, chevalier, de la vente faite par Nicolas de Villers, dit Huetius, à Vivien de Bauchiènes, à Herenberge, sa femme et à leurs hoirs, de 20 journaux de terre sis à Vilers à charge de les tenir du dit Enguerran et de ses hoirs, libres de service, en payant à Villers-l'Hôpital 10 s. p. chaque année, autant pour relief et pour vente. (Janvier, 1246. — Trésor des ch. d'Art., série A, 11).

Le Vavasseur de Villers-l'Ospital, est cité dans un mandement du roi au bailli d'Amiens de faire rendre la justice au comte d'Artois, dans le pays de Ponthieu, avoisinant la rivière l'Authie. (Trésor ch. d'Artois, A 12). Ce village fut ravagé par les Français, en 1472. (Harbaville).

Nous voyons dans la coutume locale de Villers-l'Hôpital, rédigée en 1507, que la terre et seigneurie du lieu appartenait à Ferry de Saveuses. (Bouthors, Cout. loc. du baill. d'Amiens. t. II, p. 162). Elle passa ensuite dans les mains de la famille de Marles.

Une sentence de mai 1376, ordonne que les décrets, possession et saisine des terre et seigneurie de Villers-l'Hôpital, appartenant à M. Ange-Guislain-Alexandre-Joseph de Marles, hevalier, comte de Marles, etc., seigneur du dit Marles, de Vaudricourt et autres liex, demeurant en son château de Beauvoir-Rivière, en Artois, seront passés, scellés et jugés au plus offrant et dernier enehérisseur. (Sentences du Cons. d'Art. de 1783 à 1786, p. 493. — Notes Godin).

Un arret du Conseil d'Artois, de 1790, défendit aux hommes cottiers de Villers-l'Hôpital, d'inscrire aucune procédure criminelle. (Trés. des ch. d'Art., série B, 172).

Les chevaliers de l'Hôpital de Saint-Jean-de-Jérusalem, étaient établis dans le Ponthieu, vers le milieu du xi° siècle, et en 1154, eut lieu la fondation de la maison de Fieffes : peu de temps après, un des membres de cette commanderie fut installé à Villers-l'Hôpital.

Des lettres de Thiébaut, et Thibaut évèque d'Amiens, de l'année 1172, nous font connaitre que, devant lui a comparu Godefroy, vicomte de Conchy, lequel a approuvé et confirmé la donation que Eustache de Conchy, son père, avait faite aux frères de l'Hôpital, de cinq cents mesures de terre à Vill rs, ainsi que celle faite aux mêmes frères par Gérard de Bonnières, d'une charrue de terre au Mont-Herbaut, *apud Montem Herbot*; avec le droit de moudre leurs grains au moulin de Wavans. (Arch. nat. s. 5059, suppl. n° 7, f° 9).

En 1197, les frères de l'Hôpital et le prieur de Conchy, règlaient entre eux leurs droits au sujet du patronage, des dîmes et des oblations, dans les églises et chapelles de Villers et de Forestel (Fortel), (Arch, nat, S. 5059, suppl. n° 7, f° 7.)

Mathieu de Rollepot faisait donation en 1233, aux Hospitaliers, de toute la dîme qu'il avait à Villers.

Des difficultés s'étant levées, en 1272, entre le comte et les frères de l'Hôpital, au sujet de la justice de Villers, des arbitres furent nommés, et il fut reconnu que l'Hopital avait seul en ce lieu tous les droits de basse justice.

A la Commanderie appartenaient encore le patronage et la collation de la cure de Villers. Elle en partageait les dîmes avec le prieur de Conchy, et percevait entièrement celles de Boffles et de Noeux, qu'un sieur Andrieux du Gardin lui avait données, 1235.

« A Villers-l'Ospital, à une maison de l'Ospital, ancien et curé
« frère de l'Hospital, appartenant à la baillie de Fieffes et une

« ville, nommée la ville de Nuez (Noeux), dépendant d'icelle. » (Livre-vert).

La maison de Villers était située sur la place du village, tenant au presbytère. Au lieu de cinq cents mesures de terre qu'elle possédait dans les premiers temps, il ne lui en restait plus, au xve siècle, que deux cents journaux, dont une partie était située sur le territoire de Noeux.

Le revenu de cette terre, avec les droits seigneuriaux, était, en 1373, de 80 livres; il s'élevait, en 1787, à 3,200 livres (Mannier, Les Commanderies, p. 640).

Il existait autrefois un hôpital dont la construction, remonterait au temps des croisades. On en voit encore particulièrement l'emplacement des fondations qui couvrent une étendue de près de 2 hectares. Près de ces ruines se trouve une élévation de terrain d'un diamètre assez considérable, qui paraîtrait avoir été d'un usage quelconque pour l'hôpital. Aujourd'hui l'église, d'une construction toute moderne, d'ailleurs, est située sur ces ruines. La base de la tour, ayant un petit portail de forme surbaissée avec sculptures d'anges et de raisins, surmontée d'une statue représentant la décollation de saint Jean-Baptiste, pourrait bien être un reste des anciennes constructions. En face du petit portail, entre le clocher et la chapelle des fonts baptismaux, se trouve une arcade ogivale avec piliers cordelés, qui remonterait au même temps.

La cure de Villers-l'Hôpital ne figure pas au pouillé de 1301, parce qu'elle était de commanderie et qu'à ce titre, elle ne payait pas de décimes. Son existence à cette époque n'est pas douteuse, puisque le droit de patronage du Commandeur de Fieffes fut l'objet d'une difficulté avec le prieur de Conchy, selon l'énonciation de M. Cocheris, en citant une charte du mois de mai 1197. (Catalogue des manuscrits sur la Picardie, (n° 563; —4e cart. de Fieffes f° 7, A. 1 Sect. adm., S. 4059, n° 7,)—M. Cocheris a fait erreur en plaçant le prieuré de de Conchy à Conchy-sur-Canche (Darsy, Bénéf. du dioc. d'Am. p. 369).

Le bois de l'hôpital, la vallée du Puits et les fossés Saint-Jean dépendent de cette commune.

WAVANS.

Ce village, dont l'origine remonte à la plus haute antiquité et qui compte à peine aujourd'hui 400 habitants, avait beaucoup plus d'importance au xiie siècle, car il est du petit nombre des bourgades qui ont obtenu une charte de commune. Elle lui fut accordée par Baudoin le Walois, sire de Wavans, Béatrix sa femme, et Eustache, leur fils, le 19 des kalendes de juin l'an 1205, publiée à Abbeville en présence et dans la cour de Willaume, comté de Montreuil et de Ponthieu (Godefroy, Inv. chron. t. 1.). Cette charte, dite selon les us et coutumes d'Abbeville, fut octroyée moyennant une augmentation de 12 deniers de cens annuel, dû par chaque commune après le règlement des formes d'élection des échevins, etc.; elle stipule quelques dispositions remarquables. — « Les bourgeois pourront fortifier leur ville et
« le seigneur pourra fortifier sa maison. — Les bourgeois gar-
« deront les clefs des anciennes portes de la ville (ce texte prouve
« clairement que Wavans avait déjà une enceinte et des portes),
« par lesquelles le seigneur sera tenu de sortir, sans pouvoir faire de *fausse* poterne à son chastel. » Il est dit de plus, que quiconque parlera mal de la commune de Wavans, sera passible de certaines peines déterminées selon la position du délinquant, bourgeois ou forain.

Le comte Robert d'Artois acquit en 1245 tous les droits que le comte de Ponthieu avait sur Wavans.

Voici les notes que donne Dom Grenier sur ce village.
Wavans au xiiie siècle : Coram Majore et Scabinis de Wavans, dans une charte du cartulaire de Valoires de l'an 1246, mois de juin, folio 50 verso.

« A Wavans (Saint Vast) du doyenné d'Auxi-le-Château, chapelle sous le même vocable.

Sur un autre feuillet :

« Wavans ou Beauvoir-Rivière, les trois quarts en Ponthieu, bailliage de Crécy, soixante maisons, cinq cent dix journaux de terre. » (32ᵉ liasse du 24ᵉ paquet du Bénédictin, ancienne classification.)

Alelmus de Wavans est témoin de la reconnaissance faite par les enfants de Adam Hiéreth, des donations que leur père avait consenties, à son lit de mort, en faveur de l'abbaye de Saint-Josse-au-Bois.

Le trésor des chartes d'Artois renferme une autorisation donnée par Gui de Châtillon, comte de Saint-Pol, et Mahaut sa femme, à Enguerran Lartisien, de Villiers-l'Hopital, à Enguerran Romain, etc., de jouir paisiblement de diverses mencaudées de terre sise au camp Wallon, à Wavans, etc., dont ils ont fait le rachat parcequ'elles sont issues de fief. (Avril 1281, série A, 27). — Autorisation donnée par Gui de Châtillon, comte de Saint-Pol et par la comtesse Mahaut, sa femme, à Willaume li Mangniers, de jouir paisiblement de 24 journaux de terre à Wavans, qu'il a rachetees. (Septembre 1281).

La terre et seigneurie de Wavans, tenue du roi, comte de Phonthieu, par le sieur de Monchaux Dencamp, consistait en une maison seigneuriale (déclarée Ponthieu dans l'aveu de 1350) et, dans le dernier aveu, déclaré mal à propos bailliage), six journaux d'enclos, quatre journaux de pré, cent seize journaux de terres labourables, champart et deux cent cinquante livres de censives.

Il y avait un moulin à blé et un à l'huile.

Seigneurs : 1205, Baudoin le Wallon. Il accorda une charte de commune aux habitants de Wavans, en 1205. Cette charte prouve qu'en 1205, Wavans était entouré de murs et qu'il y avait une forteresse. — 1380, Guillaume de Bauvoir, chevalier. — 1474, Ferry de Saveuses, chevalier. — 1577, Anne de Tierselin, chevalier. — 1706-1708, Marguerite-Françoise de Monchaux, veuve d'Henri de Prud'homme d'Ailly, chevalier. - 1708-1748, Charles de Prud'homme d'Ailly, chevalier. Il lègue Wavans à sa cousine. — 1748-1750, Marie-Barbe de Génevières de Samette, laquelle laisse à son neveu. — 1775-1777, Albertine-Alexandrine de Genevières de Samette, femme de Ange-Guislain-Alexandre-

Joseph de Beaulaincourt, vicomte de Marles. (Réné de Belleval, Les fiefs et les seig., etc., p. 340).

Les fiefs de avans cités dans le manuscrit de M. de Lamotte, sont :

« Le fief Le Vasseur, y séant, consistant en champart et censives de la valeur de quatre-vingt livres ;

» Les fiefs de Gouy et Beauchamp, y séant, en champart et censives de cinquante-deux livres ;

« Le fief de Manchicourt, sis à Auxi, par M. le comte de Lannoy, consistant en rentages et censives, sur plus de trois cent cinquante journaux de terre, la plupart en Artois;

» Le fief de Val Hubert, sis à Wavans, à Pierre Belharhe, consistant en quatorze journaux de terres labourables.

» La cure de Wavans était à la collation du chapitre de Saint-Vulfran, d'Abbeville.

Les coustumes locales, usaiges et communes observances de la terre et seigneurie de Wavans, furent rédigées par escript, lues, publiées et accordées le premier jour d'aoust mil cinq cens et noeuf, à la conjure de Jehan Nourquier, bailly de la dite terre. (A. Bouthors, Coutumes locales du bailliage d'Amiens, p. 160).

Le 16 décembre 1638, la compagnie de chevaux-legers du capitaine Desprets qui était en garnison à Bapaume, et celle du capitaine Antonio qni était à Aire, s'assemblèrent à Hesdin, d'où ils firent une course en Picardie, vers Doullens. Saint-Preuil, maréchal de camp des armées du roi, qui était gouverneur, les rencontra à Fienvillers, village à deux lieues de cette ville. Le 17, il les attaqua et les poursuivit jusqu'au village de Wavans près de la rivière d'Authie. Despretz étant rentré dans l'Artois, tint tête à l'infanterie de Saint-Preuil. Les Espagnols blessèrent Duchesnes, lieutenant de la compagnie de ce gouverneur et ils se retirèrent en bon ordre à Hesdin après quelques pertes de part et d'autre. C'est la deuxième expédition militaire faite cette année en ce pays. (P. Ignace, Mém. t. VIII, pag. 862).

L'église de Wavans est placée sous le vocable de Saint-Vaast. Après avoir subi de nombreuses détériorations pendant la tourmente révolutionnaire, elle fut restaurée après le rétablissement du culte. On remarque dans le cimetière un monument funèbre ayant appartenu jadis à la famille de Saint-Martin de Hames.

Le hameau de BEAUVOIR-RIVIÈRE était une paroisse au commencement du XIIe siècle. C'est dans son église que fut commis, en 1436, le meurtre qui donna lieu à la fondation de l'abbaye de Cercamp. Du temps de Ferry de Locre, on voyait le crime encore historié sur une vitre de cette église. (Puits artésien).

Wavans et Beauvoir ont longtemps formé deux seigneuries distinctes. Leurs coutumes particulières furent rédigées en 1507.

Beauvoir est la partie de Jean Despretz, évêque de Langres, puis de Tournai, historien biographe, né en 1310, mort en 1347; et de Jacques Duclerq, auteur de mémoires estimés, né en 1420, mort en 1469.

Cette terre appartenait, en 1789, à M. de Baulaincourt, comte de Marles. (Harbaville).

Voici l'analyse des titres de fondation d'une chapelle qui y fut édifiée sous le titre de Notre-Dame de la Consolation. Le 22 décembre 1719, Claude Lefrançois, bailli d'Auxi-le-Château, présenta requête à l'évêque, à l'effet de faire visiter et bénir la chapelle qu'il venait de faire édifier dans le hameau de Beauvoir. Le 10 août 1720, l'évêque ordonna sa bénédiction, qui fut faite le 3 septembre suivant. Le 24 mars 1721, ledit Claude Lefrançois, sieur du Maisnil, et sa soeur, Marguerite Lefrançois, donnèrent les manoirs, terre et fief des Castelers, situés à Beauvoir, avec plusieurs terres au même lieu et deux près à Wavans-en-Ponthieu, au total de 75 mesures, pour l'acquit des messes qui se diraient dans la dite chapelle, dont la nomination serait à l'Évêque. Le 3 mai 1737, Charles de Prud'homme d'Ailly, seigneur de Hannecamp, patron de Wavans, Beauvoir-Rivière et autres lieux, fit don du surplus du pré ou la chapelle était érigée, afin d'y bâtir une maison pour le chapelain. Le 27 juillet suivant, le seigneur donna son consentement à la construction de la chapelle, de 22 pieds de long sur 13 de large, dans la pointe nommée le Boquet. Le 31 du même mois, Claude Lefrançois y consentit, à la condition que cette chapelle serait toujours amovible, qu'elle ne pourrait être érigée en cure, qu'elle resterait à la nomination de l'Évêque, et que le desservant demeurerait toujours dans la maison que lui, fondateur, avait fait construire auprès de la chapelle. Le 14 août, requête était présentée à l'Évêque pour obtenir l'érection de cette chapelle sous ladite invocation de Notre-Dame de la Consolation. Par une délibération du 29 novembre 1737, le chapitre de Saint-Vulfran agréa l'érection de la chapelle, mais sous la réserve de son patronage. Cette érection eut lieu le 28 décembre suivant. (Invent. de l'évêché, f° 130 et 131. — Decagny, Etat général de l'ancien diocèse d'Amiens).

La dime était due à 7 du cent. Le chapitre d'Abbeville prenait 2 gerbes de 9, le prieur de Pont-Remy 4, et le curé 3 autres. (Pouillé de l'archid., f° 62. — Darsy, Bénéf. du dioc. d'Amiens).

La ferme de DRUCAT existait au xiv° siècle; il en est fait mention dans le pouillé de l'archidiaconé de 1301. La terre et seigneurie du lieu appartenait, au xviii° siècle, à la famille de Saint-Martin, dont plusieurs membres habitèrent le château de Drucat, aujourd'hui restauré.

L'écart, nommé *les Catelers*, est situé à proximité du hameau de Beauvoir et à quelques mètres du lit de l'Authie.

Le Fossé de Nœux reçoit les eaux d'un côteau nommé le *Mont de Villers*, et se prolonge vers la rivière qu'il rejoint à Wavans même.

Nous citerons encore comme dépendances de cette commune le Bois des Dix, la vallée de Drucat et la fontaine de Mailly ou de Rosel, dont la profondeur est légendaire.

WILLENCOURT

Willancurtis, 1201, (Gallia Christiana).
Insula Senardi, 1201, (Gallia Christiana).
Willelmi Curtis, 1244, (Harbaville).
Willançourt (Darsy).
Villencourt (Darsy).

Le comte de Ponthieu vendit au comte d'Artois, en 1244, l'hommage dû par Willaume de Boubers, pour son fief de Willencourt. Le sire Gérard de Boubers fit une donation à l'église en 1266. (Harbaville).

Robert, comte d'Artois, confirme un accord du 2 août 1266, conclu entre Robert dit Frétieux et l'église de Willencourt. (Juillet 1268. — Trésor des chartes d'Artois, série 17).

En 1507 furent rédigées les coutumes locales et particulières de la terre et seigneurie de Willencourt, appartenant à Pierre Bloteffière, escuier, *fils mendre d'ans et héritier de deffunct Jehan Bloteffière, duquel damoiselle Loyse le Monnier, vefve dudit deffunct et mère dudit Pierre, a le bail et parrie noble, en laquelle ledit Pierre a toute justice et seigneurie vicomtiére.* (Mém. de la Picardie, tom. II, p. 525).

L'abbaye de Saint-Riquier possédait en partie la seigneurie de Willençourt consistant en censives et en droits seigneuriaux d'un revenu de cinquante livres.(Extrait du rôle des 20es de la comm. de Willencourt, n° 425 du répertoire de 1757. — Notes Godin).

Seigneurs : Jean de Tilleulcoupé, chevalier. — 1480-1503, Jean de Blottefière, écuyer. — 1503-1510, Pierre de Blottefière, écuyer. — 1548-1570, Charles de Blottefière, chevalier de l'ordre du roi et lieutenant du roi à Doullens.—1570-1600. Jean de Blottefière, chevalier, capitaine de 30 lances des ordonnances du roi. — 1600-1640, Gabriel de Blottefière, chevalier, gouverneur de Montdidier. — 1640-1690, Nicolas de Blottefière, marquis de Willencourt. — 1690-1730, Gabriel de Blottefière, marquis de

Willencourt. (Réné de Belleval, Les fiefs et les seigneuries, p. 341).

Le fief des *Trois-Cornets*, était tenu, en 1668, de l'abbaye, par Jean Daboval, acquéreur, de messire Nicolas de Blottefière, chevalier, seigneur de Willencourt. L'abbaye y rentra peu de temps après, car elle le baillait à loyer dès l'année 1699. (Invent. de Saint-Riquier, III, 1253. — Darsy, Bénéf. du dioc. d'Amiens, p. 240).

Il existait autrefois à Willencourt une abbaye de femmes de l'ordre de Citeaux, fondée à la fin du XIIe siècle, par Hugues fils de Guillaume III, comte de Ponthieu, et d'Yde de Boubers.

Elle était d'abord située, suivant le Gallia-Christiana, dans l'*île de Senard*, sur l'Authie, entre *Vi* et *Alsi*. L'abbé de Saint-Riquier, Nicolas de Villeroye, Henri de Caumont, Gérard d'Abbeville et Alard de Thun, lui firent plusieurs donations que confirma, en 1199, Guillaume, comte de Ponthieu, et l'an 1201, Thibaut évêque d'Amiens.

Louandre nous apprend que ces religieuses, établies d'abord dans l'île Senart, auprès de la rivière d'Authie, ne furent transférées à Willencourt (Willelmi Curtis, Courtil de Guillaume), qu'en l'année 1220. La communauté n'était pas assujettie à un nombre limité ; elle était composée alors d'une abbesse, 33 religieuses de chœur et 10 sœurs converses. L'Abbesse était à la nomination du Roi. Elle subsista jusqu'en l'année 1662 ou 1664. A cette époque, à cause des guerres, elle fut transférée en la ville d'Abbeville, par l'abbesse Rénée de Rambures, en vertu de lettres patentes de Sa Majesté.

A Abbeville, l'abbaye était située sur la chaussée Marcadée, paroisse Saint-Jacques. L'enclos était d'abord de 8 journaux ; Madame de Créquy acheta et y joignit un jardin de 4 journanx qui était exposé au flux et reflux de la mer. (Déclarat. Gallia Christ. X, 1179, D. — M. Louandre, Hist. d'Abbeville, II, 470. — Titres de l'abbaye de Villencourt, état général du monastère, 1747.

La maison, le jardin et le pourpris contenaient 15 journaux. C'était le chef-lieu du fief du même nom. (État général, etc.

Titres de l'abbaye de Willencourt. — Darsy, Bénéf. de l'église d'Amiens).

Liste des abbesses de Willencourt :

1 Adeline d'Ambournies, 1276.

2 Marie, 1293.

Pouvoir donné par Marie, abbesse, et par tout le couvent de Willencourt, à sa soeur Marguerite de Mollenghem, prieure, de les représenter à Hesdin et d'agir en leur nom devant le comte d'Artois. (12 octobre 1293. — Trésor, série A. 38).

3 Mathilde, citée dans une charte du comte d'Artois, 1300.

4 Eléonore, 1418.

5 Honorine Cornehotte.

6 Louise de Godrines, 1492.

7 Isabelle Le Nourquier, élue le 8 avril 1506.

8 Marie de Menneville, 1556.

9 Louise de Codoignach, 1573.

10 Claudine de Blottefière, fille de Jean, seigneur de Vignacourt. Provision donnée à Anvers, le 1er juin 1572, pour l'abbaye de Willencourt, pays d'Artois, en faveur de dame Claude de Blottefière, registrées au mois de janvier 1576. 1er reg. aux comm. commençant en 1545.

11 Marguerite de la Tranchée, coadjutrice de l'abbaye de Willencourt, 1593.

12 Jeanne-Claude de Blottefières, nommée par lettres du 27 novembre 1593.

13 Angélique de Blottefière. A cause du grand âge de cette abbesse, dame Madeleine de Vignacourt fut nommée coadjutrice en 1638.

14 Reine de Rambures, fille de Charles, écuyer de Reine de Boulainvillers, nommée en 1657. Elle racheta les biens qui avaient été enlevés à son monastère, fit reconstruire la maison de Willencourt et mourut en 1703.

15 Geneviève Lever de Villers, originaire du diocèse de Rouen. Elle fut bénie à Abbeville, par l'Évêque d'Amiens, au mois de mars 1708 et mourut en 1719.

16 Antoinette de Créquy, 1719.

17 N... de Meaupeou, qui échangea la crosse de Provins contre celle de Willencourt, le 1ᵉʳ juillet 1747.

Avant la Révolution, Willencourt n'avait d'autre église que la chapelle de la communauté, ouverte aux fidèles pour les saints offices. Elle fut détruite en 1792 ; on conserve à Willencourt une pierre d'autel et des statues qui en proviennent.

L'église actuelle de Willencourt date de 1847.

A. DE C.

CANTON

D'AVESNES-LE-COMTE

AVESNES-LE-COMTE.

Avenæ.
Avenæ comitis.
Advenæ, Advennes-le-Comte.
Avesnez.
Avesnes du Seigneur comte de Ponthieu.

Les armées romaines n'avaient pas encore foulé le sol Atrébate, qu'un grand nombre d'établissements gaulois couvrait le pays. Avesnes était du nombre et la démonstration en a été faite en ces derniers temps à l'époque des fouilles qui ont remis en lumière les monuments incontestables de ces anciennes populations.

Après la conquête romaine, le vieux sang gaulois ne tarda pas à se mêler au sang des conquérants. Un vaste *oppidum* s'éleva sur la colline, un temple fut érigé dans le vallon gaulois, des routes furent ouvertes, deux villages spacieux alignèrent leurs coquettes maisons aux toits rouges ; deux nécropoles furent espacées le long de la grande voie, l'agriculture prospère imposa un nom à l'établissement nouveau et Avesnes continua d'exister avec ses nouveaux possesseurs.

Mais les invasions barbares ruinèrent les deux centres de population, renversèrent le temple, les habitations et sans nul doute firent périr une partie des habitants. C'est alors que le besoin d'une protection ferme rapprocha les débris de la peuplade et les obligea à s'installer à proximité de l'*Oppidum*. Le nouveau *pagus* prit de l'importance car un temple plus vaste s'èleva non loin de la forteresse. Il est probable qu'il ne fut pas longtemps debout car de nouveaux barbares, les Normands saccagèrent tout le pays et renversèrent tout ce qui pouvait opposer une digue à leurs envahissements.

A de nouveaux malheurs, les peuples, revenus de leur stupeur, opposèrent un nouveau courage, et redoublèrent leurs efforts pour reconstituer leurs établissements. Une imposante forteresse remplaça l'oppidum, une église monumentale fut érigée dans son voisinage avec un appareil de défense relié à celui du château. Les comtes de Ponthieu possesseurs du domaine y avaient apporté toute la grandeur et tout le confortable possibles, un puissaut vassal le sire d'Avesnes y avait sa résidence. Guichard d'Avesnes, Geneviève de Duraisne sa fille, Lenulfe, Gauthier s'y succèdent aux xiie et xiiie siècles. Enfin le fameux Jehan d'Avesnes un des plus brillants chevaliers de cette époque vient clore la courte liste des seigneurs que nous ayons pu retrouver.

Vers 1230 le château et le domaine d'Avesnes passent des comtes de Ponthieu aux mains du roi de France. Louis IX en investissant son frère Robert du comté d'Artois en faisait le possesseur d'Avesnes et dès cette époque le château et ses dépendances suivent la fortune de ce comté.

Son importance et son heureuse situation le rendirent cher à ses augustes souverains qui ne manquaient pas d'y faire séjour de temps en temps. Nous pouvons noter parmi ses hôtes Robert II, la comtesse Mahaut, les enfants de Philippe d'Artois, la reine de France Jeanne de Bourgogne, Eudes duc de Bourgogne, Philippe son fils, Philippe de Rouvre et Philippe-le-Hardi duc de Bourgogne.

Robert d'Artois comte de Beaumont le Roger ayant donné ordre à toute la noblesse du comté de le venir joindre après la prise d'Hesdin, s'avança sur Avesnes dont il se rendit maître sans coup férir et en expulsa les troupes de la comtesse sa tante (1316).

Un siècle ne s'était pas écoulé que le roi de France Charles VI en faisant le siège d'Arras, installait à Avesnes une partie de son armée. La ville fut entourée de fortifications et les troupes se mirent à ravager la contrée notamment vers Saint-Pol, Hesdin et Doullens. Elles y causèrent de notables dommages pendant le peu de temps qu'elles y séjournèrent.

Les désastres causés par la guerre étaient à peine oubliés que deux incendies considérables vinrent désoler Avesnes. En 1448 et en 1468, des feux allumés par la malveillance ruinèrent une partie des habitants.

Le roi Louis XI et son frère Charles duc de Berry en voyage dans les états du duc de Bourgogne s'arrêtèrent à Avesnes le 23 janvier 1464 et couchèrent au château. La forteresse d'Avesnes avec ses tours nombreuses, son formidable donjon, ses fossés profonds et sa double enceinte reliée par un pont monumental devait inspirer au méfiant monarque une complète sécurité

On connait les démélés de l'astucieux Louis avec les princes de la maison de Bourgogne. Des luttes s'engageaient entr'eux et malheur aux villes qui en devenaient le théâtre ! Pour la troisième fois le château d'Avesnes fut attaqué et pris par les Français. Le carnage, l'incendie, le pillage, en un mot la destruction complète de la petite ville, telles furent les conséquences de cette malheureuse campagne. Pendant vingt ans que les troupes françaises occupèrent Avesnes, le pays eut à subir une ère de désolation et de ruines. Enfin le calme se rétablit en 1494 au départ de la garnison royale.

De Louis XI à François Ier, on eut à peine le temps de relever les habitations, qui assurément, étaient fort modestes. La pioche et le feu n'auraient pas plus épargné les demeures somptueuses que les pauvres constructions. Ruines pour ruines, celles-ci étaient moins onéreuses. Or dès l'an 1512, les Français reprenaient les hostilités, ce ne fut toutefois qu'en 1521 qu'ils brulèrent à nouveau la ville et le château. En 1523 1537 et surtout en 1553 de nouveaux malheurs fondaient sur la localité. Les maisons à peine relevées étaient livrées aux flammes, les biens des habitants, leurs personnes même, éteient en butte à la rapacité de la force et du nombre ; heureux encore quand ils pouvaient soustraire quelques épaves et surtout leur vies à leurs féroces vainqueurs, en se retirant dans les refuges souterrains où ils ne manquaient pas de chercher un asile.

Tant de calamités trouvent leur facile explication. Avesnes était sur la frontière de l'Artois d'une part ét aussi sur les limites de la Picardie, c'est à dire des possessions françaises. Il ne pouvait manquer d'étre souvent le théâtre des premiers combats entre les belligérants.

Les populations comme les individus ont l'instinct de la conservation et elles s'efforcent de résister aux causes de destruction qui les frappent périodiquement. Avesnes tant de fois anéanti se relevait toujours de ses cendres. A la suite des malheurs du siècle précédent, ses maisons étaient reconstruites, sa forteresse réparée, ses fortifications remises en état de défense et son église rétablie dans dee conditions architecturales remarquables. Philippe IV, roi d'Espagne son seigneur suzerain avait à lutter contre la politique jalouse du cardinal de Richelieu et les frontières de l'Artois étaient de nouveau menacées. Des forces imposantes couvraient Avesnes et dès 1635, elles dévastaient les confins de, la Picardie. Au mois d'Avril 1636, une agression des Français, sous les ordres da Ramburesgouverneur de Doullens, avait lieu contre Avesnes. Après une vive résistance la ville fut enlevée par les troupes françaises, brûlée, livrée au pillage et son château gravement endommagé.

L'annexion de l'Artois à la France stipulée par le traité des Pyrénées avait eu pour Avesnes cette conséquence qu'il n'était plus pays frontière, or il était permis d'espérer que l'ère de guerre et de malheurs qu'il devait à cette position serait à jamais fermée. Mais la fortune de la France qui baissait à la fin du règne de Louis XIV se trouvait souvent aux prises avec des armées coalisées. En 1709 et 1710 la province d'Artois était envahie dans sa partie méridionale et Avesnes se trouva cerné de toutes parts, au sud-est par l'armée française sous le commandement du maréchal de Villars, au nord-est par l'armée alliée aux ordres du prince Eugène de Savoie de Milord Malborough et du comte de Tilly. Les armées s'observèrent longtemps sans en venir aux mains, mais le pays eut beaucoup à souffrir de leur voisinage et fût dévasté par les deux partis.

Dans ce grand rassemblement de troupes, la disette vint éprouver le pays en même temps que des maladies cruelles enlevèrent une notable partie de la population en s'attaquant surtout à l'âge adulte. Avesnes perdit près de la moitié de ses habitants.

Une compagnie franche de cent hommes qui tenait garnison au vieux château dût se dissoudre à la suite d'un incendie qui dévasta la vieille forteresse en 1731. Le château ne fut pas réparé et ses ruines disparurent presqu'entièrement en 1775.

Dès 1780 la famille de Lévis avait acquis les droits honorifiques attachés au domaine royal d'Avesnes. François de Lévis maréchal de France gouverneur général de la province d'Artois échangea avec le roi Louis XVI son domaine de Vélisy, près Versailles, contre la seigneurie d'Avesnes, devenu chef-lieu de son duché de Lévis, et elle demeura dans la possession de la famille jusqu'à l'époque de la Révolution.

Des incendies considérables ruinèrent Avesnes en 1789 et 1790. On crût à tort ou à raison que ces malheurs étaient la conséqnence d'une querelle fameuse entre la population et le château à l'occasion du droit de plantis sur les chemins Vicomtiers, droit dont le nouveau seigneur avait voulu se ménager la jouissance. Les plantations furent coupées par les habitants et la coïncidence des incendies survenus peu après éveilla des soupçons malveillants non contre le seigneur mais contre ses subordonnés.

L'histoire de la Révolution française est trop connue pour qu'il soit nécessaire de détailler la façon dont les petites localités comme Avesnes en subirent le contre-coup. Le défrichement des bois, la vente d'une partie du domaine, des biens de la maladrerie, de l'église et d'autres établissements en furent la conséquence et si l'église resta debout, c'est qu'on dût en tirer parti pour fabriquer du salpêtre et y abriter le culte de la divinité nouvelle, la Raison. Rien d'ailleurs à partir de ce temps ne mérite de mention spéciale dans nos annales. Comme dans les autres lieux similaires, on ne tarda pas à s'engager dans la voie des progrès matériels, routes, construction d'établissements publics, mairie, écoles, presbytère, tout fut réalisé peu à peu, et en même temps le bien-être privé des habitants marchait de pair avec les améliorations de la chose publique,

L'invasion allemande après avoir répandu sur une grande étendue du territoire et pendant plus de quatre mois les désastres les plus terribles, arriva jusqu'à nous. Le 28 décembre 1870 deux mille hommes de l'armée ennnemie arrivaient à Avesnes, s'y installaient et y faisaient subir leurs rudes exigences. Ils partirent le lendemain, mais à différentes reprises ils reparurent et avec eux, leurs dures réquisitions (1).

BARLY

Barlys, (Harbaville.)
Barly, (id.)
Bar, ly, bois clos (celtique).

Histoire. — Ce village remonte à une haute antiquité. Un établissement romain y présentait quelqu'importance, et plus tard nous y trouvons un manoir féodal avec ses seigneurs. Le sire Baudouin de Barly, figure comme témoin dans la donation faite en 1071, à l'église d'Arras, par Liébert, évêque de Cambrai. (Harbaville. Mém. hist. — Le Carpentier. Hist. de Cambrai, t. III). En 1250, Agnès de Barly, fille de Josse et de Huette de Vermelles, épouse Hugues de Mancicourt, seigneur de Bancourt.

La maison de Barly s'éteignit au commencement du XVIᵉ siècle, en la personne de Catherine de Barly, dame de Boubers et de Fontaine, alliée à Jehan de Fosseux. Son second fils Philippe fut seigneur de Barly.

Une partie de la terre de Barly passa par mariage d'une dame de Fosseux à un sieur de Baquehem, seigneur de Liez.

Vers 1550, la seigneurie qui relevait de Saulty était dans la maison de Richardot. Le prince de Stiennus vendit la terre de Barly en 1699, à Margnerite Lemaître, veuve d'Antoine Blin;

Une histoire d'Avesnes due à notre plume fournit toutes les preuves et justifications de cette courte monographie.
P. Ledru.

seigneur de Wanquetin. Elle échut à leur troisième fils Jean Blin.

Dans la campagne de 1710, Barly et son territoire furent occupés par un détachement de l'armée française. On y voyait le quartier général du Roi, Celui de Louis de Bourbon-Condé, prince du sang, qui fût premier ministre de Louis XV, était au château. L'intendant Bernières avait le sien dans le bois du château.

La famille Blin continua de posséder Barly, dont le château devint, à l'époque de la Restauration, la résidence d'été de Monseigneur de la Tour d'Auvergne, évêque d'Arras. Dans cette agréable villégiature il se trouvait en rapport avec quelques nobles voisins, le général de Saint-Paul et autres.

A la mort de M. Blin de Varlemont, vers 1830, le château de Barly devint la propriété de Madame la comtesse de Tramecourt.

Des détachements de l'armée prusienne passèrent par Barly à diverses reprises, en décembre 1870. Ils y firent quelques réquisitions de vin et prirent un cheval au château.

Dans les temps reculés, les Chevaliers du Temple possédaient sur Barly une ferme importante vers Saulty, au lieu dit la *Tête de Mort*. Elle fut détruite à une époque qu'on ne peut préciser.

La seigneurie vicomtière de Loewal, mouvance d'Aubigny-la-Marche, était un fief notable appartenant à la famille de Montmorency-Fosseux. La famille Blin en fit l'acquisition en même temps que de la terre de Barly. (Loc., Le P. Ignace. Mss.)

Archéologie.— Un cimetière romain du IIIe siècle existe au bas de Barly et paraît s'étendre sous le bois. De beaux débris de cette époque furent trouvés dans les tombes.

Au XIIe et XIIIe siècles un chateau féodal était situé sur une motte, au lieu où la famille Blin fit construire l'élégant manoir actuel. On voyait encore au siècle dernier ses murs épais, ses fossés et ses souterrains.

L'église anciennement érigée sous le vocable de Saint-Léger, fut détruite en 1793. Le clocher resta debout et on lui adossa, lors du rétablissement du culte, une nouvelle église simple et sans style, mais assez spacieuse.

L'abbaye d'Etrun a qui appartenait la dîme de Barly et qui

l'avait cédée au curé à titre de portion congrue, avait à sa charge l'entretien du choeur et ses réparations. Elle avait la collation de la cure. Lors de la reconstruction, on y plaça les écussons d'armes de Monseigneur de la Tour d'Auvergne et de la famille Blin de Varlemont.

Les fonds baptismaux sont formés d'un grès monolythe dont la partie supérieure constitue une cuve octogone supportée par un pédicule que termine un socle formé d'un tore et d'une cymaise inférieure. Sur la cuve se lit la date 1577.

Vers 1840, un oratoire y fut érigé par les familles protestantes qui forment environ le vingtième de la population. Ce petit temple est succursale de l'église de Wanquetin.

BAVINCOURT

Bavonis-Cortis, (Harbaville).
Bavonkort (dans les chartes).
Bavelincort (id.)
Baïoncort (id.)
Baïoncourt, 1152, (daes la bulle d'Etiénne III).

Histoire. — Une vieille tradition du pays veut que saint Vaast y ait prêché l'évangile. On montrait au siècle dernier un grès volumineux sur lequel se tenait le saint prélat pour dominer la foule. L'empreinte de ses pieds s'y voyait encore ; la reconnaissance des néophytes y avait gravé sans doute ce pieux souvenir.

En 936, un parti de hongrois qui avait fait une incursion dans la province, pénétra dans ce village et chargea de chaines le curé nommé Adalgaire. Sa délivrance miraculeuse est le sujet d'une légende. (Harbaville. Malbrancq, t. II). Peu d'années après, Hugues-Capet et Arnoult-le-Jeune, comte de Flandres se livrèrent une bataille sanglante sur son territoire. Le comte qui refusait de reconnaître son suzerain fut défait. (Harbaville).

La cure fut cédée, en 1116, à l'église d'Arras, par l'abbaye d'Arronaise. Cette cession est confirmée par une bulle du 4 février 1152, adressée par le pape Eugène III à l'évêque Godescale. (Harbaville). Le chapitre d'Arras en eût la collation.

Vers 1450, la maison de Gouy possédait Bavincourt qui passa plus tard dans la famille du Bos. Isabeau du Bos, dame de Gouy et de Bavincourt les porta en mariage à Jean Ier de Soyecourt qui les transmit à François Ier de Soyecourt, son fils. Jean II, fils de ce dernier, lui succéda. Vint après son fils, Gilles III, Seigneur de Soyecourt, Gouy et Bavincourt, etc., père de Jean III. Celui-ci fut page du roi de France François Ier, chevalier de l'ordre du roi. Il accompagna à Rome, en 1550, le cardinal de Lorraine, et deux ans après il était à Metz lors du siège de cette ville par Charles-Quint. Il combattit à Renty (1554) comme guidon de la compagnie du seigneur d'Humières.

Gilles de Lens, chevalier, baron et seigneur d'Aubigny, gouverneur des villes et château de Béthune, mort en 1553, était seigneur de Bavincourt.

François de la Fontaine, allié à Charlotte de Soyecourt, fille de François et ses descendants possédèrent cette terre qui fut vendue, vers 1630, à un sieur Dervillers. Elle passa par mariage à Antoine de Brongniart et par une fille de ce dernier aux seigneurs des Lyons qui l'eurent en leur possession jusqu'à la Révolution. (Le P. Ignace. Mss.)

M. Wetzell en fit l'acquisition et plus tard M. Vaast-Malisset en devient possesseur.

La coutume locale de Bavincourt fut rédigée en 1507.

Gaspard de Bavincourt, chevalier de Saint-Jean de Jérusalem, entra dans la vie religieuse au monastère d'Anchin et devint, en 1569, abbé d'Oudenburge, de l'ordre de Saint-Benoit, en la ville de Bruges. Il fut envoyé par les états de Flandre au roi d'Espagne pour lui exposer les griefs de la province. Il a laissé les livres suivants :

Voyage de Jérusalem et au Mont-Liban.

De la connaissance de soi-même. 2 vol. en vers français.

Arithmétique. 2 vol.

Et plusieurs manuscrits. Il mourut le 11 février 1576, à 48 ans après avoir gouverné son abbaye pendant huit ans.

Bavincourt eut pour curé, au siècle dernier, le fameux Jean Villay ou Willez, né à Sainte-Marguerite. Il était parvenu à une position distinguée, avait été curé de St-Jean-en-Ronville, chanoine et pénitencier sous Monseigneur Guy de Sève. Il écrivit surtout contre la bulle *Unigenitus* (1721). Séparé de l'Eglise pendant 9 ans, il revint à elle et mourût dans son giron. Il avait passé ce temps sans communier.

Dans la guerre contre la Prusse, Bavincourt fut visité de bonne heure par l'ennemi. En effet, 25 uhlans y faisaient leur apparition le 18 décembre 1870. Le 28, passage de la colonne se dirigeant vers Avesnes-le-Comte ; retour le vendredi 30 et séjour jusqu'au 1er janvier à midi. Ce détachement se composait de lanciers, de hussards, de 600 cuirassiers blancs, du 69e régiment d'infanterie et d'environ 60 artilleurs. En tout 2,000 hommes. »

« Le 2 janvier, nouvelle visite de 70 cuirassiers blancs, 50 fantassins du 69e et le soir à 9 heures de 300 hommes, cuirassiers et fantassins qui séjournèrent jusqu'au lendemain matin. »

« Trois lanciers apparurent huit jours après le départ de cette troupe. »

« Les Prussiens ont réclamé la nourriture et le logement des hommes et des chevaux, ce qui a occasionné une dépense qui a été évaluée à 22,000 francs. Dans les maisons où ils étaient logés, ils prenaient tout ce qui était à leur convenance: vêtements, draps, couvertures, lits, etc. Réquisition de chevaux et d'avoine, vaches, veaux, volailles, etc. » (A. de Cardevacque. Hist. de l'invasion allemande, p. 132).

Archéologie. — La tour de l'église est de 1564. L'église fut rebâtie en 1726.

Sous la tour du clocher s'ouvrait un souterrain, refuge qu'on disait fort ancien et d'une remarquable construction. Il était d'un abord difficile à cause des éboulements qui en obstruaient les galeries.

Un ancien château existait sur l'emplacement du manoir actuel et sa motte s'y voyait encore lors de la construction de ce dernier. On ne sait rien de précis sur son passé.

Au bas du village se trouvait aussi une maison seigneuriale ancienne, qu'on appelait le château des Pays-Bas. Antoine de Brongniart y mourût.

L'ARBRET.

Dans les premières années du xviii° siècle, s'élevait à un kilomètre sud de Bavincourt, une maison qu'avoisinait un arbre de la plaine. Plus tard d'autres habitations s'y groupèrent, la route royale du Hâvre à Lille vint traverser ce hameau (1743) et l'arbre lui donna son nom. L'importance de l'Arbret ne tarda pas à s'accroître. Par brevet royal du 18 février 1753 un relais de poste était octroyé à Louis-Bernard Cavrois. (Registre aux commissions du conseil provincial d'Artois, t. 20, p. 467). Depuis, un bureau de poste aux lettres, une caserne de gendarmerie, de nombreuses auberges, de belles exploitations agricoles firent de l'Arbret une localité bien vivante et sa belle position, son égale distance d'Arras et de Doullens lui eussent assuré un accroissement et une prospérité incontestables sans la révolution que les chemins de fer apportèrent dans l'économie des voyages et des transports.

A l'époque où le hameau était florissant, un pasteur de Bavincourt, M. Seuron, répondait à son évêque, Monseigneur de la Tour d'Auvergne, qui s'enquérait de l'Arbret au point de vue religieux : « Hélas, Monseigneur, la grande route n'est pas le chemin du ciel ! »

BEAUDRICOURT

Baldérici-Cortis (Harbaville).

Ce village est mentionné dans les titres de Saint-Vaast de 1035, 1174, 1191. (Harbaville. Mém. hist.)

Son territoire et sa rue principale étaient traversés, de temps immémorial, par un large et magnifique chemin qui mettait en communication directe les châteaux de Saint-Pol, Lucheux et Pas appartenant aux comtes de Saint-Pol. C'était l'ancienne chaussée romaine de Thièvres à Thérouanne, par Tervanum. (Saint-Pol).

La terre de Beaudricourt était au XVI° et XVI° siècle à la famille de La Diennée. (Collection Godin). En 1655, Jacques de Beauvoir, avocat au conseil d'Artois, était seigneur de Beaudricourt. Depuis longtemps la propriété morcelée est divisée entre plusieurs mains.

Autrefois annexe d'Etrée-Wamin, ce village l'est aujourd'hui de la paroisse d'Ivergny. Une église fut construite il y a peu d'années dans de belles proportions et en même temps la commune érigea un cimetière vers son hameau d'Oppy.

La coutume de Beaudricourt fut rédigé en 1507.

OPPY

Oppidum.
Oupy-en-Ternois.

Petit hameau de Beaudricourt, il remonte aux mêmes dates, 1035. Placé sur une éminence et dans un pays tout couvert de vestiges de la domination romaine, attenant à une antique chaussée et à quelques pas de la forêt de Lucheux, dominant la belle vallée de la Canche, nul doute qu'il n'ait été, aux premiers siècles de notre ère, un emplacement militaire de quelqu'importance.

BEAUFORT-BLAVINCOURT

Bello-Fortis.
Bello-Forte.
Bello-Fordium, (Harbaville).

Histoire. — Sur une motte élevée, à peu de tistance et à l'ouest d'Avesnes, un château-fort avec son donjon, ses tours, ses fossés, donna son nom au village. Il avait pour seigneur, en 1100, le sire Bouchard qui fut marié à Marguerite de Noyelle-Vion. Jeanne, leur fille, porta Beaufort en dot, à Guy, seigneur d'Oiran fils d'un comte de Thouars et fonda la maison de Beaufort. Leur mariage eut lieu en 1125.

Plusieurs membres de cette famille jetèrent sur leur nom un éclat fameux. « Partout, dit leur historien, où la bannière se
» déploie, où le clairon sonne, où le cheval hennit et frappe la
» terre, où le glaive se tire, où le fer croise le fer, où les batail-
» lons se mêlent, où les mille bruits de guerre, le canon, la voix
» des chefs, le cliquetis des armes, les plaintes des blessés, le
» râle des mourants se heurtent et se confondent, partout les
» Beauffort apparaissent vaillants et fidèles. » (A. Brémond, Hist. de la maison de Beauffort).

« Jean et Baudouin de Beauffort dont le nom et les armes
» sont au Musée de Versailles, dans l'ancienne salle des croi-
» sades, accompagnèrent le comte d'Artois à la première croi-
» sade de saint Louis, et Baudouin fut tué à Massoure. Geoffroy
» de Beauffort se trouva au siége de Tunis. Jacques périt sous
» les murs de Nicopolis, en 1396. Mathieu, fait prisonnier par
» les infidèles, vendit son fief pour se racheter de l'esclavage. »
A. Brémond, p. 2).

Il serait trop long de suivre les vaillants chevaliers de cette maison qu'on retrouve à chaque bataille versant leur sang pour le pays, toujours fidèles à leur devise « In bello fortis. » On les revoit dans les hautes dignités militaires, civiles, religieuses, en France, en Bourgogne, en Espagne. Les dames de Beauffort sont leurs dignes compagnes, illustres aussi par leurs alliances et par leurs vertus. Beaucoup ont été lhonneur et l'ornement des anciens monastères, de leurs chapitres nobles et leur ont fourni quelques abbesses. En un mot, ajoute leur historien, rien ne manque à l'illustration de cette antique et noble maison. (A. Brémond, p. 4).

Frossard de Beauffort fut tué de la main de Robert d'Artois, en 1340, en défendant contre lui la porte du Brûle, de Saint-Omer. (Harbaville, Meyer, Annales).

Payen de Beauffort fut impliqué dans l'absurde et odieux

procès des Vaudois, en 1460. Son fils Jean, était gouverneur d'Arras; en 1502. (Harbaville).

La famille de Beauffort conserva cette terre, qui avait anciennement le titre de baronnie, jusqu'au mariage d'Anne de Beauffort, en 1582, avec Philippe de Croy, comte de Solre, chevalier de la Toison-d'Or. Leur descendance l'a possédée jusqu'à la Révolution.

Le château eut à soutenir plusieurs sièges. Il fut à peu près détruit dans celui de 1553. « Le lundi devant la Sainte-Catherine (les Français) allèrent au chasteau de Beaufort qui là près estoit (près Avesnes) et l'abbatirent et en firent fondre une [grande partie : plus entrèrent dedans et là furent tuez la plus grande partie de pauvres paysans quy dedans estoient, le r. ste fut prinse prisonnière. » (Manuscrit de Jacques Genelle bourgeois d'Arras).

La guerre de 1635 vint encore ajouter de nouvelles ruines au vieux manoir.

La dernière tour se voyait encore au commencement de notre siècle, avec quelques restes de maçonnerie.

En 1709 pendant l'occupation du pays par les armées du duc de Villars et celle des alliés, la contrée fut désolée par des maladies graves et meurtrières. Le curé de Beaufort nous en a conservé un souvenir. « Je, Nicolas Deleau, prestre curé
» de cette paroisse certifie à toute la postérité que depuis le mois
» d'avril 1709, juspu'au 15ᵉ du mois de novembre 1710 les maladies
» et la mortalité y furent si grandes et si fréquentes,
» qu'après une longue maladie que *j'eu* aussi, je n'ai *peut* que
» m'informer à peu près du jour et des mois que moururent
» tous ceux et celles que voici enregistrés, étant pour lors
» sous la presse de deux armées, de celle des Hollandois étant
» campées depuis Saint-Eloy jusques et passé Aubygny et celle
» des Français étant campée à Barly s'étendant depuis Montenescourt
» jusqu'à Frévent, qui nous ravagèrent ici si bien l'une
» que l'autre. Sortant de l'année 1709 que l'hyver fut si long et
» si rigoureux que tous les blés manquèrent ; les pauvres
» peuples ayant été obligés de manger du pain d'Avoine..... »
(Registres de Catholicité).

Et plus loin, les misères de la guerre ! « L'an 1710, N. Deleau étant curé de ceste paroisse de Beaufort, les Hollandais ont pillé ceste paroisse et l'église où ils ont tout briséz, tout pillez, tout deschirez, tout emportez jusques au registre des baptêmes, des morts et des confirmés. N. Deleau, curé. »

La Révolution de 1793 renversa l'église et le vieux manoir devint un champ.

En 1858, Beaufort et Blavincourt furent réunis pour ne faire qu'une seule commune sous le nom de Beaufort-Blavincourt.

Archèologie. — Un dolmen, des tombeaux romains, des statues en calcaire du moyen-âge recouvertes de peintures et de dorures, la grande pierre tombale des sires de Beauffort ont été exhumés par nos soins.

Une église ancienne était érigée dans les dépendances du château ; le choeur renfermait la sépulture de la famille de Beauffort, une large pierre tombale la recouvrait. L'abbaye d'Etrun avait la collation de la cure.

Des fouilles faites sur l'emplacement de l'église, vers 1840, ont mis au jour quelques cercueils en plomb contenant les restes des anciens seigneurs. Parmi eux se trouvait un coeur aussi en plomb avec cette inscription : *Anne de Beauffort, princesse de Croy.* Son corps avait été inhumé dans l'église de Solre-le-Château, son coeur était à Beaufort.

Beaufort possède un souterrain-refuge, mais des éboulements l'ont obstrué et en interdisent l'accès depuis longtemps. Les paysans de 1553 y auraient sauvé leur vie s'il avait encore été praticable.

Au xv° siècle un moulin fut érigé dans des proportions remaquables. Sa motte domine tout le pays. A la porte méridionale est une belle clef de voûte ou se voient les armes de Beauffort, celles de Croy-Solre sont sculptées au-dessus de la porte septentrionale.

Beaufort possède aujourd'hui une modeste église relevée par les soins de son curé, M. Dubois et placée sous le vocable de la Sainte-Trinité.

BLAVINCOURT

Histoire et Archéologie. — Comme Beaufort, Blavincourt possède une motte très-élevée autour de laquelle se voient encore des vestiges de fossés et des restes de maçonnerie. M. Terninck, l'archéologue si compétent, n'hésite pas à y trouver les caractères des établissements romains et à reconnaître à Blavincourt l'existence d'un oppidum. Le pays d'ailleurs, est plein de souvenirs et de restes de cette époque.

Baudouin de Bailleul, chanoine placé par l'évêque Alvise pour desservir l'église de Maroeuil réclame, en 1132, l'autorité de ce prélat pour faire rentrer l'autel de Blavincourt dans la possession du monastère de Sainte-Bertille. (Parenty, Hist. de sainte Bertille).

En 1206, la dime est cédée à l'abbaïe de Maroeuil par Hugues d'Auxi, moyennant 220 livres parisis.

Marguerite de Liefrarde donne, en 1207, à la même abbaye la dîme de Blavincourt qu'elle avait acquise de Mathieu d'Auxi, chevalier. (Harbaville. Locrius, chron. Belg.)

En 1232, Jean, seigneur de Bailellet, céda à Blavincourt une portion de dîme tenue de la maison de Beauffort. (Parenty, ibid.)

De la maison d'Auxi, la terre de Blavincourt passa dans celle de Montbertault, puis dans celle de Beauffort.

Par acte du 11 mars 1444, Colart de Beauffort, dit Payen, seigneur de Ransart, acquit la terre de Blavincourt de Pierre et Guillaume de Montbertault. Elle resta dans la famille jusqu'an mariage d'Anne de Beauffort avec Philippe de Croy dont les descendants en furent seigneurs jusqu'à la Révolution.

Bernard Vanackère fut prieur de Blavincourt au commencement du XVIII° siècle. Il devint le 44° abbé de Maroeuil, par brevet de Louis XIV, du 21 décembre 1712, après avoir été élu unanimement par la communauté. Il mourut le 18 mars 1717, à l'âge de 60 ans. Son éphitaphe qu'on lisait sur son tombeau dans l'église abbatiale, rappelait sa charité envers les pauvres, sa profonde humilité, la douceur de son gouvernement, le zèle qu'il déployait pour procurer la gloire de Dieu, son assiduité aux offices du choeur et son goût très-prononcé pour les observances regulières. (Parenty, ibid.)

Un prieuré exista à Blavincourt jusqu'à la Révolution. Une vieille église, détruite alors, fut reconstruite dans ces derniers temps, elle est annexe de Beauffort et a pour patron saint Pierre.

Une grande partie de l'ancien Blavincourt, enclavée dans Beauffort, s'appelait Appegréné ou Ladezous, parce qu'elle formait le quartier bas du village. Aujourd'hui Blavincourt, Appegrené et Beaufort forment ensemble une même commune et une même paroisse.

BERLENCOURT.

Bellincort, xiiie siècle.
Bellincourt (de bel, maison forte.)
Ber Fontaine Korte, (M. Terninck.)

Ce village comme ceux de la vallee de la Canche faisait partie du diocèse de Boulogne, depuis une haute antiquité, la collation de la cure était à l'abbé de saint Eloi. A l'église de ce lieu étaient annexés Cauroy Liencourt et Denier. L'abbé de Saint-Eloi avait l'entretien du choeur construit sur la propriété de l'abbaïe. La famille de Coupigny avait l'entretien de l'église.

Les censives et droits seigneuriaux rapportaient au monastère de Saint-Eloi 14 livres 15 sols. (M. de Cardevacque histoire de l'abbaïe de Saint-Eloi.)

Vers 1560 Lancelot de Berlencourt épouse Marie de Brimeu qui convola en secondes noces avec Charles de Croï, duc d'Arschott, prince de Chimay etc. (Le Carpentier, histoire de Cambrai p. 328).

Archéologie. — L'église de Berlencourt est du XVIe siècle. Le choeur conserve l'intégrité de son origine, une belle voûte en pierres à nervures et des fenêtres ogivales ornées de menaux avec quelques niches bien sculptées. A sa seconde travée un cul-de-lampe est formé par un écusson abbatial, surmonté de la mitre et de la crosse passée en pal derrière l'écu. Dans le champ de l'écu un aigle aux ailes déployées prend son vol vers les cieux. Au dessous se déroule la devise :

PLENO PETIT ASTRA VOLATU.

On lit à côté la date 1600. A cette époque le monastère possesseur du choeur de Berlencourt avait à sa tête l'abbé Adrien Duquesnoy.

L'église est à trois nefs. Au dessus des piliers et des arcades qu'ils supportent on remarque des traces d'anciennes dégradations. L'église détruite à une époque plus ou moins reculée aura été relevée à grand renfort d'économies avec ce qu'on aura pu utiliser de murs et de colonnes.

Un chef-d'oeuvre de menuiserie Louis XV sert de confessionnal. Si le naufrage a des tristesses, le port ne manque pas d'agréments.

Deux belles cloches dont l'une au son grave et l'autre qu'on croirait d'argent pur portent au loin leurs harmonieuses vibrations.

LE CAUROY

Kauretum, XIe siècle,
Corrois, XIIe siècle.
Coryletnm, Coudrier, (Tailliar.)

Cet important hameau, plus grand aujourd'hui que Berlincourt est mentionné dans les chartes des XIe et XIIe siècles. Il a possédé de temps immémorial un château et une chapelle. Il constituait une paroisse et avait le titre de pairie du Cambraisis (M. Brémond, hist. de la maison de Beauffort.) Vers 1300 messire de Bellebaut du Cauroy, chevalier, fut avec Iean de Beauffort à la chevauchée d'Oisy, selon une quittance donnée à Arras le samedi 3 septembre 1305. (ibid.)

Pierre du Cauroy chevalier seigneur dudit lieu et de Fontaine-les-Boulans fût marié vers 1640 à Isabeau de Beauffort, fille de Payen de Beauffort.

Le 19 décembre 1671, Eugène de Noyelle marquis de Lisbourg qui possédait la terre de Cauroy la vendit à messire Jean-Baptiste de Beauffort chanoine et official d'Arras, à Pierre Ignace de Beauffort chevalier, seigneur de Warnicamps et à Antoine Joseph de Beauffort seigneur de Lassus. Ce dernier hérita la totalité de la seigneurie qu'il transmit à ses descendants.

Archéologie. — Le Cauroy possède un des beaux châteaux du pays construit par son seigneur le baron de Beauffort seigneur aussi de Lassus de Nédonchel et Hanescamps etc. La Révolution le respecta ainsi que la petite chapelle qui y était annexée.

M. le baron Alphonse de Beauffort érigea non loin de son château une charmante église romane peu après avoir fondé une importante maison de charité confiée aux soeurs de saint Vincent-de-Paul.

On voit encore au château de Cauroy la crosse abbatiale de la noble abbaye d'Etrun dont la dernière abbesse fut Marie Henriette Constance de Beauffort. M. de Linas en a donné une savante étude dans le tome 2 du bulletin de la commission des monuments historiques. p. 297.

IGNAUCOURT.

Cortis in aquis.

Ce fief important avait son château sur les bords de la Canche, à l'ouest de Berlencourt. Mathieu d'Ignaucourt assiste comme pair aux plaids du comte d'Artois en mars 1286. (Godefroy, inventaire chronologique.) En 1613, messire Antoine du Biez chevalier seigneur d'Ignaucourt est en possession de cette terre, qui depuis longtemps appartenait à sa famille. (Terrier de 1813. Ar chives d'Avesnes.)

Dans le siècle dernier Ignaucourt avait pour seigneurs les sires de Monchy, de Fléchin et en dernier lieu Louis Alexandre Du Tertre seigneur d'Ignaucourt allié à Andrée Françoise de Fléchin.

1717, Herman Georges de Monchy écuyer épouse Angélique Thérèse de Vendebien dame d'Ignaucourt.

1746, Alexandre de Fléchin est allié à Henriette de Monchy.

1778, Dénombrement par Louis Alexandre Du Tertre marié à Andrée Françoise de Fléchin dame d'Ignaucourt, etc. (Archives d'Avesnes.).

Sur le territoire de Berlencourt et entre les hameaux de Cauroy et d'Ignaucourt se voit une splendide chapelle très-ancienne, rétablie dans ces derniers temps par les soins pieux de madame la marquise de Rochedragon. Cet oratoire dédié à Jésus flagellé était autrefois un lieu de pèlerinage bien vénéré. Lors de sa reconstruction, on a trouvé dans les vieilles fondations des fragments de bas-reliefs qui nous ont paru reproduire une page des croisades. Le modeste monument était assurément l'oeuvre d'un preux chevalier à son retour des lieux-saints.

CANETTEMONT

Canneti-Monte, XIIIe siècle.
De Cannetum, lieu planté, joncs, roseaux.

Joli petit village, très-élevé, sur les hauteurs qui bordent la Canche, il comptait parmi ses anciens seigneurs Arnould de Bailleul, Adrien de Boffles, seigneur d'Ambrines, et Pierre de Wavrans qui l'acheta à ce dernier. Les Venant, seigneurs de Famechon et d'Ivergny l'ont possédé aux XVIe et XVIIe siècles.

Jean Venant, né à Frévent, était procureur au conseil d'Artois. Il recréanta sa bourgeoisie à Arras, en 1505.

Philippe Venant fut ensuite seigneur de Canettemont.

En 1692, le Caron de Canettemont en était possesseur. Ses descendants y ont encore leurs propriétés.

Le fief vicomtier de Canettemont était, en 1717, dans les mains de Jacques-Antoine-Xavier de Lestrée.

M. Delpierre, religieux de Saint-Éloi et maître des novices, né à Canettemont, émigra en Belgique lors de l'évacuation du monastère. Il mourut en 1856, à 95 ans.

Ce village qui était annexe de Rebreuve dès 1266, l'est encore aujourd'hui.

Archéologie. — Une belle petite église du XVI° siècle avec soubassement en damier de grès et de silex, avec un petit porche orné de sculptures embellit ce petit village. Quelques belles pierres sépulcrales conservent le souvenir des familles d'Estrée et Debret. Une cloche de 1537 est recouverte d'une couronne d'inscriptions flamandes et de quelques figures en relief.

COULLEMONT

Collomonte (Harbaville).

Au pied du mont sur lequel est assis ce village, coule un ruisseau qu'alimentent deux belles fontaines : d'où il est aisé, dit le P. Ignace, de dériver son étymologie. « La Grouche, autrefois » nommée la Coule ou le Lucheux est un des principaux affluents » de l'Authie. » (Delgove. Histoire de Doullens, p. 4).

Aux premiers siècles de notre ère, il existait à Coullemont un des emplacements romains les plus considérables de la contrée. Une partie de son territoire est encore parsemé de débris de tuiles romaines. Les fouilles ont mis à jour de nombreuses sépultures, des médailles et quantité d'objets appartenant à cette époque reculée.

Le comte de Flandres, Thierry d'Alsace, acheta Coullemont à Gilles de Beaumetz, en 1139. Jean Bridoux, seigneur d'Averdoingt se rendit caution de la vente. (Harbaville). La beauté du pays et de ses alentours, agréablement accidentés et couverts de bois, plût à son fils Philippe qui y fit construire, vers 1160, un rendez-vous de chasse. En 1218, ce domaine fut adjugé à Louis, fils de Philippe-Auguste. (Harbaville, Godefroy. Invent., chron., t. I).

Avec des princes illustres pour hôtes, Coullemont devait être un lieu privilégié. Dès le xiiie siècle il était sous le droit commun et les chartes de l'époque font mention de son Mayeur.

L'abbaye de Saint-Vaast avait à Coullemont un revenu de cent razières de blé, cinquante de scourgeon, manse distraite. cent onze livres. (Histoire de l'abbaye de Saint-Vaast, MM. Terninck et de Cardevacque).

A la fin du xve siècle, Hues de Wanquetin était seigneur de Coullemont et de Beaupré. (Le P. Ignace).

La terre de ce lieu appartint longtemps au seigneur d'Humbercourt ; puis à la maison de Croï. (Bouthors). Antoine Chivot, écuyer, seigneur d'Orville, l'acheta en 1690. Ses enfants se fixèrent dans cette résidence et se distinguèrent dans la carrière des armes. Antoine était petit-fils de Jacques Chivot, président du Conseil d'Artois. La terre de Coullemont resta dans sa famille jusqu'à la Révolution.

Coullemont eut sa coutume locale en 1507.

« A la mi-mai 1741, le feu prit par accident en plein midi
» dans l'église de ce lieu, elle fut entièrement consumée avec les
» ornements. Les cloches furent préservées de l'incendie qni
» dura peu de temps à cause que l'église était couverte de
» chaume. Le feu commença par le grand-autel sur lequel était
» tombé, après la messe du curé, quelque reste d'un cierge mal
» éteint. » (Le P. Ignace.)

En 1795, Coullemont fut chef-lieu de canton. Il est aujourd'hui **annexe de Warluzel.**

COUTURELLE

Cultura, Culture ou couture.
Petite couture ou culture.

Histoire. — Au XIIe siècle, ce domaine qui relevait de Saulty, fut confisqué par la cour des barons au profit du comte sur le seigneur du lieu qui *fourfit* sa terre à l'occasion d'un meurtre. Le sire de Saulty fut dédommagé suivant acte du 23 janvier 1281. (Harbaville, Godefroy. Invent. chron., t. I).

La seigneurie relevait immédiatement du château d'Avesnes. Messire Claude de Croy, chevalier, comte de Roeux, seigneur de Cl rcques, Melisson, Offerkercq, etc., était seigneur de Couturelle, vers la fin du XIVe siècle. Nous voyons cette terre peu après, dans les mains de Messire Gilles de Mailly, qui l'avait recueillie dans la succession de sa mère, Marguerite de Picquigny. Reynaud de Mailly, lui succéda et elle passa de la famille de Mailly, par une femme, à Gui de Brimeu, chevalier seigneur d'Humbercourt. Ce dernier avait pour mère Marie de Mailly. (Archives du château d'Avesnes.)

La terre de Couturelle passa, par achat, de ces nobles maisons dans la famille Boudard. Messire Joseph Boudard, seigneur de ce lieu, épousa à Lille, le 3 septembre 1668, Valentine du Bus. Leur fils aîné, Gérard-Joseph Boudard, chevalier, seigneur de Couturelle et de Warlincourt, fut marié à N. du Rietz, fille de Jérome comte de Willerval.

En 1760, nous trouvons un dénombrement de Charles-François Boudard, dont le terre avait été érigée en marquisat. (Archives d'Avesnes).

Après les marquis de Couturelle et au commencement de ce siècle, la maison de la Fontaine-Solare se rendit, par achat, propriétaire de cette terre et elle la possède encore aujourd'hui.

Archéologie. — Le château de Couturelle date du siècle dernier. Il st très-beau, dit le P. Ignace, avec des accompagnements fort agréables et des vues de tous côtés, au milieu d'une plaine.

Une petite église coquette y fut construite il y peu d'années, à proximité du château.

DENIER

Dan, aria. rivière, demeure (Harbaville).
Dun, acum, colline, demeure dans un bois (Terniuck).

On croit dans le pays que ce village a été le siége d'un établissement militaire fondé par les chevaliers du Temple. En effet, des élévations entourées de grands vestiges de fossés semblent révéler uu passé légendaire mais entouré de profondes ténèbres.

« Denier, dit M. Terninck, dans sa savante étude sur l'Atré-
» batie, tire son nom de dan ou dun, colline et acum demeure.
» Les antiquités que récèle son territoire prouvent assez son
» origine antique. Sa motte, dite château des Templiers, présente
» les mêmes caractères que les précédentes (Beaufort et Bla-
» vincourt) et son nom de Templiers ne doit pas nous étonner,
» car nous l'avons vu donner dans nos campagnes à des cons-
» tructions gallo-romaines ou celtiques. Il arrivait souvent, en
» effet, que ne sachant à quel peuple ou à quelle époque attri-
» buer les monuments qu'il rencontrait, le campagnard leur
» donnait pour constructeurs ceux dont l'histoire avait frappé
» son imagination ou avait été le sujet de vieilles légendes. Voilà
» pourquoi nous trouvons si souvent le nom de Brunehaut, de
» Fées, de Templiers ou de Sarrazins accolés à des monuments
» qui leur sont souvent étrangers. » (Etude sur l'Atrébatie, p. 272).

Les seigneurs de Lignereuil possédaient Denier qui était à la fin du siècle dernier à la famille de Coupigny.

Denier est annexe de Berlencourt et possède deux petites

chapelles : l'une à l'est, dédiée à Notre-Dame de Lorette, l'autre à l'ouest, sous l'invocation de Notre-Dame de Bon-Secours. Cette dernière attire quelques pèlerins.

Dès 1245, ce village faisait déjà partie de la paroisse de Berlencourt.

ÉTRÉE-WAMIN.

Strata. 1156.
Estrée-sur-Canche

Etrées et Wamin sont deux localités réunies. Où l'une finit l'autre commence. Elles forment une seule commune et une seule paroisse.

La voie romaine de Thièvres (*Teucera*) à Saint-Pol traversait Etrée dont le cimetière de l'époque a été retrouvé à l'Est, vers Berlencourt-Cauroy. On y a mis au jour des poteries et bon nombre de monnaies de Posthume et d'autres empereurs du IIIe siècle et une tombe calcaire à auge.

L'abbaye de Saint-Vaast fut mise en possession du domaine d'Etrée par différentes bulles Pontificales d'Alexandre III en 1174 et 1177 de Célestin III en 1191 et de Benoit IX en 1305. Elle avait en outre ses dépendances avec toute juridiction. (Harbaville.) « L'abbé Raymond de concert avec le comte de Saint-Pol. accorda une charte de commune aux habitants de la villa d'Estrée au mois de mars 1201. Messire abbé s'y fait la part du lion, et il est assez difficile d'apprécier ce que les nouveaux *bourgeois* ont pu gagner à l'octroi de ces franchises dérisoires. En effet les échevins sont nommés par l'abbé sous la condition de jurer le maintien des droits de l'église. Ils peuvent être révoqués par lui et remplacés. Ils sont convoqués par son délégué pour juger les litiges des habitants selon la loi de Saint-Pol. — Les hommes d'Estrée doivent assister le comte de Saint-Pol dans ses guerres. — L'abbé doit donner une demi mesure de manoir à tous ceux qui viendront habiter la *ville*. L'abbaye se réserve la propriété de l'église, de sa manse, de ses viviers et moulin banal ainsi que les droits de *fournage, hostage, forage, Cambage* (droit sur les brasseries) *étalage, tonlieux, lravers*, le treizième denier des biens vendus et ses redevances sur les terres et manoirs. Le cens dû au comte pour les jardins est aussi réservé. Enfin les propriétés domaniales du chevalier Gérald, d'Estrées lui sont conservées libres de redevances (Harbaville. Mém. Hist.) Outre d'Estrèes Gérald, le seigneur Oston sire de Hovin, Hugues seigneur de Waverans et Gérard de Monchel furent avec d'autres personnages les signataires de cette charte (ibid.)

La maison d'Ambrine posséda plus tard la seigneurie. Antoine seigneur d'Ambrine et de Wamin fut tué à la bataille d'Azincourt. Sa fille unique la porta en mariage à Bauduin sire de Gosson (Dom. Lopez.)

En 1710 M. D'herles, écuyer président au présidial d'Amiens était seigneur de Wamin.

L'abbaye de Saint-Vaast qui eut toujours en sa possession Etrée-Wamin y percevait en argent un revenu de 3628 liv. 8 sols. (MM. de Cardevacque et Terninck. Histoire de l'abbaïe de Saint-Vaast). Elle avait la collation de la cure.

L'église d'Etrée a été reconstruite en 1756. Celle de Wamin date aussi du dernier siècle avec nn chœur qui présente l'architecture du XVIe siècle ; une fenêtre absidale avec six autres grandes fenêtres latérales garnies de meneaux, une voûte en pierres à nervures prismatiques retombant sur des culs de lampe ornés de sculptures fines et variées.

L'église d'Étrée est sous le vocable de saint Martin, celle de Wmin sous celui de saint Vaast.

Un fief important, celui de Mardinchon fait partie du village de Wamin. Au siécle dernier il était tenu en coterie du prince d'Horne. Il parait que plus anciennement encore, le possesseur de ce fief avait perdu au jeu ses vastes domaines. Il quittait la table maudite, quand son valet lui dit bien haut: « Monseigneur oublie qu'il lui reste son domaine et sa forêt de Mardinchon. » Ses amis le rappellent on joue son dernier enjeu. O surprise! le seigneur de Mardinchon gagne et regagne non seulement ses terres, ses châteaux, son or, mais il dépouille à son tour ses nobles compagnons, jure de fuir le tapis vert et enrichit son malicieux serviteur.

GIVENCHY-LE-NOBLE

Juvenchiacum (chartes).
Givenchis (id.).
Du celtique Goy, bois (Harbaville).
Gy demeure ou Ginchy, habitalions anguleuses (Terninck).
Le Noble. Parce que 17 seigneuries ou fiefs en relevaient.

Ce village existait à l'époque de la domination romaine. On y a trouvé des sépultures et des médailles.

Le pape Adrien II, en 1158, confirme la dîme de l'autel de Givenchy à l'abbaye de Saint-Éloy. (A. de Cardevacque, Histoire de Saint-Éloy, p. 199). En 1214, des difficultés survenues entre l'abbaye et les églises de Givenchy et Lignereuil sont réglées par Robert, évêque d'Arras.

La collation de la cure appartenait à cette abbaye.

Hellin de Juvency. (Bulletin des antiq. de la Morinie obituaire de la cathédrale d'Arras), puis un sire Broard, chevalier, à qui appartenait, en 1273, son château-fort (Le P. Ignace) paraissent avoir été dans cette seigneurie les prédécesseurs des comtes de Saint-Pol, seigneurs d'Aubigny, qui en ont été plus tard les maîtres.

Supplicia de Juvenci, donne quelque part d'héritage à l'abbaye de Saint-Éloy, en 1509. (Chartes de Saint-Éloy).

La famille de Beauffort possède ensuite cette terre. Pierre, seigneur d'Habarcq et Givenchy tenait ce domaine de ses ancêtres. Il mourût en 1563. Plus tard, Marie d'Habarcq la porta en mariage à Gilles de Lens, qui la transmit à Marie, sa fille, mariée au comte d'Egmond. Elle passa de cette maison dans celle de Sainte-Aldegonde. Maximilien de Sainte-Aldegonde, baron de Noircarmes, gouverneur général d'Artois, était seigneur de Givenchy, au commencement du XVIIe siècle, sa fille fut alliée à un seigneur de la Hamal, dont aussi la fille porta par mariage la terre de Givenchy, à Pierre-Eugène de Gavres, marquis de Sceau ou d'Aisseau, domicilié au pays de Liége, lequel la vendit en 1676, à M. de Lélès. (Le P. Ignace).

François de Lélés, son fils, receveur général des finances d'Artois, reconstruisit le château sur l'emplacement du vieux manoir. Son fils Michel lui succéda en 1726. La terre fut possédée ensuite par M. de Taffin et après la Révolution elle devint la propriété des comtes de Tramecourt.

Archéologie. — Un ancien château-fort avec deux tours abritait les seigneurs de ce village. C'est sur son emplacement que M. de Lélés éleva le beau château que l'on voit aujourd'hui.

Une église à trois nefs, couverte d'ardoises, possédait de beaux vitraux peints des XVe et XVIe siècles. Elle fut détruite au siècle dernier. (Le P. Ignace).

Sainte Brigitte, patronne de Givenchy, est en grande vénération dans le pays et sa neuvaine est l'objet d'un pèlerinage très-suivi. Les habitants de la contrée professent toujours une dévotion particulière aux saints protecteurs de leurs intérêts matériels.

S'il arrivait qu'un charriot versât sur le territoire de Givenchy-le-Noble, on ne pouvait le relever sans la permission du seigneur, sinon il y avait amende de 60 sols. (Roger. Biblioth. historique).

GRAND-RULLECOURT

Rullecort, 1218 (Harbaville).
Rulli-Cortis ou Ruli, doit à son vaste contour sa qualification de Grand.

Histoire. — Gérard, chevalier, bienfaiteur des abbayes de Saint-Aubert, de Saint-André-d'Arrouaise, et Godefroi de Rullecourt qui donna des biens à l'abbaye de Saint-Éloi, était seigneur de ce lieu en 1140. *(Locrius.)*

Une charte de Guy, seigneur d'Inchy et de Waencourt, fait mention do Colart ou Nicolas de Rullecourt, marié à Sara de Wailly. (Le Carpentier, p. 514). Ceux-ci fondèrent, en 1218, l'hôpital Saint-Jacques d'Arras, établi d'abord près de Saint-Aubert et desservi par des religieux. Ils lui affectèrent la même année les dîmes de Rullecourt, du consentement de leurs fils Anselme et Jean de Rullecourt. (Locrius), La donation de cet établissement fut augmentée, en 1228, par Roger un des fils des fondateurs.

En effet, les lettres de Manassé Cauderons, seigneur de Saulty, nous font connaître que Roger li Wavassor de Rullecourt était son feudataire. Elles approuvent la vente de 30 minch » (mesures) de terre en une seule pièce (in unâ peciâ) sur Rul- » lecourt, faite à l'hôpital Saint-Jacques d'Arras, par ledit » Roger et Marie Riquière, sa femme. » (F. Locrius. Harbaville).

Le seigneur de Rullecourt, Baudouin, fils de Hugues, est en contestation avec les religieux de Saint-Éloi, en 1255, au sujet de la dîme de Magnicourt.

Un autre membre de la famille, Simon de Rullecourt, chevalier, est mentionné dans une charte de l'abbaye du Verger, de 1269, par laquelle il donne à ladite abbaye, vingt mesures situées à Espinoy-lez-Oisy, *joignant la bone à lièvres*, et les terres du chapitre de Cambrai, du consentement de sa femme, Marguerite de Formeselle et de ses enfants Godefroy, Baudouin et Mathieu de Rullecourt, (Le Carpentier, p. 973).

De la famille de Rullecourt la seigneurie passa dans la maison d'Ollehain, et de celle-ci dans la possession des sires de Hamel-Belenglise, par mariage, en 1640. Antoine de Hamel, seigneur de Grand-Rullecourt, un des chefs de la ligue fut, en 1588, maréchal de camp sous les ordres du duc d'Aumale. Son zèle et son activité lui valurent le surnom de Maréchal de la Foi. (Satire Ménippée).

« Une troupe de voleurs, en 1569, fit quelques meurtres et » larcins, entre le Mont-Saint-Eloi et Saint-Pol, sous leur chef

» nommé Grand-Guillaume, qui fut pris et pendu dans le bois
» de Rullecourt. Alors la bande se dissipa. » (Le P. Ignace).

On faisait en ce temps-là des essais de viticulture. Ils furent peu encourageants, car l'abbé donna l'ordre d'arracher la vigne de l'enclos du monastère. Pauvre monastère! La cense et le prieuré furent détruits par un incendie, en 1580. Un sieur de la Goustière avait frappé à la joue un nommé François et cet outrage trouva sa vengeance dans l'incendie. (Doresmieulx. Manusc.)

La famille de Hamel conserva la seigneurie de Grand-Rullecourt jusqu'à la Révolution, tenant dans la province un rang distingué. Elle eut pourtant ses adversités. « Jean François de
» Hamel, seigneur de Grand Rullecourt, fût tué au château de
» ce lieu, la nuit, dans son lit, d'un coup de pistolet, avant
» l'année 1692. On soupçonua son épouse d'être l'auteur de cet
» assassinat. Elle fut arrêtée, le prieur-curé et autres. Le con-
» seil d'Artois informa au rapport d'Henri-François le Carlier,
» écuyer, seigneur de Crecques. La dame fût condamnée à la
» question. Elle soutint l'ordinaire et l'extraordinaire : on ne
» pût la convaincre; elle fut enfermée par arrêt du Conseil
» d'Artois, dans un couvent, pour un certain nombre d'années.
» Ce fut à l'hôpital Saint-Jean, à Arras, d'où elle sortit le terme
» fini.... » (Le P. Ignace).

Grand-Rullecourt eut aussi ses malheurs de guerres. Celle de 1635 et 1636 lui causa de grands dommages. « Tempus belli
» fuit declaratum in hâc patriâ circa finem mensis Julii 1635,
» die verò quintâ maii 1636, fuerunt combustæ octoginta domus
» in pago Grand-Rullecourt à Francis et paulo post turris fuit
» funditùs eversa, sed ecclesia remansit incombusta. » (Regist. des prieurs de G.-R.)

Quelqu'un ajouta à cette note :

« Et arbores nostræ abbatiæ confractæ) » (Ibid.)

Un demi-siècle plus tard, nous trouvons dans les mêmes registres une nouvelle note sur l'état du village. « L'an de grâce
» 1710, l'armée du roi, commandée par M. le maréchal de Vil-
» lars, est venue camper le 17 du mois de juillet, la droite à
» Wanquetin, la gauche à Sus-Saint-Léger, dans les retranche-

» ments qu'on y fit qui enfermaient une partie du terroir de
» Grand-Rullecourt du côté de Sombrin avec le moulin dudit
» Grand-Rullecourt, et l'armée des alliés était campée aux envi-
» rons d'Aubigny, commandée par le prince Eugène de Savoie,
» par Milord Malborouck et le comte de Tilly, pendant qu'ils
» faisaient le siège de Béthune.... »

La terre de Grand-Rullecourt fut vendue nationalement à la Révolution. Elle rentra par acquisition, vers 1845, dans la famille de Hamel-Belenglise qui la revendit à M. Calluaud, receveur général des finances à Arras, le père de M. Henri Calluard, représentant du peuple à l'Assemblée nationale de 1871. M. Henri Calluaud, mourut prématurément à Bordeaux, peu après avoir pris possession de son siége.

Archéologie. — Le château de Grand-Rullecourt, au siècle dernier était flanqué de deux tours et avait été construit à la place d'un autre plus ancien entouré de fortifications. Le marquis Antoine-Constant de Hamel éleva, vers 1775, une magnifique habitation entre le village et le bois. Elle est une des plus brillantes résidences du pays.

Le village possédait aussi une belle église du xv° siècle, avec une tour en pierres de figure héxagone « avec quelques ornements. » La tour disparut dans la guerre de 1636 et l'église eut le même sort un peu plus tard. Elles ont été relevées avec une excessive simplicité.

Le prieuré ou maison curiale, un des plus beaux de l'Artois, dit le P. Ignace, s'élevait près de l'église et près de la ferme de l'abbaye. Il datait du xiii° siècle.

La ferme était aussi une des plus grandes du pays. On peut encore voir ses vastes proportions.

Un souterrain-refuge s'ouvrait sous la tour de l'église.

Il existait anciennement à Grand-Rullecourt trois fiefs importants. Le premier qui avait pour siége le prieuré, appartenait au monastère du Mont-Saint-Eloi. Le second était celui des sires de Hamel. Le troisième appelé la seigneurie de Divion appartenait, au commencement du xviii° siècle à la famille Baudouin, d'Amiens.

Parmi les seigneuries de la famille de Hamel se trouvait celle de Bouret-sur-Canche, dont la chapelle dédiée à Notre-Dame de Bon-Secours contenait les sépultures. M. Harbaville nous a conservé la touchante légende des promenades aériennes des dames de Grand-Rullecourt, dont les fantômes blancs et diaphanes sillonnaient les marais dans les brouillards du crépuscule.

Saint-Léger a toujours été le patron de l'eglise, dont la collation appartenait à l'abbé de Saint-Éloi.

HAUTEVILLE

Alta villa.

De quelque côté qu'on s'achemine vers ce riant village, on y arrive par une douce montée, ce qui donne de suite une idée de son élévation et de l'air pur et vif qu'on y respire. Hauteville, est en effet un lieu élevé et peut être le plus élevé de la contrée. C'est à cette position qu'il doit son nom, « alta villa, » nom qui remonte à l'occupation romaine. Quelques bouquets de futaie lui font une ceinture boisée qui ne manque pas d'agréments. Son sol léger est remarquable par sa fertilité; le courage et les soins intelligents des habitants en doublent la fécondité.

Les constructions modernes y frappent agéablement la vue. quelques rues larges et bien percées le sillonnent. Sa place est ornée d'une coquette maison d'école flanquée à quelque pas d'une église mignonne qu'enroule son étroit cimetière. De l'autre côté se remarquent les vastes constructions du pensionnat des Dames de la Compassion où sont élevées plus de cent jeunes filles venues de toutes parts dans cet asile de sévères études et de douce piété.

L'opulence y a aussi son pied à terre. Un grâcieux château y étale son élégante magnificence. Adossé à la principale rue, il présente sa face méridionale à de vastes jardins bien plantés et à une longue et large avenue de tilleuls séculaires qui étendent de chaque côté leurs robustes rameaux et vont se perdre dans l'épaisseur d'un bois fortement ombragé.

Plusieurs routes traversent ce village, et de quelque côté qu'on les suive, on est frappé de leur gracieuse direction. Tantôt rectilignes, tantôt obéissant aux courbes les mieux dessinées, elles sont comme les allées d'un vaste parc, tracées de mains de maître...

Au XIIe siècle, Hauteville était un hameau de Lattre. Il possédait une petite chapelle assez fréquentée comme pèlerinage à saint Christophe.

Le sire Jehan de Hauteville est inscrit comme créancier du comte d'Artois, dans une déclaration de dettes de ce prince, du 1er juillet 1274. Un de ses successeurs du même nom fut tué à la bataille d'Azincourt. (Harbaville, Godefroy, invent. chron., tom. I).

Vers 1340, les seigneurs de Fosseux était possesseurs d'Hauteville. Son châtelain était Jean de Fosseux, deuxième du nom, fils de François Ier, gouverneur d'Artois. Jean III de Fosseux, puis Jean IV lui succédèrent. Jeanne de Fosseux, fille ainée de ce dernier, porta ce domaine en mariage à Jean de Montmorency. Pendant six générations, la seigneurie d'Hauteville resta dans cette noble maison.

Christophe d'Assonleville, conseiller au conseil de Malines, Baron de Boucault, qui était de la cour et du conseil des archiducs et vivait à la fin du XVIe siècle, etait seigneur d'Hauteville par succession de sa mère (une Montmorency). Il érigea la cure d'Hauteville avec l'assentiment de l'évêque d'Arras, Mathieu Moulard, en 1585, sous le vocable de saint Christophe. Sa fille Marguerite, fut alliée à Jérôme Gaspard de France, petit-fils de Jérôme, acquéreur de la terre de Noyelle-Vion.

La seigneurie d'Hauteville resta dans la maison de France jusqu'en l'année 1724, que Charles-Louis de Thieulaine, écuyer, seigneur de Neuville, conseiller au conseil d'Artois, l'acheta à Guillaume-Alexandre de France, moyennant 75,000 livres. Ses descendants l'ont toujours possédée jusqu'au décès de Madame de Thieulaine, fille du général de Saint-Paul, morte il y a peu d'années, dans son antique manoir.

M. Harbaville nous a conservé les émouvants détails de la délivrance du dernier Thieulaine, au moment de porter sa tête sur les échafauds de la Terreur.

M. Jennequin, longtemps curé d'Hauteville fonda, en 1825, le pensionnat de demoiselles qui parvint, entre ses mains, à une popularité dont on voit peu d'exemples, et qu'il céda, accablé d'ans, à la communauté de la compassion de Saint-Denis.

Les incendies de 1874, ont valu à Hauteville une regrettable célébrité.

HOUVIN-HOUVIGNEUL.

De Hova; Houve, métairie.

Histoire. — Ces deux villages sont réunis et n'en forment en réalité qu'un seul. Déjà en 1200, ils constituaient une seule paroisse. Oston de Houvin était l'an 1200 témoin de la charte d'Étrée-sur-Canche. (Harbaville.)

L'abbaye de Saint Crespin en chaye les Soissons possédait une seigneurie à Houvin. Elle avait la collation de son église ainsi que celle de la chapelle d'Houvigneul dediée à saint Denis (Pouillé du dioc. de Boulogne). Au mois de décembre 1287, le comte de Saint-Pol, Guy de Chatillon, accorde à ce monastère « le sang, le banc, le larron et toutes les autres choses qui appartiennent et peuvent appartenir à basse justice » (le P. Ignace mss.).

Philippe de Saveuse l'un des barons les plus influents de la province au xv⁰ siècle était seigneur d'Houvin en 1450. La famille de la Dienné possédait Houvigneul et s'y maintint jusque dans le cours du xvii⁰ siècle.

Parmi les seigneurs qui s'y succédèrent nous trouvons Guérard bourgeois d'Arras dont le père était échevin de cette ville : Les sieurs du Petit Cambray, 1681, De Bournel marquis de Nampse, pair, baron et châtelain de Monchy-Cayeux, Souich etc. (1683.)

Philippe le Carlier sieur de Mestz et le sergent d'Hendecourt. En 1789, le seigneur était M. Guérard d'Houvin.

L'abbé et les religieux de Saint-Crespin ont toujours été les coseigneurs de ces personnages. Un long et célèbre procès eut lieu en 1749 entre les sieurs d'Hendecourt et l'abbaye à propos des droits seigneuriaux de l'église. Le seigneur séculier avait fait disparaitre les armoiries de l'abbaye qui décoraient les verrières du choeur d'Houvigneul et prétendait à des honneurs sans partage. (le P. Ignace.)

A cette époque la famille de Robert Damiens le régicide, résidait à Houvin, où elle occupait une belle position dans l'agriculture et jouissait d'une grande considération. Le crime de Robert lui fit changer son nom. Nous avons retrouvé dans les registres de catholicité plusieurs Robert Damiens. Leur sépulture est dans l'église d'Houvigneul, côté de l'épître, avec leurs armoiries.

Le marquis de Hamel Belenglise qui avait reconstruit le château d'Houvin s'y est éteint il y a peu d'années à quatre-vingt-quinze ans. Sa belle-mère l'avait précédé dans la tombe agée de cent-un ans.

Archéologie. — Houvin possède une église de la fin du xvi{{e}} siècle. Sa tour et ses contreforts présentent quelques sculptures de l'époque.

Celle d'Houvigneul date du siècle dernier. Elle est remarquable par un beau souterrain refuge encore accessible et le mieux conservé de la contrée.

Une vieille croix de grès (1697) se voit à l'entrée du village vers Moncheaux. La ferme Flahaut dont elle dépend renferme quelques vieux grés bien ouvragés, entr'autres une voûte monolithe qui recouvre un cabinet.

IVERGNY.

Ivriacum, xiie siècle.
Ivergni, (Harbaville).
Ireneias, M. Leglay, donation de Gérard évêque de Cambrai en 1030, (Harbaville mémorial hist.)
Iverni, (Harbaville).

Le nom de ce village qui était contigu à la voie romaine de Thièvres à Saint-Pol et à Thérouanne, paraitrait dit Harbaville, indiquer un cantonnement ou un quartier d'hiver. Il faisait partie de la sénéchaussée de Saint-Pol et pour autre fraction du bailliage d'Avesnes-le-Comte. (Puits artésien.)

L'abbaye de Saint-Michel de Doullens avait une dime sur Ivergny. En 1274, l'abbé de Saint-André-au-Bois y ajouta une autre dime. (Delgove hist, de Doullens, p. 290.)

Le sire d'Ivergny, écuyer, fut de l'expédition d'Oisy en 1254, lors du siège de cette place (Harbaville).

En 1415 deux jours avant la bataille d'Azincourt, une partie de l'armée anglaise s'y était cantonnée. (M. Delgove, p, 69.)

La famille de Tramecourt a possédé ce village au xve siècle. En 1437, Guillaume de Tramecourt en était le seigneur. Plus tard la terre passa dans la maison de Venant de Famechon. Jérome de Venant la possédait dès le xviie siècle. Elle resta dans la famille jusqu'à la Révolution.

Il y eût à Ivergny une petite abbaye compose de sept religieux, dépendant et en quelque sorte annexe de l'abbaye ou mieux du prieuré de Ligny-sur-Canche. Ce petit établissement situé rue de la Tour est toujours de tradition dans le pays, bien qu'il n'eut pas une longue durée. Le prieuré de Ligny possédait quelques biens dans le village et revendiquait une partie de la seigneurie, s'appuyant sur des lettres de 1311, 1477 et 1620. Il fut débouté par le conseil du roi nonobstant l'intervention de l'abbaye de Saint-Martin-des-Champs à Paris qui avait la collation de ce prieuré. (le P. Ignace mss.)

La justice y était exérée par les officiers du seigneur. (id.)

L'église d'Ivergny fut reconstruite à neuf en 1730. Le séminaire d'Amiens et le prieuré de Ligny décimateurs donnèrent huit cents livres pour le choeur. La nef et le reste furent bâtis aux dépens des habitants et du revenu de l'église. (id. mss.)

LATTRE-SAINT-QUENTIN.

Nigella in atrio, vie siècle (Harbaville).
Atrium-Quintini vie siècle (Harbaville).

Saint-Quentin en est le patron. Un vaste cimetière l'*Atrium*, la place d'entrée, le vestibule de l'autre vie a donné son nom au village. On voit dans les archives de la commune une mention du vieux cimetière qu'on n'a jamais pu découvrir bien qu'on ait rencontré çà et là, en dehors de Lattre, des sépultures très-anciennes. Une vieille tradition du pays veut que Lattre ait été dans les temps anciens la nécropole des villages d'alentour.

Les habitations de cette commune sont groupées sur une colline qui s'élève de la petite rivière du Gy vers le sud, à proximité de ses anciennes annexes; Hauteville, Noyelles et Noyelette. Ces dernières qui étaient des hameaux à l'origine, existaient à l'époque de l'occupation romaine. Lattre remonte à cette date et son nom seul en serait la preuve.

Nous trouvons en 1234 l'*impignoration* pour neuf ans des dîmes de Noyelles en Lattre, Noyelles Vion et Avesnes-le-Comte moyennant 500 livres parisis. (Fanien. Hist. du Chap. d'Arras p. 194.)

C'est au chevalier Albéric Douchet que fût achetée la dîme de Lattre. Elle était partagée par égale portion entre le Chapitre d'Arras et l'abbaye d'Anchin, Le Chapitre en laissait la moitié au curé. (le P. Ignace, mss.)

Un membre du Chapitre d'Arras était chargé de desservir la paroisse. Il y avait la prébende entière qui était égale au gros d'un chanoine d'Arras. Plus tard le titulaire se fit remplacer par un prêtre à gages qui desservait la cure et remplissait les fonctions curiales.

La collation de l'église était au Chapitre d'Arras Dans la campagne de 1710 les lignes retranchés de l'armée française coupaient le territoire de ce village.

Vers l'an 1750, Damiens sieur de Révillon, chanoine d'Arras, fonda à Lattre une école pour les filles dont il confia la direction à deux sœurs de la communauté des orphelins d'Armentières, leur chapelle était dédiée à sainte Élizabeth. On voit encore aujourd'hui une partie de cet établissement enclavée dans une propriété vis-à-vis l'église. (Le P. Ignace mss.)

Archéologie. — L'église est de construction moderne, la tour est ancienne et porte le cachet du XIIIe siècle. Elle était solide encore bien que battue depuis plus de six cents ans par la fureur des éléments. On vient de lui accorder une belle restauration.

On voit dans l'église quelques anciens tableaux d'un grand mérite.

Lattre possède quelques hameaux, Jérusalem au sud-est, Belavesnes et Filescamps vers le nord. Le premier est moderne et peu important.

BELAVESNES.

Deux grandes exploitations agricoles avec un bel entourage de prairies et quelques bouquets de bois constituaient ce hameau, il doit son nom à son heureuse situation et peut-être à sa fondation par quelques colons avesnois. Son origine est fort ancienne. L'abbaye d'Anchin, le Chapitre d'Arras les couvents des Augustines et des Louez-Dieu s'en partageaient la possession.

FILESCAMPS.

Entre Belavesnes et Hermaville se voit l'importante ferme de Filescamps. Ce domaine fut donné à l'abbaye de Mont-Saint-Eloy sous l'abbé Asson de Coupigny. C'est la plus grande exploitation de la contrée. Un vaste souterrain refuge y est encore accessible.

LE SOUICH

Souche.
Sulcus-Sillon. (Harbaville).

Des médailles de Marc Aurèle et de Maximien trouvées dans le sein de la terre rendent plus que probable la possession du sol par les romains. On peut donc affirmer par ce fait l'ancienneté de ce village, son nom, s'il faut en croire la tradition populaire, lui proviendrait d'une prodigieuse souche d'orme appelée l'arbret du Souich. Du sommet de ce géant végétal on appercevait, dit-on, le mont Cassel. La tradition ajoute que des signaux auraient été faits de ces deux points si éloignés.

L'église était sous le patronnage du prieur de Sarton. La dime était partagée entre ce prieur, celui de Lucheux, le collége d'Amiens et le curé. L'autel fut donné en 1094 à l'abbaye de Ham en Artois par l'évêque d'Amiens, Gervin. l'abbé de Ham en était collateur.

En 1707 le gros du bénéfice était de 300 livres. Il était payé au curé par les décimateurs, savoir : le prieur de Framecourt, religieux de l'ordre de Saint-Benoit de l'abbaye de Ham près Lillers, les RR. PP. jésuites de la ville d'Amiens et MM. de la Congrégation de la mission ou du Séminaire de ladite ville. (Notes du curé Jean Huel 1707. Registre de Paroisse).

L'un de ses seigneurs Floridas du Soys fut tué à la bataille d'Azincourt. (Harbaville, Monstrelet chr.)

Pierre du Souich, seigneur de Fovencamp, fils de Pierre et de Françoise d'Azincourt épousa Isabelle de Rubempré. (Le Carpentier p. 971.)

Vers 1515 Guy, seigneur du Souich et de Fovencamp marie sa fille Jeanne d'Estrées à Ambroise de Sarcus seigneur de Courcelles. (Id. p. 362.)

Plus tard la seigneurie de ce lieu passa dans la famille Bournel. En 1683 elle était aux mains de Bournel marquis de

Namps, baron de Monchy-Cayeux, seigneur du Souich. (Collection Godin.)

En 1770 haute et puissante dame Marie de Bournel dame du Souich et de Moncheaux douairière de haut et puissant messire Adrien-Eugène Herman comte d'Hinnisdal etc., loue la ferme du Souich à un sieur Picavet.

Le baron de Saint-Mard possédait la terre du Souich en 1789. (Harbaville). Il la tenait de la baronne de Fumal.

Sa coutume a été rédigée en 1507.

Ses registres de catholicité remontent à 1684.

Archéologie. — Jusqu'à la Révolution le village faisait partie du diocèse d'Amiens. L'église date du XVIe siècle et ne présente rien de remarquable à l'extérieur. Le crosillon qui renferme l'autel du patron Saint-Nicolas, est séparé de l'église par une belle et haute arcade ogivale et montre les restes d'une voûte à nervures de pierres dont les retombées offrent des culs de lampe bien fouillés. Une élégante crédence est sculptée dans le mur méridional avec un art exquis.

Le maître autel est de 1639 et a le cachet de l'époque.

Une voûte en bois existait autrefois dans l'église, sur les grosses poutres qui la soutenaient et qui s'appuient sur les arcades de la nef, plusieurs têtes grimaçantes d'une grande pureté de sculpture ont été sciées dernièrement, on les voit encore dans la sacristie où elles ont été conservées. Elles présentent une grande analogie avec celles qui ornaient l'ancienne église de Camblain-l'Abbé.

A l'entrée du Souich vers la forêt existait une belle chapelle, objet d'un culte suivi et fréquenté, dédiée à N.-D. de Consolation. Détruite en 1793, elle fut relevée vers 1825 par la piété des habitants sous l'administration du pasteur, M. Horin.

Un petit château moderne fut construit dans le XVIIIe siècle par M. Leclément du Souich.

LIENCOURT

Leoni-Cortis.

Hietoire. — Une famille noble possédait la terre de Liencourt et habitait un vaste et beau manoir entouré de travaux de défense. En 1237, Wagon d'Arras chevalier et seigneur d'Achicourt reconnait tenir cette terre en hommage lige du comte d'Artois (Harbaville. — mémor. hist.)

Jean de Beaufort dit le Leu, écuyer, receveur du Hainaut est allié en 1296 à une fille de la maison de Liencourt. (A. Brémont).

Vers 1320 Gérard de Liencourt dit le Harle épouse Marie de Beaufort sixième fille de Pierre de Beauffort dit l'Aveugle.

Arloin de Liencourt vivait en 1380.

Pierre de Liencourt était religieux de Saint-Vaast sons l'abbé Jean Duclerc 1428-1462. (De Cardevacque et Terninck, abbaye de Saint-Vaast).

En 1513 Hector de Liencourt fait une cession de rentes à Jean de Grospré et à Catherine de Beauffort sa femme. (A. Brémont).

La maison de Liencourt s'éteignit, le beau château fut détruit et au xvii° siècle la terre de Liencourt appartenait à M. de Gomiecourt seigneur de Lignereuil. Elle passa plus tard dans la famille de Hamel Belenglise qui la conserva jusqu'à la Révolution.

« Quelques auteurs donnent une origine commune aux maisons de Beanffort et de Liencourt, à cause du port des mêmes armes : d'azur à trois jumelles d'or. Nous croyons que l'alliance de ces deux familles date du mariage de Gérard de Liencourt avec Marie de Beauffort et que le port des armes de Beauffort par les descendants directs de Gérard ne serait que l'exéuution d'une substitution légale imposée par contrat de mariage ou par testament » (A. Bremond, hist. de la maison de Beauffort p. 141.)

Archéoloyie. — Un chateau existait à Liencourt, on ne sait rien sur son origine et sur sa chûte. Il était à l'extrémité méridionale du village adossé à un bois, nous en avons vu quelques belles ruines, ses fossés, sa motte que l'agriculture a nivelés et qui dénotaient un vaste et important établissement.

Non loin du château était une chapelle dédiée à Saint-Pierre. Elle était desservie par les carmes de Lucheux. Chaque dimanche et fête un de ces religieux venait y célébrer l'office divin. Elle était à la collation de l'abbé de Saint-Eloy, (Pouillé de Boulogne.)

En 1862, la commune construisit une église qui fut annexée à la cure du Cauroy récemment créée par Mgr Parisis. En même temps que l'église elle érigea un cimetière.

Autrefois Liencourt était du diocèse de Boulogne et de la paroisse de Berlencout.

LIGNEREUIL

De Lignum-Bois. — Ce village en est presqu'entouré. En 1214, Lignereuil était desservi par le curé de Givenchy, et l'on voit au cartulaire d'Aubigny, que Robert, évêque d'Arras, régla les différends survenus entre l'abbaye de Mont-Saint-Éloy et le curé de Lignereuil. (A. de Cardevacque. Abbaye de Saint-Éloi).

L'abbé de Saint-Éloi avait la collation de la cure. (Ibid.)

Les premiers seigneurs de Lignereuil paraissent avoir été les sires de Beauffort, qui le possédèrent longtemps et le transférèrent par le mariage d'Anne de Beauffort au prince de Croï-Solre.

En 1531, Balderin de Poix, sénéchal de Saint-Pol, en était prossesseur.(Harbaville.Mém. hist.)

Au commencement du xviie siècle, la terre de Lignereuil se retrouvait dans la main de ses anciens seigneurs, car le comte de Solre, gouverneur de Péronne, la vendit à Jacques-Philippe comte de Gomiecourt. La noble famille de Gomiecourt la conserva jusqu'au milieu du xviiie siècle.

Sous les seigneurs de Coupigny qui possédèrent ensuite Lignereuil, le château devint une résidence princière. Les avenues du bois étaient sablées, des fêtes splendides y attiraient la noblesse du pays, une troupe de comédiens y venait donner de brillantes représentations au point que ce luxe inouï compromit la fortune du châtelain. Lignereuil fut revendu à la fin du siècle à la famille de Tramecourt qui le possède encore.

Archéologie. — Le château fut construit, en 1618, par Philippe de Gomiecourt, fils d'Adrien II, et de Philippe de Montmorency. François-Louis Balthazar, son frère et son successeur, y érigea une chapelle pour l'usage de sa maison.

L'église est ancienne, simple : un choeur et une nef. Le clocher fut rebâti en 1614, il était dit d'Oresmieulx, vieux et trèscaduc. Le choeur fut aussi relevé la même année par l'abbé de Saint-Éloy, Mre M. Duquesnoy. C'est au bas du choeur que se trouvela sépulture de la famille de Gomiecourt.

Marie-Étienne de Noyelles, comtesse douairière de Gomiecourt, morte au château de Lignereuil, voulût être inhumée dans l'église, près le coeur de son mari, Jacques-Philippe de Gomiecourt.

On voit sur sa pierre tombale les quartiers suivants :

Noyelles.	Noyelles.
Courrières.	Luxembourg.
Boeslaër.	Lille.
Carkiels.	Lionne.
Chirmers.	Gand et Vilain.
Lannoy.	Stavèle.
Vandafay.	Jausse.
Bassaux.	Lannoy.

François-Louis Balthazar, chevalier, comte de Gomiecourt, marquis de Maizières, vicomte de Sovesnes, baron de Lagnicourt, seigneur de Lignereuil, Hénin-sur-Cojeul, Neuvireuil, Erlencourt, le Plouich, Cuinchy-le-Haut, etc. marié à Anne-Joseph de Léon, espagnole, capitaine de cavalerie au service du roi de France, député de la noblesse d'Artois, mort à Bouchain, le 25 mars 1635, fut inhumé à Lignereuil près de sa mère.

Sur le marbre blanc qui recouvrait sa tombe on voyait ses quartiers d'armoiries :

Gomiecourt.	Léon.
Montmorency.	Ribera.
Gand et Vilain.	Menese.
Mérodes.	Castro.
Noyelles.	Cunchy.
Du Chatel.	Sacquespée.
Noyelles.	Bacquehem.
Gand.	Bethancourt.
Vilain.	

Son fils Louis-Joseph Baltazar de Gomiecourt, né le 13 août 1678, passa au service de l'Espagne et y fut comblé d'honneurs et de dignités. Il vint en 1735, fixer sa résidence d'été au château de Lignereuil et y perdit sa fille ainée vers la fin de juin, et il la fit déposer dans le tombeau de ses nobles ayeux. (Le P. Ignace. Mss.)

MAGNICOURT-SUR-CANCHE

Magnicourt en 1200 (Harbaville).
Maingcort.
Maingncort.
Maignicourt.

Son nom signifie Grand-Domaine. On lui donna la qualification de Magnicourt-sur-Canche pour le distinguer de Magnicourt-en-Comté ; c'est là, en effet, que sont les sources de la Canche. Ce village faisait anciennement partie du diocèse de Boulogne, à part neuf maisons qui dépendaient de l'évêché d'Arras. Les chevaliers de Saint-Jean de Jérusalem le possédaient en partie. En 1376, il entra dans la dot de Jeanne de Châtillon, comtesse de Saint-Pol. (Harbaville, Turpin, Hist. des comtes de Saint-Pol).

L'abbaye d'Etrun eut dans la suite la possession de Magnicourt. La terre et les bois appartenant à Alelme d'Arras et à son frère Gérard, lui avaient été donnés par ces derniers. (Charte de Robert, évêque d'Arras).

Hector de Magnicourt, seigneur de Verchin-en-Ternois, fut tué à la bataille d'Azincourt où il avait été fait chevalier. Son fils fût Jehan de Verchin.

M. Petit, fermier à Magnicourt, fut nommé député aux Etats généraux, par le Tiers-État et fut de l'Assemblée constituante. Il mourût au château de Maizières, vers 1845, dans un âge très avancé.

Un autre membre de cette famille, M. Jean-Baptiste Petit, fut élu représentant du peuple, en 1848, par le département du Pas-de-Calais. Il se retira à Magnicourt où il mourût en 1862. Il avait été créé chevalier de la légion-d'honneur.

En 1795, Magnicourt était chef-lieu de canton.

Archéologie.—L'église, entourée du cimetière, est placée à mi-côte sur un petit plateau. Elle est du XVI° siècle, le bas de la maçonnerie est en damier de grès et de silex. Une seule fenêtre ogivale est restée au chœur. Les autres ont été rétablies avec les murs dans un style moderne. Le chœur présente une voûte en pierres à nervures, dont les arceaux se réunissent et se terminent dans le milieu par un cul-de-lampe. Cet ornement qui a disparu était sans doute sculpté aux armes de l'abbaye d'Étrun. Plusieurs pierres tombales mutilées, sans doute en 1793, conservent le souvenir de quelques baillis ou lieutenants du nobles du monastère. On y remarque aussi au milieu de la nef et vis à vis les portes d'entrée un bénitier en grès monolithe, avec un soubassement octogone de même matière, et de près d'un mètre d'élévation. Un bel autel en pierre de forme gothique et dédié à Saint-Vaast, patron de l'église, est orné de quelques bas reliefs représentant quelques épisodes de la vie du saint Pontife.

Un souterrain-refuge existe au voisinage de l'église. On y remarque encore en divers endroits les traces que le feu et la fumée ont laissées sur les murailles et çà et là quelques dessins d'instruments aratoires gravés sur la pierre. Il n'est plus accessible que dans une courte étendue.

MANIN

Manerium, manoir (Harbaville).
Mansum, manoir (Harbaville).

Ce village, comme la plupart de ceux de la contrée, remonte à l'époque de la domination romaine. En perçant une marnière, les ouvriers découvrirent, à deux mètres de profondeur, une grande lampe en fer doré, de cette époque, et comme toujours, ils s'empressèrent de la briser.

En 765, le pape Grégoire III, par un privilége spécial, confère la possession de Manin à l'abbaye de Saint-Vaast. Une charte de Charles-le-Chauve, de 886, en contient la confirmation. (A. de Cardevacque et Terninck, Histoire de l'abbaye de Saint-Vaast).

L'abbaye des dames nobles d'Étrun, avait sur son territoire de vastes possessions, et la principale seigneurie du lieu. Vers 1100, une dame de Manin, nommée Adèle, donnait à l'abbaye d'Étrun le quart du village, tant en terre qu'en bois. (Charte de Robert, évêque d'Arras). Une autre seigneurie mouvante de Givenchy, dès 1272, était séculière. Nous la trouvons dans la maison de Boffles qui avait aussi celle d'Ambrines. Philippe de Boffles recréanta sa bourgeoisie à Arras, paroisse Notre-Dame, le 22 mars 1477.

En 1558, le seigneur de Manin fit construire une tour héxagonale à trois étages voûtés et superposés et terminée par un beffroi en bois où était établi le guet en temps de guerre. Elle communiquait avec un souterrain-refuge et dans les temps difficiles, les habitants s'y retiraient avec leurs objets précieux. Cette tour, dont les murs avaient cinq pieds d'épaisseur, était percée de fenêtres ou meurtrières et entourée de fossés. Elle résista à l'attaque des Français, en 1635. Les gens du village s'y défendirent et y trouvèrent leur salut.

Elle fut leur sauvegarde en maintes autres occasions. Les alliés, en 1711, enlevèrent le plomb qui la recouvrait et on y substitua une couverture en pierres bleues. (Puits artésien. Le P. Ignace, mss.)

La terre de Manin passa en 1600, par le mariage d'une dame de Boffles, dans la famille de Hamel, qui l'occupa de père en fils jusqu'à la fin du xviiie siècle. Plusieurs de ces nobles personnages sont inhumés dans l'église. On y voyait des pierres tombales avec les armoiries de Boffles et de Hamel qu'on retrouvait aussi aux verrières.

Dans la collection Godin, nous voyons la copie de l'inscription suivante, avec les armoiries des de Hamel et des des Fontaines :

ICY GISSENT

Les corps des nobles Personnes Charles de Hamel, Ecuyer seigneur de Manin Etc. Lequel décéda le 24 janvier 1658 Agé de 47 ans et sa compagne Dame Antoinette des Fontaines décédée le 24 janvier 1691 agée de 71 ans. En leur mémoire leur fils Dom Louis De Hamel Religieux de St Vaast d'Arras fit faire ce marbre le 27 d'Avril 1707. Priez Dieu pour leurs ames Requiescant in pace.

Dans l'église le ban du seigneur se trouvait d'un côté, de l'autre était celui des dames d'Étrun.

La cloche n'avait point d'armoiries. Un crucifix y était gravé en saillie et autour de la cloche on lisait l'inscription suivante :

« Je fus faite du temps de Pierre du Chère, écuyer, sieur de Beavvais et de demoiselle Antoinette Boulanger, sa compagne, dame de Manin, et de dame Marguerite de la Chapelle, abbesse d'Étrun, et refondue du temps de Charles-François de Hamel, écuyer, sieur dudit Manin et de dame Marie-Jacqueline de Mullet son épouse et de dame Marie-Marguerite de Tramecourt abbesse d'Étrun. » (Collection Godin).

Après l'extinction des sires de Hamel, la seigneurie de Manin fut acquise par la famille de Richoufftz qui la possède encore. Une ancienne illustration était attachée à cette noble maison dont les membres s'étaient distingués en Italie, dans les guerres de François Ier, puis en France à la Fère et à Saint-Quentin, et dont le chef avait commandé sous Louis XIV, les provinces de Flandre et d'Artois, en qualité de maréchal de camp d'artillerie.

Le seigneur de Richoufftz de Manin, avait son siége aux États de la province d'Artois.

M. Frédéric de Richoufftz, de Manin, representa le canton d'Avesnes-le-Comte au Conseil général du Pas-de-Calais, de 1848 à 1869. Son fils est aujourd'hui son digne continuateur.

Une célèbre confrérie de Saint-Hubert fût érigée à Manin, dans le cours du XVIIIe siècle, et ne tarda pas à compter dans ses affiliés toute l'élite du pays, la noblesse, le clergé et les hommes notables. Son établissement eut lieu à la suite de quelques accidents déterminés sur les gens de la contrée par des chiens et des loups atteints d'hydrophobie. (Registre de Catholicité). On comprend qu'elle prit fin avec toutes les institutions religieuses dans les dernières années de ce même siècle. Ses registres reposent encore aux archives de la fabrique.

Vers 1835, M. Deligne fonda à Manin une usine pour la fabrication du sucre de betteraves, qui fonctionna assez longtemps. Le succès ne répondit pas à ses efforts et la fabrique dût, comme beaucoup d'autres, succomber aux difficultés de l'industrie.

MONDICOURT

Mondricourt.
Moderici-Cortis, IXe siècle.
Mondri-Cortis.

En 1138, la cure dépendait du prieuré de Pas. (Harbaville). Au dire du P. Ignace, l'église ou la chapelle Notre-Dame construite sur l'emplacement du cimetière aurait été affectée à la paroisse de Mondicourt qni n'aurait eu que plus tard son église au centre du village. Cette dépendance parait s'être perpétuée jusqu'à la fin du siècle dernier, car le curé de Pas y a toujours joui d'une branche de dîme consistant en une gerbe sur sept. (L. P. Ignace, mss.)

Adam de Mondicourt fut témoin de la donation de Bauduin de Pas aux sœurs converses de Soncamps, en 1250. (Parenty. Hist. de sainte Bertille).

Aux XVIIe et XVIIIe siècles, la famille de Beauffort était en possession de Mondicourt, sauf une partie qui appartenait aux chevaliers de Malte.

La seigneurie fut acquise le 25 septembre 1612, par messire Gilles de Beaufort, écuyer, capitaine des chevaux au service du roi d'Espagne.

Des lettres patentes royales de 1735, concèdent le titre de marquis, assis sur la terre seigneuriale de Mondicourt, à messire Charles Antoine de Beauffort. Cette terre fut confisquée comme bien d'émigrés à la Révolution et vendue nationalement.

Plusieurs seigneurs de cette famille furent inhumés dans l'église de Mondicourt. Le coeur de Gilles de Beauffort y fut déposé en 1639.

Louis-Alexandre de Beauffort, marquis de Beauffort et de Mondicourt construisit, en 1754, l'hôtel de Beauffort, à Arras, et le vendit vingt ans après à l'abbaye de Saint-Vaast. Cet hôtel devenu le palais abbatial fut, sous la terreur, un lieu de détention, plus tard le palais de la subdivision, et depuis 1824, il est le collége d'Arras.

Mondicourt est connu du monde entier, grâce à l'industrie spéciale du chocolat, qu'un de ses plus intelligents habitants a menée à un degré de supériorité exceptionnel. M. Ibled dirige toujours son usine avec distinction. Une station du chemin de fer d'Arras à Doullens y est établie.

La fortune semble avoir touché, comme une fée, de son aile d'or, cet heureux village. Un laborieux négociant, M. Leroy, longtemps maire de Mondicourt dut, à d'heureuses spéculations de bourse, une opulence dont on voit peu d'exemples.

NOYELLE-VION.

Nigella Guidonis ou Wuidonis, (Harbaville).
Noïele.

Histoire. — Noyelle remonte à une haute ancienneté. Son nom latin pourrait être considéré comme une date, mais outre cela, nous y retrouvons l'emplacement d'un camp romain (Terninck. Atrebatie.) un four de potier romain Bulletin de la Commission des monuments hist.) des sépultures avec des poteries semblables à celles des tombeaux d'Avesnes et qui remontent aussi a l'époque gallo-romaine.

Simple hameau à l'origine, Noyelle s'aggrandit peu à peu et fut séparé de Lattre pour former un centre à part.

Une famille seigneuriale existait à Noyelle vers 1100. Nous voyons à cette date le mariage de Bouchard baron de Beaufort avec Marguerite de Noyelles-Wion. N'ayant eu de leur union qu'une fille nommee Jeanne, ils la donnèrent vers 1125 à Guy de Thouars à la condition de relever les noms et les armes de Beaufort et de Noyelles-Wion. Cette dernière seigneurie fut l'apanage de l'une des premières branches de la maison de Beaufort qui en prit le nom. Guy fit partie de la seconde croisade et accompagna à la terre sainte le roi Louis VII. Il est mentionné dans une charte de l'abbaye de saint-Jouin de Marnes de l'an 1139 (A. Brémond.)

En 1119 le seigneur de Noyelles fit don de ses alleux sur ce territoire à l'abbaye de Mont-Saint-Éloi. (Harbaville Mém. h.)

Cette terre était une ancienne baronnie, et son possesseur un puissant seigneur. « En Artois les barons tenaient un rang considérable et l'on pouvait citer au nombre des plus éminents le baron de Noyelles-Wion. (Tailliar p. 186.)

Jehan de Noyelles accompagnait Robert comte d'Artois à la Croisade. (A. Brémond p. 12.)

Le sire de Noyelles-Wion figure comme pair aux plaids du comte d'Artois en 1285 et 1286 (Harbaville. Godefroy).

Baudouin de Noyelles deuxième du nom, seigneur de Gouy, d'Estrayelles et de Tillolley, conseiller et chambellan du duc de Bourgogne, gouverneur, bailly et maître des eaux et forêts de Péronne, Montdidier et Roye portait le surnom de blanc chevalier. Il était au siège d'Arras en 1414 avec soixante-neuf payes ou soldats soudoyés (A. Brémond, Hennebert, Monstrelet.)

Jean son fils fut fait prisonnier à la bataille d'Azincourt en même temps que lui (Hennebert) on les retrouve combattant à Mons en Vimeu en 1421 (Harbaville.)

Baudouin III, fils de Jean autrement dit Baudot de Noyelles fut aussi un des vaillants capitaines de son temps Il fut conseiller et chambelan de Philippe-le-Bon duc de Bourgogne gouverneur de Péronne Montdidier et Roye. Il fut créé chevalier en 1429 et chevalier de la Toison d'Or en 1433 par Philippe-le-Bon, (A. Bremond, p. 179, il mourut vers 1463.

Charles son fils eut deux deux filles. L'une Hélène de Noyelles épousa Gilles Creton dit Raimbaud seigneur d'Estourmel. Leurs filles furent chanoinesses du noble Chapître de Nivelles. Deux fils d'Hélène continuèrent la descendance.

Noyelles était eu 1501 à Artus de Bellin, (Harbaville) puis la terre passa dans la famille de Mortemart Rochechouart et peu après dans la famille de France.

Jérome de France qui en fut l'acquéreur substitua cette seigneurie par testament de 1576 en faveur de son petit-fils Gaspard Jérome de France baron de Boucault. Celui-ci épousa Marguerite d'Assonleville. Ils substituèrent leurs biens jusqu'à la troisième génération par leur testament du 18 août 1650. Ils laissèrent plus de deux cent mille écus de meubles et d'acquets que leurs enfants ont hérités sous certaines charges.

Renom de France leur fils ainé, président du conseil d'Artois à qui la terre de Sars était échue, l'échangea contre celle de Noyelle-Vion qui avait été assignée à son frère puîné Jérome Antoine.

Guillaume Alexandre de France devenu marquis de Noyelle par lettres patentes du roi Louis XIV, seigneur d'Hauteville, baron de Vaux fut en 1709 député en cour par la noblesse des états d'Artois. Il mourut à Arras le 9 juin 1736 et fut inhumé à

Vaux près Bapaume. Son fils aîné lui succéda. Il était dès 1708 page à la grande écurie du roi. En 1743, il maria son fils aîné qui portait le nom de comte d'Hezecques, du chef de sa mère, à Marie Louise Françoise de Mailly. Sa femme la marquise de Noyelles fut inhumée à Noyelle-Vion.

La famille de France conserva sa seigneurie de Noyelle jusqu'à la Révolution. L'un de ses membres Charles de France, chanoine d'Arras connu sous le nom de l'abbé de Vincly périt sur l'échafaud révolutionnaire.

Noyelle a donné aux armées de Napoléon Ier deux braves officiers MM. Blasart et Roussel, et à l'Église deux dignitaires MM. Lemaire, dont l'un fut chanoine d'Arras et l'autre prieur des Carmes de Lucheux.

Noyelle eut sa coutume particulière en 1507.

Archéologie. — Noyelle possédait un château-fort dont l'origine se perd dans les temps anciens. Il fut détruit en 1522 par le duc de Vendôme, le grand destructeur des forteresses de la contrée (Harbavilie). Sa motte et ses fossés se voient encore ainsi que quelques travaux d'art souterrains.

Son église remontait à une époque reculée. On la citait en 1601 comme une des plus anciennes du pays. Elle avait trois nefs, était basse et obscure et d'une architecture romane. Le clocher situé entre le chœur et la nef du milieu était porté par quatre piliers massifs. En 1668 la foudre tomba sur cette tour et lui causa de fortes avaries. On s'efforça de restaurer l'édifice, car ce ne fut qu'en 1739 que, par les soins de M. Magnier curé du lieu, elle fut relevée de fond en comble.

L'église avait deux cloches dont l'une était le don pieux du seigneur, président du Conseil d'Artois. Son portrait ornait la verrière absidale. Il était vêtu d'une robe noire, le col entouré d'une fraise et la tête couverte d'une calotte noire. A côté était sa femme aussi à genoux avec la fraise et une coiffure blanche semblable à celle des dames de l'abbaye d'Avesnes, c'est-à-dire le linge empesé surmonté du voile de satin noir. (Le P. Ignace, mss.)

« Il y avait anciennement à Noyelles un Chapitre c'est-à-dire un collége de clercs appelés depuis chanoines, C'étaient des

« ecclésiastiques qui desservaient la chapelle du château selon
« l'usage observé pour les seigneurs des principales terres. On
« transporta ensuite le service divin de ces clercs en l'église
paroissiale. *(Le P. Ignace, ibid.)*

Puis le titulaire de la cure fut un chanoine d'Arras. Mais lorsqueles conciles ordonnèrent aux chanoines de renoncer aux cures dont ils étaient investis, le Chapître y nomma un autre prêtre à qui on abandonna la moitié de la prébende de la Chapelle Saint-Antoine.

Cette chapelle s'élevait à l'extrémité du village sur le chemin de Lattre. Sa prébende qui était le gros d'un canonicat d'Arras devint pour moitié la possession du curé de Noyelles, l'autre moitié fut affectée à la cure d'Hauteville. Un pélerinage y était établi d'ancienne date et les nombreux marchands qui se réunissaient sur la place de la chapelle donnaient au pélerinage l'animation d'une belle fête. La tourmente de 93 fit disparaître l'antique chapelle,

---

NOYELETTE-EN-L'EAU.

Nigella in aquès.

L'origine de Noyelette est romaine comme celle de ses homonimes. Un cimetière de l'époque y a été retrouvé près de la maison de M. Delambre et dans le chemin qui y descend.

En 1050 Beaudoin de Bretagne a vendu au Chapître d'Arras tous ses alleux de Noyelette-en-l'eau savoir vingt quatre mencaudées, un hommage de sept sous six deniers, quarante-trois sols Parisis de rente, vingt-quatre chapons, deux poules, quatorze pains de trois au boisseau etc. etc. (M. Fanien. Hist. du Chapître p. 195.) M. Harbaville, constate que le Chapître y avait des propriété dès 1183.

Nicolas de Noyelette, fils du seigneur de ce lieu fût abbé de

Saint-Éloi (1364-1388.) Son monastère y possèdait le fief seigneurial de Cercamp, les censives et droits seigneuriaux 220 liv (De Cardevacque. Abbaye de Saint-Éloi.)

Plus tard la maison d'Habarcq est en possession de la seigneurie de Noyelette, qui passa par le mariage de Marie d'Habarcq à Gilles de Lens (1) Marie de Lens alliée à Charles comte d'Egmont la lui porte en dot. Elle resta dans la famille car elle est dénombrée en 1775 par Casimir d'Egmont-Pignatelli duc de Gueldres et de Juliers etc (Archives d'Avesnes.)

Comme Manin, Noyelette eut vers 1836 une fabriqne de sucre. Mais l'organisation de ces usines à cette époque leur fut néfaste, et elle dût succomber comme les autres du voisinage.

Noyelettes a toujours été annexe de Lattre. Une chapelle dédiée à Saint-Pierre était desservie par le curé de Lattre qui venait y célébrer l'office divin les dimanches et fêtes. La chapelle a été remplacée au siècle dernier par une église.

POMMERA

Pomarium Verger,
Pumeras XII° siècle.
Sainte-Marguerite.

Les celtes paraissent avoir eu un établissement en ces lieux. On peut encore en constater les vestiges dans une fosse spacieuse creusée dans le bois (Harbaville).

D'autres découvertes signalent sur son territoire un camp romain non loin du village (id. mém. hist.)

Pommera devint une seigneurie Pairie dépendant de la châ-

---

(1) « Messire Gilles de Lens, chevalier, Baron d'Aubigny, pour sa terre
» et seigneurie de Noyellette en l'eau qui *jadis fût à Florent de*
» *Bretaigne*, qu'il tient en fief des archiducs à cause de leur château
» d'Avesnes-le-Comte...... etc. (Archives d'Avesnes, Grand Terrier de
» 1613 n° 1457.)

ellenie de **Pas** et médiatement du comté de Saint-Pol. (Turpin). Un titre de l'an 1200 assigne la septième gerbe de dîme de **Pommera** au prieur de Pas. (Le P. Ignace mss.)

Une cense ou ferme de Pommera avait pris le nom de Sainte Marguerite parce qu'une statue de cette sainte y avait été placée soit dans une niche, ou contre un arbre, ou dans une petite chapelle. La pieuse vénération qui y était attachée dans le pays et la confiance qu'elle inspirait aux femmes enceintes qui allaient ou qui envoyaient prier aux pieds de cette image, y déterminèrent l'érection d'une plus vaste chapelle. Celle-ci devint un lieu de pélerinage et Pommera prit le nom de sa patronne au point qu'il ne fut plus connu que sous la dénomination de Sainte-Marguerite. (Le P. Ignace, Mss.)

L'an 1445, le comte de Saint-Pol Louis de Luxembourg aliéna Pommera avec d'autres terres. (Le P. Ignace.)

Charles de Croy, prince de Chimay et Marie de Brimeu, son épouse, cédèrent la seigneurie en 1585, à Antoine Belvallet, seigneur de Belacourt et de Cuvigny. Elle passa par mariage de Philippine de Belvallet, dame de Pommera, à Robert de la Motte, seigneur de Beauregard. L'aîné de ses trois fils, Philippe de la Motte, fut seigneur de Pommera. Plusieurs de ces nobles personnages furent inhumés dans son église. (Le P. Ignace).

M. Cunchy de Fleuri, par son mariage avec une des filles De La Motte, devint titulaire de la seigneurie de Pommera, qu'il vendit, en 1772, à M. de Beugny de Bondus.

Le duc de Bisaccia qui venait de faire séjour avec son parent le comte d'Egmont à Habarcq et partait pour l'Italie, fut frappé d'apoplexie à Pommera, et y mourut vers 1725. (Le P Ignace, mss.)

En 1789, M. Louis-Nicolas-Xavier de Pommera, fils de l'acquéreur, en était propriétaire.

Pommera-Sainte-Marguerite était aussi la paisible et douce villégiature de l'excellent Harbaville, notre maître à tous dans la commission des monuments historiques dont il était la lumière et le chef vénéré. Il tenait cette propriété de sa femme Mademoiselle de Beugny de Pommera.

Archéologie. — L'an 1632, le clocher de l'église fut construit à neuf, et l'on signale l'aggrandissement de l'église à cause de l'accroissement de la population et de l'extension du pélerinage par ou pour les femmes enceintes. Harbaville signale une moderne et belle église à trois nefs, détruite pendant la Révolution.

Après le rétablissement du culte, Pommera fnt annexe de Mondicourt et se trouva réduit à une fort modeste chapelle. Depuis quelques années la cure est rétablie et une belle église a été relevée par la munificence des habitants.

GRENA

Granarium.

A Pommera les fruits, à Grena les grains! Ce hameau a du être un pays de fertile culture. Il fut une seigneurie pairie du comté de Saint-Pol et fut aliéné, en 1445, comme Pommera.

« La seigneurie de Grena était anciennement en la maison des
» Wattines d'où elle est sortie en 1500, par le mariage d'une
» fille de ce nom avec un seigneur de la famille de Coupigny.
» Les descendants l'ont possédée jusqu'à la paix d'Utrech, c'est-
» à-dire vers l'an 1716, que Coupigny, seigneur de Hénu, l'a
» vendue à François-Joseph de Beauvoir, seigneur de Séricourt,
» conseiller au conseil d'Artois. » (Le P. Ignace).

Le 13 décembre 1870, 23 uhlans prussiens visitèrent la commune de Pommera.

Le 4 janvier 1871 eut lieu le passage d'un convoi chargé de réquisitions, escorté par trois cents cavaliers ou fantassins se dirigeant sur Doullens. (A. de Cardevacque, Histoire de l'invasion allemande, p. 132).

REBREUVE-SUR-CANCHE

Rebroviæ.
Arbroviæ.

Histoire. - L'abbaye d'Arrouaise avait, en 1124, à Rebreuve, une métairie tenue par des soeurs converses. En 1137, Milon, évêque de Thérouanne, accorde à Gervais, premier abbé d'Arrouaise, un oratoire et un cimetière dans la paroisse de Rebreuve. « Nous avons permis, dit-il, que F. Gervais, abbé d'Arrouaise, construisit à Rebreuve, à l'usage des soeurs qui se sont consacrées à Dieu, une maison, une chapelle et une ferme pour y nourrir leurs bestiaux et y cultiver des jardins, de même qu'un cimetière pour la sépulture des frères et des soeurs de son ordre... »

L'autel de l'église de Rebreuve est confirmé en 1162 par le même prélat, à Lambert, 7e abbé d'Arrouaise.

Les terrains où s'était établie la petite colonie étaient des marais incultes et impraticables qu'elle changea totalement de face en relevant les terres, en creusant des fossés d'écoulement et en y créant les fertiles prairies qui font aujourd'hui notre admiration. Le petit monastère et sa ferme se trouvaient dans l'emplacement du château actuel et l'oratoire était à quelque pas sur celui de l'église.

Le seigneur de Rebreuve contribua, en 1137, à la dotation de l'abbaye de Cercamp qui en est distante de deux bons kilomètres. Jeanne de Châtillon, comtesse de Saint-Pol eut ce village en dot (1376).

Messire Macé de Chareton, tenait de sa femme, Marguerite de Monbertaut, la seigneurie de Rebreuves. Celle-ci, mariée en secondes noces à du Mesnil, aliéna cette terre (370 journels) en faveur de Robert de Framecourt (1425), pour la somme de 580 saluts d'or. Guillaume de Framecourt la possédait en 1491. Nous voyons ensuite la famille de Carnin, au lieu des précédents, en 1516, puis celle d'Héricourt en 1566, ensuite les Morel de Tangry.

Jean V Morel de Tangry, fut seigneur de Rebreuve, Ligny, etc. Il siéga aux États d'Artois et recréanta sa bourgeoisie à Arras, en 1573. Ses armes furent longtemps à une verrière de l'église (d'argent à la face vivrée de sable).

Les familles de Carnin et d'Héricourt revinrent en possession de la terre de Rebreuve, et par une demoiselle d'Héricourt elle passa dans les mains de Marie-François de Bernemicourt, marquis de Saluces, en 1738.

François Bouquel de Warlus, acheta de la marquise de Saluce, le domaine vicomtier de Rebreuve et fit construire la château en 1755.

M. Bouquel de la Comté, son neveu, chevalier, ancien capitaine au régiment de Navarre, dernier seigneur de Rebreuve, périt sur l'échafaud révolutionnaire, le 15 avril 1794.

Sa fille reprit possession du domaine en 1798. Il appartient aujourd'hui à la famille de Boffles.

Archéoloyie. — Rebreuve possède une église remarquable. Sur l'emplacement de la chapelle de l'abbé Gervais, Jean VII de Bethencourt éleva, vers 1550, un édifice plus vaste et plus en rapport avec la population. Un soubassement en damier, des fenêtres gothiques, de beaux modillons et surtout la disposition des contreforts avec leurs colonnettes lui donnent un aspect assez élégant. La colonnette cylindrique occupe le milieu de la face antérieure du contrefort et fait saillie de toute son épaisseur sur un encadrement formé par des filets. Aux trois quarts de sa hauteur, le contrefort est en retrait, mais par un agencement heureux une seconde colonnette semblable à la première remonte avec le contrefort jusqu'à la hauteur de l'entablement. Entre les contreforts, plusieurs têtes en saillie se détachent de la muraille à la hauteur de deux mètres. Elles ont été mutilées, mais leurs débris dénotent de belles sculptures. Au milieu, un écusson d'armes avec une crosse passée en pal derrière l'écu et la mitre abbatiale confirme l'œuvre du fondateur. Les armes de Béthencourt sont d'argent à la bande de gueules chargés de trois coquilles d'or,

L'église est dédiée à Saint-Vaast, l'abbé d'Arrouaise en a toujours été le collateur. (Pouillé de Boulogne).

Rebreuve, comme toute la partie au-dela de la Canche, était du diocèse de Boulogne.

Une ancienne chapelle dédiée à Notre-Dame se voyait sur son territoire et la contrée en porte encore le nom. « ... Par le même titre de la partition, l'évêque de Boulogne qui a plusieurs teneurs et droits de fiefs audit Rebreuve à cause de sa seigneurie de Thérouanne... » (Pouillé de Boulogne).

Rebreuve eût sa coutume locale en 1507.

HONVAL

Hameau de Rebreuve, il est situé dans un beau vallon au nord de ce village. Pierre de Saint-Pol était seigneur de Honval et de Bretencourt, prévôt de la cité d'Arras, en 1395. (A. de Cardevacque. Bulletin de la commiss. des monuments historiques, t. IV, p. 69).

En 1789, le fief d'Honval possédait une chapelle desservie le dimanche par un carme de Saint-Pol qui recevait trois francs pour prix de son long voyage. C'était peu, mais alors c'était le revenu d'une mesure de terre. La chapelle disparût à la Révolution. Elle appartenait à la famille d'Ousselin de Loches. Cécile-Élisabeth de Loches était alliée à Varlet, seigneur du Brule, chevalier de l'ordre royal et militaire de Saint-Louis, commandant du château de Saint-Omer. (Papiers et dénombrements de la famille Debret).

Les seigneurs d'Hendecourt l'étaient aussi d'Houvigneul et d'Honval. (Rues d'Arras, t. I, p. 263).

REBREUVIETTE

Diminutif de Rebreuves, même étymologie.

Histoire. — Ce village semble avoir été une dépendance de Rebreuves. Petit hameau relié à cette commune dès l'origine, il est devenu un centre important. Rebreuviette est mentionné dans une charte de 1266. (Harbaville, Mém. hist.) Nous retrouvons plus tard quelques-uns de ses seigneurs, Antoine de Rebreuviette, Jacques son fils et ensuite Isabeau de Rebreuviette, mariée à Jean de Thesselt, laquelle mourut en 1410. (Le Carpentier, Hist. de Cambrai, p. 380, 1096). Guillaume de Rebreuviette fut allié à Marguerite de la Plancque. Leur fille Marie, épousa Jean d'Ollehain et porta la seigneurie dans cette famille qui la conserva longtemps, car au siècle dernier elle était encore aux princes de Berghes.

En 1793, le club du village siégeait dans le choeur de l'église. Un jour que l'assemblée venait de se retirer, la voûte à nervures de pierre s'affaisa tout à coup et vint se broyer, sur le pavé, avec un bruit formidable. L'assistance en fût quitte pour la peur et dût transférer ailleurs son rustique parlement.

Archéologie. — L'église est fort remarquable. Une partie de la tour et le choeur sont du xvi° siècle. Le vaisseau de l'église est moderne. Au-dessus du portail de la tour, on lit cette inscription bien gravée dans la pierre :

Temple de la Raison.

« Le peuple Français reconnaît l'existence de l'Etre suprême
» et l'immortalité de l'âme. »

Comme la tour, le choeur est de 1549. Il est éclairé par sept baies ornées de meneaux et de belles verrières modernes. Huit sculptures remarquables, sujets tirés de l'ancien et du nouveau testament ornent les retombées de voûtes. Entre ceux de l'abside sont deux niches à dais carrés et dont les consoles arrondies sont supportées par un ange pinçant de la guitare.

Deux épaisses colonnes torses soutiennent une large arcade ogivale à l'union du choeur avec l'église.

Pareille disposition se remarque à l'entrée de la tour. Les colonnes sont ornées de chapiteaux sculptés. (Feuilles de chêne, de vigne et grappes de raisin). Elles sont recouvertes de magnifiques réseaux formés de cordages artistement entrelacés, mêlés de nœuds multiples et terminés par des houppes d'une grande délicatesse.

Rebreuviette est formé de cinq hameaux qui sont Brouilly, la Martelloie, la Warenne, Mortagne et Rosières.

BROUILLY.

« Ce hameau est antérieur au xi° siècle. Le sire Jacques de
» Brouilly est témoin d'une donation faite en 1071 à l'abbaye de
» Mont-Saint-Martin. » (Harbaville, Mém. hist., Le Carpentier).
Il a été d'une notable étendue et d'une population plus nombreuse. En creusant, il y a peu d'années, près du cimetière de Brouilly, le chemin vicinal de Rebreuviette à Houvin, on mit à découvert quantité d'ossements humains.

Dans la montagne qui s'élève vers Houvin et au milieu du cimetière, se trouve une chapelle qui fut bénie en 1726. Elle a servi jusque dans ces derniers temps à la célébration de l'office divin. Cette chapelle qui a pour patron saint Martin, était comme l'église de Rebreuviette à la collation de l'abbé de Saint-Barthélemy du Noyon. (Pouillé de Boulogne).

SARS-LE-BOIS.

Ce village est assis sur une haute colline avec son bois à mi-côte. A ses pieds sont les principales sources de la Canche fertilisant ses beaux marais. Sa petite église entourée d'un cimetière est au point culminant de la localité. Elle a pour patron saint Nicolas et l'abbé de Saint-Eloy en avait la collation. (Pouillé de Boulogne.) Le choeur était entretenu par l'abbaye.

L'église de Sars était autrefois annexe de Berlencourt. Elle est aujourd'hui sous la dépendance de la cure de Magnicourt.

La terre relevait en 1245 de Berlencourt (Harbaville) La famille de France de Noyelle-Vion l'a possédée longtemps. Elle était au siècle dernier à la famille de Louverval. Puis elle passa dans les mains de la famille Theillier qui en prit le nom. M. Theillier de Sars, mort il y a peu d'années fut sous la restauration, président du tribunal civil d'Arras.

On raconte que le duc de Créquy prisonnier de guerre avait été transporté de l'étranger sur son domaine de Créquy, d'une façon miraculeuse. Il devait ce bienfait inoui à la protection de saint Nicolas à qui il s'empressa d'aller offrir ses actions de grâces à son oratoire de Sars-le-Bois. Les chaînes dont il était encore chargé tombèrent spontanément dans sa route.

La reconnaissance du duc ne se borna pas à ce pieux pélerinage. Il donna à l'autel de son libérateur un reliquaire d'une grande valeur renfermant un doigt de saint Nicolas.

La tradition et les historiens ont conservé le souvenir de cet évènement qui offre une singulière analogie avec la légende des ôtages d'Avesnes. L'église de Sars était anciennement visitée par de nombreux étrangers venant de loin invoquer le saint patron.

SAULTY.

Saultii, (Harbaville).
Saltis, (id).
Salty.
Saltus, (bois.)
Sartum, bois défriché.

Le pape Grégoire III donne en 736 un privilège à l'abbé de Saint-Vaast et lui concède Saulty (Hist. de l'abbaye de Saint-Vaast par MM. de Cardevacque et Terninck. Les auteurs disent Étienne III par erreur sans doute.)

Étienne III par une charte ou privilège de 765 confirme à l'abbaye de Saint-Vaast la possession de Saulty (MM. de Cardevacque et Terninck. Ibid.)

Dans une bulle du pape Eugène III en date du 4 février 1152 adressée à l'Évêque Godescale, nous trouvons la confirmation de la possession de la cure ou de l'autel de Saulty aux évêques d'Arras. (L'abbé Fanien, hist. du Chap. d'Arras.)

En 1183 Martin second abbé de Maroeuil cède la dixième partie de la dîme de Saulty au Chapitre d'Arras contre d'autres terrages. (Parenty, Hist, de sainte Bertille). Il cède une autre dîme pour un autel à la cathédrale. La même aunée le pape Alexandre III avait donné aux religieux de saint-Éloy une part de la dîme de Saulty.

Ce village possèdait anciennement une famille seigneuriale. « Le sire de Saulty duquel relevaient les terres de Couturelle et « de Grand-Rullecourt et que les chroniques citent comme un des « puissants barons du pays leva sa bannière en 1131 pour son allié « Hugues II comte de saint-Pol et le suivit dans son expédition « contre Saint Riquier. » (Harbaville. Mém. hist.)

Au XVIe siècle Egidius de Saulty était religieux de Saint-Vaast, Jean de Saulty était castelain d'Avesnes. Puis la seigneurie échût à Robert de Beaussart seigneur de Wingles etc., allié à Laure de Rosny fille aînée de Guy Monvoisin chevalier, seigneur de Rosny et de Roberte de Baumez, chatelaine de Bapaume, dame de Baumez et de Croisilles.

Ils eurent deux filles dont l'aînée Beatrix de Baussart, dame de Saulty, connétable héréditaire de Flandres épousa Hugues de Melun, vicomte de Gand, seigneur d'Antoing et d'Espinoy.

La noble maison de Melun qui, dès le règne de Hugues Capet, était une des premières de la cour de France posséda dès lors la terre de Saulty jusqu'à Louis de Melun duc et pair de France mort sans postérité en 1724. Le manoir de Saulty devint l'apanage d'Anne Julie de Melun d'Espinoy, fille d'Alexandre Guillaume de Melun prince d'Espinoy marquis de Roubaix, vicomte de Gand connétable héréditaire de Flandres, sénéchal de Hainaut etc., née le 11 août 1672. Elle fut dame de Saulty et d'Hébuterne et mourût en célibat à Paris le 2 novembre 1734. Par son testament elle institua légataire universel de ses biens le comte de Melun colonel du régiment royal cavalerie à charge d'une pension annuelle de cinq mille livres pour sa soeur.

Le comte de Melun par une transaction avec le prince de Soubise, neveu maternel du duc de Louis de Melun, lui céda Saulty et Hébuterne vers 1735. (Le P. Ignace, mss.)

Saulty était entouré de bois, comme d'une vaste ceinture. On raconte qu'une princesse de Melun se trouvait à la cour d'Espagne et assistait à une fête brillante où par un caprice de la souveraine chaque invitée devait se faire remarquer par une riche ceinture laissée à son choix quant à l'etoffe et quant à la couleur. La châtelaine de Saulty paraît revêtue d'une splendide toilette et ceinte d'une hart, contrastant par son étrangeté avec les magnifiques atours des autres dames. C'était une énigme que chacun s'ingéniait à deviner. La reine non moins intriguée voulut en avoir le mot « c'est la ceinture de Saulty, répondit la dame, et « assurément Votre Majesté la proclamera la plus riche, quand « elle saura qu'elle vaut douze mille livres. » C'était en effet le revenu de la ceinture de bois. (le P. Ignace. Mss.)

Lorsque la lèpre répandait sur nos contrées ses hideux ravages, les habitants et natifs de Saulty avaient le privilège d'aller se faire traiter à la maladrerie de Saint-Nicolas d'Arras, et ils y recevaient tous les soins dûs aux lépreux. (Ibid.)

Archéologie. — Saulty avait au xiie siècle un très-fort château muni d'un formidable donjon. (Harbaville). On y voyait au xviie siècle la motte et les ruines de ce vieux manoir, entouré de fossés. La famille de Soubise releva non loin de là le gracieux château qu'embellit et que restaura M. Crespel, vers 1835.

Ce célèbre industriel y fonda à cette époque un vaste établissement agricole et une fabrique de sucre. La ceinture de bois disparût à la suite de défrichements successifs et il n'en reste que quelques bouquets. La terre de Saulty appartient aujourd'hui à la famille de M. Maurice Colin, ancien maire d'Arras.

L'église de Saulty date de 1551, la tour en porte la date, et le chœur en a tout à fait l'architecture. Quant au vaisseau il porte la date de 1754 et n'est nullement en rapport avec le reste de l'édifice. Un incendie avait détruit l'église à cette époque, ce qui fait que relevée sitôt après, son architecture est bien différente des parties conservées.

L'église a été dernièrement l'objet d'une restauration très-convenable.

Sur la cloche se lit l'inscription suivante :

✝ Je suis nommée Marie-Louise par Monseigneur Charles, » Prince de Rohan-Soubise et d'Espinoy, Pair de France et

» duc de Rohan, Comte de Saint-Pol, Seigneur de Saulty, et par
» Madame Marie-Louise, Princesse de Rohan-Soubize, Veuve
» de Gaston-Jean-Baptiste-Charles de Lorraine, Comte de
» Morvan. 1751. »

F. Villate m'a fait avec mes deux soeurs.

GOMBREMETZ. — Ce hameau, dépendance de Saulty, était aussi en la possession des seigneurs de Melun et de Soubise, ainsi qu'il résulte de leurs dénombrements aux xviie et xviiie siècles. (Archives d'Avesnes).

SATERNAULT. — Non loin de Gombremetz était le fief important de Saternault. Il appartenait à la famille de Belvalet et l'un de ses membres en prit le nom. Il échut par succession à Venant, seigneur de Famechon et d'Ivergny qui le céda, en 1751, à Imbert, seigneur de la Bazecque, gouverneur de la citadelle de Lille. Il fut retrait et depuis revendu à divers propriétaires. La famille Cavrois occupa ce domaine au xvie, xviie et xviiie siècles. C'est à Saternault qu'est né, une des illustrations du pays, le général Cavrois, Louis-Joseph, le 27 juin 1756. Après sa brillante carrière militaire, il fut député du Pas-de-Calais, en 1815. Retiré à Pas-en-Artois dont il était le maire, il y mourut le 26 mars 1833.

SOMBRIN

Histoire. — Dès 1050 existe la famille seigneuriale de ce village. L'an 1135, l'évêque Alvise accordait la cure de Sombrin à l'abbaye de Maroeuil. Cette concession était ratifiée, en 1152, par le pape Étienne III et confirmée par Alexandre III, en 1183. (Le Carpentier, p. 654. — Harbaville, Mém. hist.)

Les abbés de Maroeuil et de Saint-Éloi conclurent, en 1173, un accord concernant les droits de terrage et de dîme que possédaient conjointement ces deux monastères à Sombrin et à Soncamps. (Parenty, Hist de sainte Bertille, p. 42).

L'an 1180, Lanwin, seigneur de Warluzel, abandonna aux religieux de Maroeuil les dîmes qu'il possédait à Sombrin. Roger, seigneur de ce lieu, signa la donation.

Ce dernier donne, en 1190, à l'abbaye de Saint-Éloi, les alleux qu'il possède sur son territoire.

Roger de Sombrin, un des descendants de celui qui précède, parût comme pair aux plaids du comte d'Artois, en 1286.

La maison de Warluzel posséda la terre de Sombrin. Elle était, en 1550, aux mains de Lambert de Warluzel, seigneur de Sombrin, Bretencourt, etc., gouverneur et bailli des villes de Lens et d'Oisy, capitaine de la citadelle de Cambrai. Sa femme fut inhumée dans l'église de Sombrin. Une belle pierre tombale placée au milieu du choeur, portant à sa partie supérieure un ange aux ailes déployées et soutenant un écusson dans une couronne de lauriers, contient son épitaphe :

CHI GIST
NOBLE DAME MARIE DE CHABLES
DAME DE RAZINCOURT, GABRAIELLE, BEAULIEUZ, ETC.
EN SON VIVANT FEMME ET ESPEUSE DE
NOBLE ET PUISSANT SEIGNEUR MESSIRE LAMBERT
SEIG^r DE WARLUZEL, SOMBRIN, BRETENCOURT
...CHES, GOUVERNEUR ET BAILLY DES VILLES
DE LENS ET D'OISY, CAPITAINE DE LA CITADELLE
DE CAMBRAY LAQUELLE TRESPASSA LE VII
D'AOUST L'AN 1561. PRIES DIEU POUR SON AME.

L'épitaphe plus modeste d'une jeune fermière, sans doute, est inscrite sur une autre pierre au milieu de l'église :

CHY GIST
MARGUERITE MONVOISIN FILLE DE IAN MONVOISIN
ET DE DAME CATHERINE DE CROISILLE LAQUELLE
DÉCÉDA LE IV MAY 1608 AGÉE DE XIX ANS
PRIEZ DIEU POUR SON AME.

Les ayeux de Lambert de Warluzel faisaient à Sombrin leur résidence lorsqu'ils n'étaient point à la cour du prince ou à l'armée. Lambert vendit Sombrin à Marguerite Bouquel, épouse d'Adrien du Carieul, seigneur d'Ecoivres, chevalier du Conseil d'Artois. Son neveu, Bouquel, chanoine d'Arras, en devint l'héritier et le transmit à son frère Paul qui en fit sa résidence. La famille Bouquel le posséda jusqu'à la Révolution.

Sombrin eut sa coutume rédigée en 1507.

En 1710, l'armée du maréchal de Villars campait sur le territoire de ce village et resta longtemps dans ses retranchements.

Un cuirassier Prussien blessé à Gouy, dans la guerre de 1870-1871 vint mourir à Sombrin dans la ferme de M. Fardel. Son corps est inhumé dans le cimètière.

Archéologie. — Sombrin parait remonter aux temps de l'occupation romaine comme Soncamps. Il possédait une forteresse construite sur une motte fort élevée, entourée de murs et d'un fossé circulaire très-profond. Elle avait trois portes avec ponts-levis, quelques tours flanquaient le château.

Sa construction ou plutôt sa reconstruction, remonte à 1576. Bâti de grès et de briques, le château formait une enceinte au haut de la motte. La cour était ovale : au sud se trouvait la partie habitée et sur les côtés, des écuries très-bien voûtées. D'autres bâtiments complétaient la forteresse avec une chapelle où se faisait le service divin. Elle fut détruite dans la guerre de 1635 et restaurée fort imparfaitement. Néanmoins le château abrita encore ses seigneurs et fut vendu à la Révolution. Un nouvel acquéreur le démolit il y a peu d'années à l'exception d'une belle tour qui est encore debout.

Deux églises existaient à Sombrin de temps immémorial, l'une près du château, dédiée à Notre-Dame, l'autre sur l'emplacement de l'église actuelle et sous l'invocation de saint Vaast, possédait un joli clocher en pierres qui a disparu au siècle dernier. Son choeur qui est du XVIe siècle a été conservé.

Quant à l'église Notre-Dame, elle fut démolie par ordre de l'abbé de Maroeuil sous prétexte que le monastère ne pouvait pourvoir à son entretien et à ses réparations. Cette démolition était consentie par le seigneur au grand détriment des besoins spirituels de sa maison.

SONCAMPS

A un kilomètre au sud de Sombrin, au centre d'un petit bouquet de bois verdoyants se trouve la belle et vaste ferme de Soncamps. Elle a une origine fort ancienne et sa superficie dénote l'emplacement d'un camp romain. Les terres au-delà sont parsemées de débris de tuiles à rebords de cette époque. On en a aussi retrouvé dans son enceinte.

Une partie de ce domaine était la propriété de sainte Bertille qui le donna au VIIe siècle à l'abbaye de Maroeuil et y fit ériger une maison et une chapelle.

Le seigneur de Sombrin, Bauduin Kalderon s'en empara en 1132. Mais l'abbé de Maroeuil qui n'avait que la force morale à opposer à son envahisseur, porta ses plaintes à Alvise, évêque d'Arras. Menacé des foudres de l'église, Kalderon n'osa détenir Soncamps et le restitua à Bauduin de Bailleul.

Soncamps devint de suite un prieuré. On y envoya des religieux et peu après des soeurs converses. Ces dernières étaient habituellement tenues de soigner les bestiaux, de filer le lin ou la laine et de se livrer aux travaux manuels. Séparées des religieux, elles avaient leur quartier et d'après les statuts reposant au trésor des chartes de Maroeuil, une lampe devait toujours brûler la nuit dans l'un et l'autre dortoir. Raoul de Neuville en réduisit le nombre, en 1208, et Jacques de Dinant les supprima totalement en 1255.

Bauduin, seigneur de Pas, leur avait donné, en 1204, pour l'usage de l'infirmerie, une rente d'un demi-boisseau de froment avec charge de prières.

Le prieuré fut supprimé et l'abbé y mit un fermier en 1287. Plus tard Soncamps fut vendu nationalement.

SUS-SAINT-LEGER

Sarcinium. (Harbaville.)
Sercin, (Leglay.)
Sarcinium, (Balderic.)
Sercingensis villa, (Malbrancq.)
Sancti Leodegari fanum, (Harbaville.)
Sené Saint-Leger (Turpin)

Qui ne connait les émouvants détails de la vie et du Martyre de saint Léger, évêque d'Autun ? Le fameux Ebroïn, maire du palais, après dix ans de guerre, de massacres et de pillage, profite de son pouvoir pour sacrifier à sa haine et à sa jalousie le saint prélat. Il l'envoie sur les confins de l'Artois et le fait décapiter à l'extrémité de la forêt de Sarcin. « L'épouse du comte Chrodobert, qui n'avait pu sauver la vie de saint Léger, receuillit ses restes sanglants et les fit inhumer au lieu même ou le martyre fut accompli. Par ses soins une chapelle recouvrit bientôt son modeste tombeau. Deux ans après, Ansoald, evêque de Poitiers fut autorisé, par un synode, à transporter le corps dans un monastère de son diocèse. Mais l'Artois qui en avait eu le dépôt, l'Artois qui avait été témoin de prodiges qui révélaient sa sainteté, plaça plusieurs de ses églises sous l'invocation du saint martyr. « Nec mora, miraculorum ejus fama circumquaque » diffusa ad palatium regis usquè celebriter intonuit. » (Baldéric, lib. I, cap. 21). La bourgade située sur le plateau qui domine cette chapelle, et qui s'appelait Sarcinium prit alors le nom de Sus-Saint-Léger. (Harbaville, Mém. hist.)

Ce village est mentionné dans la lettre de saint Vindicien au pape Jean V, en l'année 690. Il fut, en 1200, une des trente pairies du comté de Saint-Pol. (Tailliar).

En 1237, le sire Bauduin, fut témoin de la charte relative au service dû par les pairs, au comte de Saint-Pol. (Harbaville, Turpin, Ducange).

Le château qui était fortifié s'élevait près de l'église. On y voit encore la motte et des fossés. Des boulets y ont été trouvés. On croit qu'il a été détruit dans les guerres de François Ier, en 1522, peut-être dans les guerres de 1635. La tradition affirme que dans la campagne de 1710, le maréchal de Villars eut son quartier général dans la maison curiale, au pied de ce fort et qu'il fit déguster par ses médecins les eaux de tous les puits de l'endroit. Le puits du presbytère fut déclaré le meilleur et c'est sans doute la raison qui décida l'installation du maréchal.

La famille de Longueval a possédé anciennement ce village. « Le seigneur de Sus-Saint-Léger doit par chacun an en la » recepte d'Avesnes-le-Comte pour la recongnoisance de l'octroi » du vent du moulin du dist lieu à usaige de moudre bled, ac- » cordé le 14 d'aougts 1572, à messire Philippe de Longueval, » chevalier de l'ordre du Roy de France. » (Terrier, de 1613 d'Avesnes, n° 1459).

En 1670, la seigneurie de Sus-Saint-Léger appartenait à Guillebert de Gand, marquis de Hem, baron de Sailly, seigneur de Sus-Saint-Léger, etc. Jérôme du Chatel qui avait sur ce personnage une lettre de rente considérable en devint possesseur. La terre passa par le mariage d'une fille dans la maison d'Assignies-Werquin au commencement du xviiie siècle et fut vendue peu après à Denis-Joseph-François Mayoul, greffier en chef du conseil provincial d'Artois dans la famille duquel elle resta jusqu'en 1837.

Son fils ainé lui succéda comme greffier et fût le père de ces nobles et infortunées jeunes filles qu'une injuste et absurde accusation fit monter sur l'échafand révolutionnaire d'Arras, en 1794.

Le dernier des Mayoul, leur frère, fut maire de la ville d'Arras sous la Restauration et vint habiter son château de Sus-Saint-Léger jusqu'à ses dernières années. M. Deruelle, notaire et plus tard membre du conseil général du Pas-de-Calais en fut l'acquéreur.

Sus-Saint-Léger avait sa coutume locale rédigée en 1507.

Archéologie. — On a trouvé à Sus-Saint-Léger à quelque distance du village vers Grand-Rullecourt des sépultures paraissant appartenir à l'époque gallo-romaine. Le sol humide et argilleux de ce cimetière à détruit la forme des armes nombreuses qui ont été mises au jour et qui paraissent être des scramsàx, des haches et des épées.

L'église date du xvi° siècle et ne présente rien de bien remarquable. Autrefois le choeur était aux dames d'Étrun qui étaient chargées de son entretien. Elle possède une belle statue en bois de saint Léger, qu'elle doit à la pieuse générosité du propriétaire de l'ancienne chapelle (la chapelle du martyre) que ce vieillard, nommé Bouthors, avait cachée et conservée à l'époque de la Révolution et qu'il remit, avant de mourir, aux mains de son vénérable pasteur, M. Ducrocq.

Ce dernier, qui administra plus d'un demi-siècle la paroisse de Sus-Saint-Léger, et y laissa des regrets profonds, s'adonna toute la vie à la culture de la poésie. Il ne livra à l'impression que deux opuscules : la *Bataille d'Isly* et le *Chemin royal de la Croix*.

WARLUZEL.

Warluisel au xii° siècle (Balderic, Malbrancq, Harbaville).
Warluquet (Le P. Ignace).
De Ouarlouv, en Wallon Warlus. Saint Urloux ou Ouarloux abbé honoré à N.-D. d'Amiens (Harbaville.)

Le plus ancien seigneur de Warluzel que l'on retrouve se nommait Jehan et vivait en 1110. (Harbaville).

En 1132, Bauduin de Bailleul, abbé de Maroeuil, fait rentrer en la possession de son monastère, l'autel de Warluzel. Des bulles pontificales de 1152 et de 1183 confirment cette possession.

Lanwin, seigneur du lieu donne, en 1180, à l'abbaye de Maroeuil les dîmes qu'il possède à Warluzel en présence de Roger, seigneur de Sombrin. (Parenty, Hist. de sainte Bertille).

Un seigneur de Warluzel, du nom de Mathieu, fut le seizième mayeur d'Abbeville, en 1206. *Il portait de sinople à la fasce d'ar-*

d'argent et sur le tout une bande fuselée de gueules. (Le P. Ignace).

Jean de Warluzel, moine de Saint-Vaast, devint abbé de Saint-Quentin, l'an 1471.

En 1580, vivait Joseph de Warluzel, vicomte de Bethancourt. Antoinette, sa soeur, fut mariée à Florimond de Milly, gentilhomme de Picardie. Une autre fille de ce nom fut alliée à Romain de Beauffort, dit le Blond, chevalier, seigneur de Bullecourt, etc., le 3 décembre 1549. Son père, François, seigneur de Warluzel, écuyer, maréchal de camp, fut capitaine et gouverneur de Bapaume.

Adrien de Warluzel, fils de ce dernier fut, après lui, gouverneur de Bapaume et de la Haute-Gueldre. (A. Brémont, Hist. de Beauffort).

La famille de Warluzel a fourni beaucoup d'hommes distingués à l'armée et à l'église. Plusieurs nobles dames de cette maison ont été abbesses de chapitres et de monastères. La maison s'éteignit vers le milieu du xviie siècle; ses derniers seigneurs furent Antoine Médard et Lambert de Warluzel. Ce dernier mourût criblé de dettes. Ses créanciers firent vendre ses biens. La terre eut pour acquéreur un sieur Palisot dont le petit-fils, Alexandre-Ambroise Palisot, seigneur de Warluzel, occupa le siége de président du conseil d'Artois.

Son fils, Messire Ambroise-Alexandre Palisot, chevalier, seigneur de Warluzel, Incourt, Beauvois, Aix-en-Gohelle, Divion, Bois-Hutin, etc., conseiller du Roi en ses conseils, fut aussi président et chef du conseil provincial. Il mourut à Arras, le 18 avril 1746 et eut pour successeur son fils ainé, Louis-François Palisot de Warluzel.

Le marquis de Hamel Belenglise, était seigneur de Warluzel, en 1784. Cette terre vendue nationalemant pendant la Révolution, eut pour acquéreur M. Servatius, qui se rendit également propriétaire du château et de la terre de Grand-Rullecourt.

Un fief important de Warluzel, nommé Wandru, a appartenu à l'ordre de Malte.

L'église est dédiée à sainte Marie-Madeleine, pénitente.

L'abbaye de Maroeuil en avait la collation et y nommait un prieur.

On remarque dans la nef un marbre blanc sur lequel on lit cette épitaphe :

HIC JACET
REVERENDUS DOMINUS
ANDREAS FONTAINE RELIGIOSI
MONASTERII S. S. AMANDII ET BERTILIÆ
DE MARIOLO ÆTATIS ANNUM AGENS
66, PROFESSIONIS 16, HUJUS AUTEM
PAROCHIÆ DE WARLUZEL PER ANNOS
40 PASTOR VIGILANTISSIMUS
OBIIT IN EADEM PAROCHIA DIE
5 AUGUSTI ANNI 1766
REQUIESCAT
IN PACE.

Au haut du marbre est gravé un calice et dans le bas une tête de mort encadrée dans une équerre.

Le Docteur P. LEDRU.

TABLE

DES NOTICES CONTENUES DANS CE VOLUME

Canton d'Aubigny, par M. A. de Cardevacque . . . . . 1 à 125
Notices sur Agnières, Ambrines, Aubigny, Averdoingt, Bailleul-aux-Cornailles, Bajus, Berles-Monchel, Béthonsart, Camblain-l'Abbé, Cambligneul, Capelle-Fermont, Chelers, Frévillers, Frévin-Capelle, Gouy-en-Ternois, Hermaville, Izel-lez-Hameau, La Comté, La Thieuloye, Magnicourt-en-Comté, Maizières, Mingoval, Monchy-Breton, Penin, Savy-Berlette, Tilloy-les-Hermaville, Tincques, Villers-Brûlin, Villers-Châtel, Villers-sir-Simon

Canton d'Auxi-le-Chateau, par M. A. de Cardevacque . 126 à 239
Notices sur Aubrometz, Auxi-le-Château, Boffles, Bonnières, Boubers-sur-Canche, Bouret-sur-Canche, Buire-au-Bois, Canteleu, Conchy-sur-Canche, Erquières, Fontaine-l'Etalon, Fortel, Frévent, Gennes-Ivergny, Haravesnes, Haut-Maisnil, Le Ponchel, Ligny-sur-Canche, Monchel, Nœux, Quœux, Rongefay, Tollent, Vacquerie-le-Boucq, Vaulx, Villers-l'Hôpital, Wavans, Willencourt.

Caton d'Avesnes-le-Comte, par M. le Docteur Ledru . . 241 à 313
Notices sur Avesnes-le-Comte, Barly, Bavincourt, Beaudricourt, Beaufort-Blavincourt, Blavincourt, Berlencourt, Ignaucourt, Canettemont, Coullemont, Couturelle, Denier, Etrée-Wamin, Givenchy-le-Noble, Grand-Rullecourt, Hauteville, Houvin, Houvigneul, Ivergny, Lattre, Noyellette, Le Cauroy, Liencourt, Le Souich et Brévillers, Lignereuil, Manin, Magnicourt, Noyelle-Vion, Noyellette-en-l'Eau, Pommera, Grena, Rebreuve-sur-Canche, Rebreuviette, Sars-le-Bois, Saulty, Sombrin, Sus-St-Léger, Warluzel.

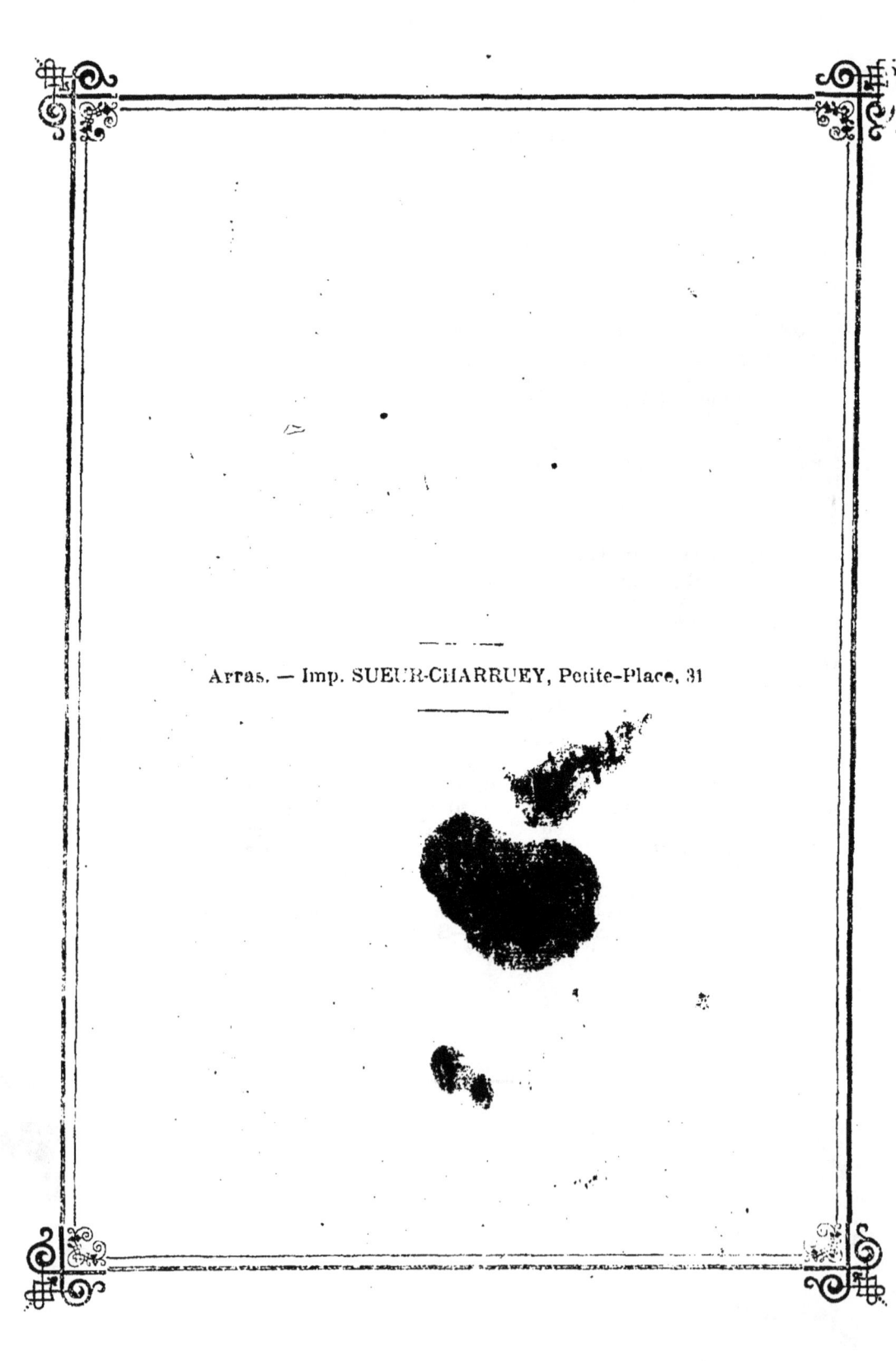

Arras. — Imp. SUEUR-CHARRUEY, Petite-Place, 31